Hoffnungsschimmer – Im Dunkel ein Licht

Alexander Grun (Herausgeber)

© 2016 / Alexander Grun
Herstellung und Verlag: BoD – Books on Demand, Norderstedt.
ISBN: 9783741253164

Lektorat: Bernd Daschek, Claudia Wieland, Jil Aimée Bayer,
    Li-Sa Vo Dieu, Stefanie Rick
Korrektorat: Claudia Klaedtke
Satz: Stefan Stern
Illustrationen: Corinna Herntier, Csilla Decsei,
    Frida Adriana Martins, Julia Takagi, Mary Cronos, Melanie Stoll
Cover: Rica Aitzetmüller
Bildmaterial: PopTika/Shutterstock.com

Hoffnungsschimmer
Im Dunkel ein Licht

Alexander Grun (Herausgeber)

Inhaltsverzeichnis

Vorwort	6
Und es ändert sich alles – Jil Aimée	9
Sternschnuppennacht – Katharina Rambeaud	13
Mein Leben – Jil Aimée	25
Into the Woods – Nicole C. Vosseler	29
Träume, lebe jetzt – Jil Aimée	45
Ameisenopa – Rose Snow	47
Ich verzeihe mir – Jil Aimée	59
Das Lachen der Anderen – Charlotte da Silva	63
Manchmal – Jil Aimée	85
Zwischen Hoffen und Bangen, zwischen Schatten und Licht – Mila Summers	87
Herzenslust und Hoffnungsschimmer – Jil Aimée	97
Schwarze Hölle – rotes Glück – Bettina Schott	99
Mein Platz – Miranda Rathmann	107
Die Kobel – Curly Sue Glander	109
Klang des Herzens – Jil Aimée	121
Einer reicht immer – Bernd Daschek	123

Die kleinen Momente – Jil Aimée	133
Das blaue Pferd – Dorothe Reimann	135
Das kleine Pflänzchen Hoffnung – Miranda Rathmann	153
Das dritte Chromosom – Stefanie Heggenberger	155
Verzweiflung – Jil Aimée	165
Die Weihnachtsschlacht von Altenoythe – Jörg Olbrich	167
Drum lächle doch! – Jil Aimée	191
Blutsbrüder – Grete B.	195
Limit, Schritt & Defizit – Jil Aimée	205
Bewegung ist die Seele aller Dinge – Ava Innings	209
Hoffnung – Linda Marie Haupt	225
Sternenbrücke – Alexander Grun	229
Mama … wie ist Sterben? – Doreen Kirsche	265
Über Herzenswünsche e.V.	267
Nachwort	268

Vorwort

Liebe Leserinnen und Leser,

im September 2015 kam mir die Idee zu einer Anthologie, die Geschichten, Gedichte und Illustrationen rund um das Thema Hoffnung enthalten sollte.

Das Ziel dieser Anthologie ist es, Herzenswünsche e.V. aus Münster zu unterstützen. Ein Verein, der schwer kranken Kindern und Jugendlichen ihre lang ersehnten Wünsche erfüllt. Gleichzeitig ist es mir wichtig, dass die Hoffnungsschimmer-Anthologie den Leserinnen und Lesern Hoffnung in schweren Zeiten schenkt.

Um das Projekt verwirklichen zu können, machte ich mich auf die Suche nach Menschen, die mich bei der Umsetzung unterstützen. Dadurch hat sich eine Gruppe von Leuten zusammengetan, die alles daran setzte, diese Ziele zu erreichen.

Schnell wurde mir klar, dass wir gemeinsam ein wundervolles Projekt auf die Beine stellen werden.

Durch die enge Zusammenarbeit von uns allen ist ein bunter Mix aus Geschichten, Gedichten und Illustrationen entstanden, bei dem für jeden etwas dabei ist.

Mein Dank gilt allen an dieser Anthologie beteiligten Personen. Ohne die Unterstützung, die ich durch diese Menschen erfahren durfte, wäre es nie zu einer Veröffentlichung von »Hoffnungsschimmer« gekommen.

Ich hoffe, dass wir die wertvolle Arbeit, die Herzenswünsche e.V. leistet, mit diesem Projekt unterstützen können. Sämtliche Erlöse werden zu diesem Zweck gespendet.

Nun wünsche ich Ihnen viel Vergnügen beim Lesen von »Hoffnungsschimmer – Im Dunkel ein Licht«. Lassen Sie sich von den Geschichten, Gedichten und Illustrationen verzaubern und verlieren Sie nie die Hoffnung!

Ihr
Alexander Grun

Und es ändert sich alles

Und es ändert sich alles
Wenn Du mir tief in die Augen blickst
Und es ändert sich alles
Wenn Du in mein Herz Deinen Namen stickst

Und es ändert sich alles
Wenn Deine Hand zärtlich über meine Wange streicht
Und es ändert sich alles
Wenn dank Deiner Freundschaft die Angst entweicht

Und es ändert sich alles
Wenn Deine Stimme leise meinen Namen singt
Und es ändert sich alles
Wenn Deine Wärme mich zum Strahlen bringt

Und es ändert sich alles
Wenn Deine Berührung auch mein Herz belebt
Und es ändert sich alles
Wenn unser beider Zukunft in dieselbe Richtung strebt

Doch es ändert sich alles
Wenn Deine Hand plötzlich still in meiner liegt
Und es ändert sich alles
Wenn Deine Lunge Dir keinen Atem mehr gibt

Und es ändert sich alles
Wenn die Erkenntnis eisig von mir Besitz ergreift
Und es ändert sich alles
Wenn Dein Ich sich in diesem Moment versteift

Und es ändert sich alles
Wenn der Schmerz und die Angst erdrückend sind
Und es ändert sich alles
Wenn Deinem Leben längst die Zeit entrinnt

Und es ändert sich alles
Wenn alles zieht, doch nur das Alleinsein bleibt
Und es ändert sich alles
Wenn Erde Deines Schicksals Blatt beschreibt

Doch es ändert sich alles
Wenn der Kummer stumm dem Dank erliegt
Und es ändert sich alles
Wenn schöne Erinnerung tiefe Trauer besiegt

Und es ändert sich alles
Wenn durch die Zeit das Herz verstehen mag
Und es ändert sich alles
Wenn der Dunkelheit folgt wieder ein hellerer Tag

Und es ändert sich alles
Wenn das Leben durch den Tod nicht verliert
Und es ändert sich alles
Wenn Du merkst, wie aus dem Andenken Liebe wird

Und es ändert sich alles
Mit jeder Sekunde, mit jedem Schritt
Und es ändert sich alles
Doch Zeit führt Dich ins Glück zurück

Und es ändert sich alles
Wenn Vergangenes die Zukunft antreibt
Und es ändert sich nichts
Denn die Liebe, sie bleibt

Sternschnuppennacht

Stell dir vor, es ist Sommer: Die Sonne brennt von einem dunkelblauen Mittagshimmel herunter, treibt die Menschen scharenweise ins Freibad und in die Eisdielen mit den weißroten Sonnenschirmen. Wenn du die Augen schließt, kannst du das Gelächter der Kinder hören, die auf dem Spielplatz nebenan Fangen und Verstecken spielen. Es riecht nach Schweiß und Sonnencreme, Himbeereis und geschmolzenem Asphalt. Wenn du ganz ruhig stehst, tut es kaum weh. Wenn du die Augen schließt, siehst du den peripheren Venenkatheter nicht, den sie in deine Armbeuge geklebt haben. Stell dir vor, es ist Sommer, du bist fünfzehn Jahre alt und du weißt, dass du nur noch ein paar Wochen zu leben hast.

Lisa blickte von ihrem Notizbuch auf und blinzelte zu ihrer besten Freundin Yvi hinauf, die es sich während ihres Besuches auf der Brüstung der Raucherterrasse gemütlich gemacht hatte. »Meinst du, dass ich das so schreiben kann? Oder ist das zu krass?«

Yvi zuckte mit den Schultern: »Ich denke nicht. Es ist schließlich dein Leben, von dem du schreibst. Wie könnte das zu krass sein?«

Lisa nickte nachdenklich, während sie an der Spitze des Kugelschreibers herumknabberte, mit dem sie eben noch geschrieben hatte.

Yvi rutschte von ihrem Sitzplatz herunter und klopfte sich die Jeans ab. »Ich hol mir ne Cola, willst du auch was?«

»Nein, danke!« Lisas Kopf war schon wieder über ihr Buch gebeugt und sie schrieb eifrig, fast fieberhaft. Es blieb ihr nichts anderes übrig: Zumindest diese eine Sache wollte sie abschließen.

Für einen kurzen Moment verharrte Yvi und betrachtete den geneigten Kopf ihrer Freundin, das scharfe Profil, in das dunkelbraune

Haarsträhnen fielen, die Lisa hin und wieder energisch hinters Ohr zurückschob. Dabei blieben ihre Augen stets auf das Papier geheftet, folgten der flüssigen Bewegung ihrer Hand, die Wort um Wort auf die Linien schrieb: Buchstaben, leicht nach vorne gelehnt, als würden sie rennen. Wenn man es nicht wusste, sah man nicht, wie krank sie war. *Vielleicht ist das der Grund, warum ihre Eltern immer noch an Heilung glauben*, dachte Yvi und spürte, wie sich ihr Magen verkrampfte. Mit einer hastigen Bewegung öffnete sie die Tür zur Station und trat ins Innere, damit ihre Freundin die Tränen nicht sah, die ihr in diesem Moment in die Augen schossen.

»Komm schon, Schatz, du willst doch hübsch aussehen heute Abend!«

Lisa drehte unwillig den Kopf weg, aber ihre Mutter ignorierte diese stumme Art der Ablehnung und redete munter weiter, als hätte ihre Tochter *Zustimmung* genickt. Dabei sprach sie in diesem aufgesetzt-fröhlichen Ton, den Lisa zutiefst verabscheute. Er war verlogen, denn er suggerierte: Alles wird gut! Wann hatte Lisa aufgehört, diesem Ton zu vertrauen? Sie erinnerte sich nicht.

»Du könntest die geblümte Bluse anziehen, was meinst du? Oder doch lieber das Jeanskleid?« Mit zusammengezogenen Brauen musterte ihre Mutter die Auswahl an Kleidungsstücken, die sie kurze Zeit zuvor aufs Bett geworfen hatte.

Lisa seufzte: »Mama, könnt ihr nicht ohne mich gehen? Ich bin müde!«

»Kommt gar nicht in Frage! Sophie wäre total enttäuscht, wenn du nicht mitkommst, nicht wahr, Spatz?«

Sophie, die auf einem Stuhl kniete und aus dem Fenster starrte, nickte mechanisch, ohne sich umzudrehen.

Selbst sie hat mittlerweile begriffen, dass man mit Mama nicht reden kann, wenn sie diesen Ton drauf hat, dachte Lisa.

»Ich wäre auch enttäuscht, wenn du nicht mitkommst«, schaltete sich ihr Vater ein und lächelte ihr warm zu.

Lisa erwiderte das Lächeln schwach. Sie war nicht nur müde, ihr war schlecht. Es war nicht das übliche leichte Sodbrennen, das sie konstant über den Tag begleitete, heute war es schlimmer. Immer wieder schluckte sie, um die bittere Flüssigkeit, die ihre Speiseröhre hinaufkroch, wieder in ihren Magen zurückzubefördern. »Ich ziehe das Jeanskleid an.« Mit einer schnellen Bewegung griff sie nach besagtem Kleidungsstück und verschwand im Bad, wo sie sich erst einmal übergab. Die ganze Zeit war die helle Stimme ihrer Mutter zu hören, die davon schwärmte, was für einen schönen Abend sie zusammen verbringen würden.

»Mama sagt, du kommst bald nach Hause.« Sophie hatte ihre warme Hand in Lisas geschoben und blickte jetzt fragend zu ihrer Schwester hoch, die in Gedanken versunken neben ihr herlief.

»Wieso sagt sie das?«, fragte Lisa überrascht.

»Sie sagt, dass du bald gesund wirst. Dass die nächste Chemo bestimmt anschlägt.«

Lisa spürte, wie es ihr kalt den Rücken herunterlief. Langsam sog sie die Luft durch die Nase ein, um sie dann mit einem fast ärgerlichen Zischen wieder auszustoßen.

»Kommst du bald nach Hause, Lisa?«

Lisa erwiderte den Blick ihrer Schwester nachdenklich. »Ich glaube schon«, antwortete sie dann und drückte beruhigend die Hand ihrer Schwester.

Sophie lächelte.

»Sie hat was behauptet?« Yvi starrte Lisa fassungslos an. »Wieso erzählt sie Sophie so einen Mist?«

»Weil sie nicht will, dass sie sich Sorgen macht.«

»Bullshit! Es geht hier doch gar nicht um deine Schwester und das weißt du genau!« Yvi ballte wütend die Fäuste.

»Lass gut sein, es bringt doch nichts, sich darüber aufzuregen!«, winkte Lisa müde ab. »Sie will es halt nicht wahrhaben.«

Ungläubig starrte Yvi ihre Freundin an. Dermaßen resigniert hatte sie Lisa noch nie erlebt. Wie oft hatten sie hier auf der Terrasse gesessen und über Ninas Optimismus geschimpft, diese Zweckfröhlichkeit, die Lisa aufmuntern sollte, ihr aber tatsächlich eine Heidenangst machte. Für ein paar Minuten standen sich die beiden Mädchen gegenüber – unfähig, etwas zu sagen, ihre Gedanken in Worte zu fassen.

»Ich will keine Chemotherapie mehr!«, flüsterte Lisa schließlich so leise, dass Yvi die Worte mehr ahnte als hörte, »aber wenn ich Mama das sage, breche ich ihr das Herz.«

Mit drei Schritten stand Yvi vor ihrer Freundin und umarmte sie. Dieser plötzliche Wechsel von Ärger zu zärtlicher Zuneigung kam für Lisa so überraschend, dass sie ein paar Sekunden brauchte, um angemessen zu reagieren. Erst steif, ließ sie sich schließlich auf Yvis Nähe ein, fühlte, wie sich die Anspannung der letzten Tage langsam löste, während sie den Kopf an der Schulter ihrer Freundin anlehnte und den Moment genoss. Eng umschlungen standen sie da, spürten den Herzschlag der anderen und schafften es, ihre Trauer und Wut für eine kurze Zeit zu verdrängen. Sie schwiegen beide. Manchmal gab es einfach nichts, was man sagen konnte.

Doktor Weber unterbrach das Gespräch mit ihren Eltern, als Lisa das Zimmer betrat. »Lisa! Wie geht es dir heute?«, fragte er mit freundlichem Lächeln.

»Es geht mir gut«, antwortete sie und versuchte, in diesem Satz eine Zuversicht mitschwingen zu lassen, die sie nicht spürte. Obwohl sie zurzeit keine Medikamente bekam, war ihr ständig übel. Außerdem juckten die nachwachsenden Haare unter ihrer Perücke. Aber ein Blick auf ihre Mutter, die ihr mit tränenverschleiertem Blick ein klägliches Lächeln zuwarf, während ihr Vater mit erstarrten Gesichtszügen ihren Blick komplett mied, ließ sie über solche Befindlichkeiten schweigen.

»Ich erkläre deinen Eltern gerade, welcher Therapieansatz am sinnvollsten ist. Möchtest du dabei sein? Schließlich geht es um dich.«

Nina stieß einen kurzen Laut aus, der wie die Mischung aus einem Schluchzen und einem Protestschrei klang.

Lisa hätte ihrer Mutter jetzt gerne gesagt, dass sie bereits Bescheid wusste, dass es unnötig war, ihr noch etwas vorzuspielen. Die Therapie würde ihr Leben um ein paar Wochen, maximal Monate verlängern. Sie schwieg, schüttelte lediglich den Kopf. Ihre Eltern beobachteten sie, während sie zum Nachttisch ging und nach der Zeitschrift griff, die darauf lag. Thomas hatte einen Arm um Ninas Schultern gelegt, beide waren blass und Lisa spürte, welche Anstrengung es für sie war, nicht in Tränen auszubrechen.

»Ich gehe in die Cafeteria.«

»Ist gut Spatz, wir kommen in ein paar Minuten nach.«

Lisa lächelte ihre Eltern an. Diesmal musste sie die Wärme nicht heucheln, die sie empfand. *Ich hab euch lieb*, dachte sie zärtlich. Dann verließ sie den Raum, in dem über den Rest ihres Lebens verhandelt wurde.

»Übermorgen ist Sternschnuppennacht!«

»Hmm?« Yvi sah von ihrem Buch hoch.

»Mitte August. Die Perseiden«, erklärte Lisa und deutete auf einen Artikel, den sie gerade noch gelesen hatte.

»Cool! Meinst du, es sieht wirklich aus wie auf dem Bild?« Yvi betrachtete die Aufnahme eines Nachthimmels, über den sich grüne Lichtspuren zogen.

»Denke schon. Ich würde es gerne sehen.«

»Fängt übermorgen nicht deine Chemo an?«

Lisa verzog ihr Gesicht. »Eigentlich schon.«

Die Art, wie sie es sagte, ließ Yvi aufhorchen: »Was meinst du damit?«

»Ich will das nicht mehr, Yvi! Ich will nicht ständig das falsche Lächeln meiner Mutter sehen, das immer kurz davor ist, in Verzweiflung umzuschlagen. Ich habe diesen Zweckoptimismus so satt! Sie sollen ihr Leben nicht im Krankenhaus verbringen müssen, nur, weil ich es muss. Sophie ist sechs und redet über Leukämie so selbstverständlich wie andere Kinder über ihre Lieblingsfernsehserie! Ich liebe meine Familie. Sie haben genug gelitten, finde ich.«

»Und was ist mit mir?«, fragte Yvi leise.

»Du bist die beste Freundin, die man sich wünschen kann. Du solltest auch nicht jeden Tag auf dieser Terrasse hier sitzen müssen, statt ins Schwimmbad oder zum Skaten zu gehen.«

»Ich sitze auf dieser Terrasse, weil ich es will!«

»Ich weiß.«

»Lisa, was hast du vor?«

»Ich möchte die Perseiden sehen. Kommst du mit?«

Yvi nickte.

Sie planten ihre Flucht sorgfältig. Zwar durfte Lisa das Krankenhaus verlassen, aber wenn sie es ohne ihre Eltern tat, bestand die Möglichkeit, dass eine der Krankenschwestern misstrauisch wurde und sie zur Rede stellte. Sie wollten kein Risiko eingehen. Wenn Lisa aufgrund eines dummen Zufalls aufgehalten würde, wäre ihre letzte Möglichkeit vertan, die Perseiden zu sehen.

Yvi erstellte eine Liste mit Dingen, die sie unbedingt mitnehmen mussten: Eine Picknickdecke, etwas zu essen und zu trinken, Lisas Tagebuch, eine Taschenlampe. Sie würde alles mitbringen und am Spielplatz neben dem Krankenhaus auf ihre Freundin warten. Lisa verließe die Station unter dem Vorwand, in die Cafeteria zu wollen. Das gäbe ihnen genug Zeit, um zu verschwinden.

Yvi hatte auf einer Wanderkarte ihres Vaters den perfekten Ort zum Sternschnuppengucken gefunden. Sie müssten ungefähr eine Stunde laufen. Jedoch war sich Yvi nicht sicher, ob Lisa das schaffte. »Wie wäre es, wenn ich dich mit dem Fahrrad abhole? Du kannst auf dem Gepäckträger sitzen, wie früher!«, schlug sie vor.

Lisa nickte erleichtert. Sie versuchte, ihre Schwäche zu verbergen, so gut es ging, aber ihr hatte die Aussicht, eine Stunde lang durch hügeliges Terrain zu laufen, Angst gemacht. Sie wollte nicht erfolgreich aus dem Krankenhaus verschwinden, nur um dann auf einem Waldweg zusammenzubrechen.

»Wir treffen uns übermorgen um halb acht, OK?« Yvi stand auf. »Wenn irgendwas ist, ruf mich an!«

Sie umarmten sich, dann verließ Yvi Lisas Zimmer.

»Übermorgen«, flüsterte Lisa in den leeren Raum. Es klang wie eine Beschwörung.

»Mama, ich muss mit dir reden.«

Nina blickte ihre Tochter ernst an. Ausnahmsweise hatte sie heute nicht versucht, Lisa zu einem Spaziergang zu bewegen oder sie zu einem Brettspiel zu motivieren. Sie hatte nicht ununterbrochen auf ihr Kind eingeredet, wie sie es normalerweise tat, um das drückende Schweigen zu vertreiben, das sonst zwischen ihnen lastete. Nina liebte ihre Tochter. Der Gedanke, dass sie bald sterben würde, war ihr unerträglich. Aber Doktor Weber machte ihr beim letzten Gespräch unmissverständlich klar, dass es keine Hoffnung mehr auf Heilung gab. Die Therapie hatte nicht angeschlagen, ein geeigneter Knochenmarkspender war nicht gefunden worden.

»Ihre Tochter ist klug, sie weiß, wie es um sie steht. Geben sie ihr und sich die Möglichkeit, Abschied zu nehmen!«, hatte er am Ende zu ihnen gesagt. Sie vergrub daraufhin ihren Kopf an Thomas Schulter und fing an zu weinen.

»Was bedrückt dich, Schatz?«, fragte sie jetzt sanft.

»Ich …, ich will nicht …, ich meine …«, stotterte Lisa verlegen.

Nina streckte die Arme nach ihr aus: »Komm her!«, forderte sie zärtlich. Lisa schmiegte sich fest an sie. Wie schmal sie ist, dachte Nina erschüttert, als ihre Hände über den Rücken ihrer Tochter glitten: Jeder Wirbel war zu spüren, die Rippen drückten sich an die aufgespannte Haut wie Stützpfeiler einer Kathedrale. »Es tut mir leid«, flüsterte sie, wieder und wieder. »Es tut mir leid!«

»Ich hab dich lieb, Mama, ich will nicht, dass du traurig bist. Aber ich möchte keine Therapie mehr machen. Ist das OK?«

Nina schluckte zweimal, bevor sie antwortete: »Ja, mein Schatz, es ist OK. Wir haben mit Doktor Weber darüber gesprochen. Er hat uns geraten, die Entscheidung dir zu überlassen und sie zu akzeptieren, egal, wie sie ausfällt. Ich bin so stolz auf dich, meine Große!« Sie drückte Lisa fester an sich, vergrub ihren Kopf in den Haaren der Perücke und atmete tief ein. Tränen liefen ihr ungehindert über die Wangen, aber ihr Mund lächelte zum ersten Mal seit Wochen aufrichtig.

»Ich will nicht sterben«, murmelte Lisa leise, »aber ich muss.«

»Ja, ich weiß.«

»Sagst du Sophie, dass ich sie liebhabe?«

»Ja.«

»Und Papa?«

»Mach ich.«

»Mama?«

»Was?«

»Danke, dass du mir zugehört hast.«

Es war noch hell, als Lisa das Krankenhaus am nächsten Tag verließ. Die Sonne stand bereits tief und tauchte die Umgebung in ein warmes orangefarbenes Licht. Amseln zwitscherten aufgeregt in den Zweigen der Platanen, die den Rand der Straße säumten. Es war ein wolkenloser Abend, wie geschaffen, um Sternschnuppen zu beobachten.

Yvi wartete am Spielplatz auf sie, wie verabredet. Am Mäuerchen lehnte ihr neues Fahrrad, das sie zum Geburtstag bekommen hatte.

»Du bist ganz schön spät dran, ich warte schon seit einer Viertelstunde!«, begrüßte sie Lisa.

»Tut mir leid, Schwester Linda wollte noch Blut abnehmen, fürs Labor. Ich bin nicht früher weggekommen.«

»Wollen wir?«

Lisa nickte.

Yvi reichte ihr den Rucksack und schwang sich aufs Rad. Lisa nahm auf dem Gepäckträger Platz.

Mit ein paar kräftigen Tritten in die Pedale setzte Yvi das Rad in Bewegung. Sie fuhren erst an schmucken Reihenhäusern mit gepflegten Gärten vorbei, dann am Gradierwerk und den Salinen, von denen ein feucht-salziger Geruch zu ihnen herüberwehte. Schließlich verließ Yvi die Straße und bog in einen Feldweg ein, der sie an Pferdekoppeln und Maisfeldern vorbeiführte.

Lisa genoss die Wärme der Sonne auf ihren nackten Armen, den Fahrtwind, der an ihrem Kopftuch zerrte. Sie hatte die Perücke heute nicht aufgesetzt. Mit hungrigen Augen nahm sie die Landschaft in sich auf, das Farbenspiel der tiefstehenden Sonne, die selbst die Findlinge am Wegesrand lebendig erscheinen ließ. Sie beobachtete die schlanken fedrigen Stiele der Maispflanzen, die sich in einer sanften Brise bogen, den Wechsel von Licht und Schatten, als ihr Weg zu einer Birkenallee wurde. Die Welt schien ihr noch einmal zeigen zu wollen, wie wundervoll sie war.

Im Osten färbte sich der Himmel bereits violett, als sie den Platz erreichten, den Yvi für ihr Picknick ausgesucht hatte. Sie breiteten die Picknickdecke auf einer verwitterten Holzbank aus und machten es sich gemütlich, während die Sonne langsam hinter den Ausläufern des Taunus verschwand.

»Um 23:00 Uhr geht es los«, sagte Lisa mit einem Lächeln, das ihre Erschöpfung nur ungenügend verbarg.

»Du bist blass, vielleicht sollten wir doch …«, begann Yvi.

»Nein! Es ist OK!« Lisa hatte den Arm ihrer Freundin gepackt und blickte sie flehend an. »Es ist OK, Yvi!«

Für einen Moment sah es aus, als wolle Yvi widersprechen, doch dann nickte sie langsam. »Was willst du machen, während wir warten?«

»Noch ist nicht ganz dunkel. Ich werde noch etwas schreiben.«

»Ich habe eine Taschenlampe eingepackt, falls du Licht brauchst.«

»Da, hast du sie gesehen?«

»Nee, wieder zu spät geguckt.«

Sie lagen nebeneinander auf dem noch sonnenwarmen Weg, den Blick in den Himmel gerichtet, der sich wie die Kuppel eines Domes über ihnen spannte. Lisa hatte Yvi die Sternbilder gezeigt, die sie kannte, und die Geschichten aus der griechischen Mythologie dazu erzählt: Orion, der sich damit brüstete, der größte Jäger der Welt zu sein und so den Zorn Heras auf sich zog, die ihm einen Skorpion schickte, dessen Stich ihn tötete. Kassiopeia, die eitel behauptete, noch schöner als die Nereiden zu sein und von den Göttern gezwungen wurde, ihre einzige Tochter zu opfern, um diese Beleidigung zu sühnen. Den großen und den kleinen Bären, die der Sage nach Mutter und Sohn waren, an den Himmel versetzt, um zu verhindern, dass der Sohn unwissentlich seine Mutter tötete.

Jetzt beobachteten sie angespannt das Firmament, folgten mit den Augen dem hellen Band der Milchstraße, auf der Suche nach dem kurzen Aufblitzen verglühenden Staubs in der Atmosphäre.

»Wieder eine! Ich wusste gar nicht, dass die so einen langen Schweif hinter sich herziehen! Der Wahnsinn!«, Yvis Stimme klang fröhlich-aufgeregt.

Lisa lächelte. Sie hatte nach der Hand ihrer Freundin gegriffen und genoss die Wärme, die in ihre kalten Fingerspitzen stieg. Ihr Herz schlug gleichmäßig in ihrer Brust, sie spürte es als leichte Vibration, die ihren Körper in sanfte Schwingung versetzte. Sie hatte ihre Geschichte fertiggeschrieben. Ihr Notizheft war voll. Auf der letzten Seite hatte sie ein Gedicht für Yvi verfasst. *Es gibt kein größeres Glück als das*, dachte sie zufrieden und drehte den Kopf leicht in Yvis Richtung, die gebannt nach oben starrte: die dunklen Augen auf der Jagd nach Meteoriten. Sie lagen noch lange so da, zwei Freunde unter einem sterngesprenkelten Himmel. Als die Perseiden ihren Höhepunkt hatten und im Sekundentakt fielen, schloss Lisa müde die Augen. Sie schlief mit einem Lächeln ein. Ihr Herz schlug – schlug --- schlug ----

An Beerdigungen sollte es regnen, dachte Yvi und blickte irritiert in einen strahlenden Sommerhimmel, dessen perfekte Bläue von den Kondensstreifen der Flugzeuge zerteilt wurde. Sie war froh, als sie und die anderen die stickige Luft der Trauerhalle hinter sich ließen und mit gemessenen Schritten hinter der schlichten Urne herliefen, die von Thomas getragen wurde. Es waren viele Trauergäste gekommen; ein schwarzgekleidetes Heer schluchzender und weinender Menschen, die immer wieder Sachen murmelten wie »zu jung«, »warum?« und andere Floskeln, die ihre Unbeholfenheit ausdrückten.

Als sie an der frisch ausgehobenen Grabstätte ankamen, trat Yvi nach vorne neben den Priester, der ihr freundlich zunickte. Sie war nervös. Mit schwitzenden Händen hielt sie den Zettel fest, auf den sie ihre kurze Rede notiert hatte.»Ich möchte gerne ein paar Worte sprechen«, begann sie und ärgerte sich über ihre dünne Stimme, die kaum die ersten Trauergäste zu erreichen schien. Doch wie auf ein Zeichen erstarben das Gemurmel und die meisten Schluchzer um sie herum. Sie fühlte sich den Blicken aller Anwesenden ausgesetzt. Mit einem tiefen Atemzug fokussierte sie sich auf das, was wichtig war. »Ich war Lisas beste Freundin. Aus diesem Grund haben mich ihre Eltern gebeten, einen Nachruf zu schreiben. Etwas, woran man sich erinnern soll, wenn man an Lisa denkt. Deshalb möchte ich ein Gedicht vorlesen, das Lisa geschrieben hat, kurz bevor ...«

Die anderen warteten geduldig, bis sie sich einigermaßen gefasst hatte.

»Es heißt *Freunde* und ist mir gewidmet.« Sie atmete tief durch. Dann rezitierte sie mit ruhiger, gefasster Stimme Lisas Verse:

Sternschnuppennacht

Wir liegen
auf warmem
Sommerasphalt.

Sternschnuppen flitzen
wie Funkengeschichten
durchs Mitternachtsschwarz.

Fledermäuse singen
ihr Mottenjagdlied
zum Wirbeln der Flügel.

Die Luft riecht
nach Sommer,
Gras und Wald.

In solchen Momenten
brauche ich nichts,
denn du bist da.

(für Yvi)

Mein Leben

Ich habe geheult,
geweint und geschrien.
Bin tief gefallen,
lag stumm auf den Knien.
Ich spürte den Schmerz,
hab ihn beim Namen genannt.
Habe alles gefühlt,
bis jemand die Wunden verband.
Und dann setzte das Heilen ein.

Ich habe gelacht,
getanzt und gelebt.
Bin hoch geflogen,
und über die Wolken geschwebt.
Ich spürte die Freiheit,
habe sie in mein Herz geschrieben.
Habe alles gefühlt,
und lernte schließlich zu lieben.
Und dann fing mein Leben erst an.

Was ich Dir damit sagen mag,
auf jede Nacht folgt auch ein Tag.
Was heute wie das Ende scheint,
ist doch bloß als nächster Schritt gemeint.

Dein Leben ist jetzt,
drum lebe es auch.
Nutze jede Sekunde aus,
und mache von Deinem Herzen Gebrauch.
Denn jetzt und alleine – jetzt – bist Du hier.

Into the Woods

Die Wälder sind herrlich, dunkel und tief,
doch ich muss meine Versprechen halten,
und Meilen geh'n, bevor ich ruh,
und Meilen geh'n, bevor ich ruh.

Robert Frost

»Wir sind so weit, Sebastian! Du auch?« Die Krankenschwester lächelte zu ihm herunter.

Nicht Krankenschwester, korrigierte er sich sofort. – MTA hieß das hier. Medizinisch-technische Assistentin.

Verdammt hübsch war die, mit ihren Augen in der gleichen Farbe wie das hellblaue Krankenhausshirt und dem kastanienbraunen Zopf. Das hatte er gleich schon bei der Begrüßung gedacht. Fast so hübsch wie Clara.

Umso dämlicher kam er sich vor, so ausgestreckt auf dem Tisch, in diesem weißen Nachthemd über seinen Boxershorts. Mit der weißen Micky Maus auf den Ohren.

Hier drin war fast alles weiß. Weiß und hellgrau oder aus Glas. Clean und kalt, und so roch es auch. Je schneller er es hinter sich hatte, umso besser.

Er reckte den Daumen der Hand hoch, die den Gummiknubbel der Notrufklingel umklammert hielt.

»Super!« Die MTA ahmte gutgelaunt seine Geste nach und tippte sich dann an ihr Ohr. »Ich meld' mich da drüber, wenn's losgeht!«

Sebastian deutete ein Nicken an und richtete seinen Blick nach vorne auf das Gerät. Ein gigantischer Donut aus Plastik und Elektronik. Ein Hightech-Donut, der jetzt zu blinken anfing. Er zuckte zusammen, als es in den Kopfhörern knisterte. »Sebastian?« Die Stimme der MTA, direkt und ungefiltert in seinen Gehörgängen. »Wir legen jetzt los, okay?« Er nickte wieder; er wusste, dass sie ihn durch die Glasscheibe hindurch beobachtete, sie hatte ihm ausführlich erklärt, wie das heute hier ablief. Trotzdem zuckte er noch einmal zusammen, als sich der Tisch unter ihm in Bewegung setzte und ihn mit den Füßen voran auf die Öffnung des Space-Donuts zuschob.

Auf Musik in den Kopfhörern hatte er verzichtet; bestimmt gab es nur Harfengeklimper, das beruhigen sollte. Oder Panflöten. Das Intro von *Star Wars* wäre cool gewesen. Das Ganze hier hatte etwas von einer Raumstation, irgendwo in einer weit, weit entfernten Galaxie. Oder der *Imperial March*; eingekapselt in den Kopfhörern klang sein eigener Atem wie ein schwaches Echo von *Darth Vader*. Sebastian Skywalker, gefangen zwischen der hellen und der dunklen Seite. Ohne auch nur die geringste Macht zu besitzen.

Am besten wäre Metal gewesen.

Metal war ein Ventil für seine Wut. Wenn er lang genug, laut genug Metal hörte, blieb das Gedankenkarussell irgendwann stehen. Metal half, sich zu betäuben, sich stark zu fühlen und unbezwingbar. Unsterblich. In der letzten Zeit hatte er viel Metal gehört, bis zum Anschlag aufgedreht. Metal hätte auch das Geräusch des MRT-Geräts übertönt, das durch die Kopfhörer drang, ein kreiselndes Surren, ein dumpfes Dröhnen.

MRT. Magnetresonanztomographie.

Wie MTA Abkürzungen und Begriffe, an die er sich jetzt gewöhnen musste: Radiologie. CT. Skelettszintigraphie. Biopsie. PET. Onkologie. Metastasen und Mikrometastasen. Zytostatika. Vokabeln einer neuen Sprache, wie kurz vor dem Abflug in ein fremdes Land, das er überhaupt nicht kennenlernen wollte. Schon gar nicht jetzt. Er war doch erst siebzehn, verfluchte Scheiße.

Mit Schmerzen im Bein hatte es angefangen: Beim Joggen, im Sprung beim Körbewerfen. Eine Beule am Schienbein, unterhalb des Knies, rot und heiß. Vielleicht was geprellt, irgendwie im Training verrenkt. Sicher nichts Dramatisches. Er war ja schließlich erst siebzehn, fit und sportlich und nie länger krank gewesen.

Krebs, war die Granate dann eingeschlagen. Im Knochen.

Osteo-fucking-Sarkom. Weil ein paar der Zellen, die dafür sorgten, Knochensubstanz während des Wachstums aufzubauen, bei ihm einen Fehler im Programm hatten und jetzt entgleist waren. So wie jedes Jahr bei zehn Jungen und Mädchen auf eine Million Jugendlicher auch. Sozusagen ein Hauptgewinn in der Arschkarten-Lotterie.

Dass er das nächste Schuljahr knicken konnte – geschenkt. Aber auch den Sommer mit Fabi und Olli konnte er vergessen. Und das mit Clara ... Daraus würde jetzt sicher nichts mehr werden. Wer wollte schon einen schwerkranken Freund, der mehr Zeit im Krankenhaus verbrachte als sonst wo. Oder einen einbeinigen Krüppel.

Wenn er richtig Pech hatte, war es das jetzt.

Irgendwann demnächst. Schluss. Aus. Ende. Nie wieder Pogo und Headbangen im Club und auf dem Skateboard durch die Halfpipe fliegen. Nie wieder Sonnentage am See und Sommernächte, Herzklopfen und Küsse und der Duft von Mädchenhaaren. So unendlich vieles, das er nicht mehr sehen, nicht mehr ausprobieren und erleben würde. Kein Sebastian mehr.

Er war nicht klaustrophobisch veranlagt, doch obwohl er nur bis über die Hüften im MRT steckte, geriet sein Herzschlag ins Stolpern, krampfte sich sein Brustkorb zusammen.

Er wünschte, er könnte sich wegbeamen. In eine weit, weit entfernte Galaxie. Raus aus diesem Leben, das urplötzlich gekentert war.

Sebastian schloss die Augen.

Weg.

Einfach nur weg.

*

»Hey!«, röhrt die markige Männerstimme in seinem Kopfhörer, gerade noch über dem Brüllen des Motors hörbar. »Hey! Bist du okay?!«

Sebastian nickt mechanisch, die Augen immer noch geschlossen.

»Sicher?«

Er nickt wieder.

»Gott sei Dank«, dröhnt es unter Knistern in seinen Ohren. »Ich dachte schon, du machst mir hier oben schlapp! Du hast doch keine Flugangst oder sowas?«

Sebastian schüttelt den Kopf.

Er hat tatsächlich Angst. Aber nicht davor, hier oben zu sein oder vor der Enge des winzigen Cockpits. Trotzdem öffnet er nur widerstrebend die Augen, blinzelt vorsichtig, fast misstrauisch. Über ihm der Himmel, nichts als Himmel, blendend blau und wolkengemasert. Er neigt den Kopf und schaut hinunter: Wälder, so weit das Auge reicht. Dichte und undurchdringliche Wildnis, die nur dort aufklafft, wo Flüsse sich hindurchwinden, Seen den Himmel spiegeln. Wo das Meer tiefe Fjorde in das Land schneidet, bewacht von schroffen Bergriesen, deren Schneeflecken in der Sonne leuchten. Keine klare Grenze trennt Land und Ozean voneinander, so viel Blau durchzieht die Wälder, so viele grüne Inseln zerstreuen sich vor der Küste.

Tausende von Quadratkilometern unberührter, menschenleerer Natur. Das Galapagos des Nordens.

Ein schriller Pfeifton schreckt Sebastian auf. Zwischen den ganzen Anzeigen und Lämpchen vorne im Cockpit blinkt es gefährlich rot.

»*Dammit!* Keine Panik, Junge! Wer mit Brock fliegt, ist in guten Händen.« Die massige Faust des Piloten kracht zwischen die Anzeigen. Mit einem Quäken verstummt das Pfeifen, erlischt das Blinken. »Na also! Hat eben schon ein paar Jährchen auf dem Buckel, meine gute Bella.« Brock tätschelt das Armaturenbrett und schiebt mit einem wohligen Aufseufzen seinen bulligen Körper im Sitz zurecht. »Was verschlägt dich denn hierher? Abenteuerlust? Sehnsucht nach Einsamkeit? Oder 'ne Mutprobe?«

Sebastian bleibt stumm.

Brock seufzt wieder; über die Kopfhörer klingt es wie ein Schnauben. »Nimm's mir nicht übel – aber bist du dir sicher, dass du das machen willst? Allein, dort unten? In deinem Alter?«

»Ich muss«, murmelt Sebastian aus enger Kehle.

»Mein' ja nur.«

Eine Weile lang ist nichts als das Dröhnen und Wummern der Maschine zu hören.

»Ist 'ne seltsame Gegend da unten«, beginnt Brock dann erneut. So leise, dass Sebastian sich anstrengen muss, um ihn zu verstehen. »Wenn ein Platz auf dieser Welt die Bezeichnung Wildnis verdient – dann der da. Einsam ist es dort und voller Geheimnisse. Spooky.«

Sebastian nickt; er kennt die Geschichten.

Geschichten von Fischen, die sich reißenden Strömungen entgegenwerfen, Stromschnellen und Felstreppen hinaufspringen, um sich fortzupflanzen und dann zu sterben. Von Wölfen, die in Flüssen fischen und von Raben, die mit Wölfen sprechen. In diesen Wäldern, die sich von den verwesenden Überresten der Fische nähren, die die Tiere liegengelassen haben. Wo es eine Pflanze namens *Devil's club* gibt, Teufelsknüppel, deren Dornen scharf sind wie Rasierklingen, und wo Lebensbäume seit mehr als tausend Jahren stehen. Andere Geschichten erzählen von Seelöwen, die hier solche Raubtiere sind, wie ihr Name es besagt. Von Kreaturen auf dem Grund des Ozeans, die im Lauf von Tausenden von Jahren aus Meerwasser und Sand ihr eigenes Skelett aus biegsamem Glas erschaffen, es zu Kelchen formen, zu Rüschen und Blumen. Unter dem Rumpf des kleinen Wasserflugzeugs erstreckt sich eine Welt, in der die Zeit ungleich langsamer verstreicht als anderswo. Wo Heute immer eine kleine Ewigkeit bedeutet. Eine Welt voller Wunder.

Und die unglaublichste aller Geschichten erzählt von einem schwarzen Bären, der weiß ist. Deshalb ist Sebastian hier.

Verstohlen mustert er den Piloten von der Seite; wenn Brock diese Geschichten kennt, kann er ihm vielleicht vertrauen.

»Ich suche den Geisterbären«, flüstert er heiser in das kleine Mikro vor seinem Mund.

Brocks Brauen rutschen hinter der verspiegelten Sonnenbrille hoch.

Sebastian schießt das Blut ins Gesicht; kindisch kommt er sich vor. Wie ein kleiner Junge, der auf einem Schlitten in den hohen Norden aufbricht, um den Weihnachtsmann zu suchen.

Der Pilot pfeift durch die Zähne und richtet seinen Blick wieder nach vorne, kratzt sich ausgiebig in seinem Mehrtagebart. »Den haben schon viele gesucht«, brummt er schließlich.

»Ich weiß.«

»Den Kermodebären finden zu wollen ... Da kannst du genauso gut nach dem Heiligen Gral suchen.«

Unter zusammengekniffenen Brauen starrt Sebastian auf die endlosen Wälder hinunter. »Ich muss ihn einfach finden.«

Einmal mehr seufzt Brock, halb aufmunternd, halb schicksalsergeben. »Ich schätze mal, wenn es sein soll, dass du einem begegnest ... dann wird es auch passieren.«

Seine fleischige Hand tippt auf den Instrumenten herum, greift dann wieder an den Steuerknüppel. »Also sehen wir zu, dass wir dich zu deinem Heiligen Gral bringen!«

Sebastians Magen flutscht zum Brustbein hoch, als die Maschine in Sinkflug geht.

Wolkenfetzen gleiten unter ihnen hindurch, huschen dann an den Scheiben des Cockpits vorbei. Die Sonne funkelt auf den Wellen, malt den Schatten des Flugzeugs auf das Meer. Ein Schatten, der größer und größer wird, je näher sich die Wasseroberfläche heranschiebt. Der Propeller wechselt die Richtung, läuft langsamer, und sanft setzt die Maschine auf, schaukelt nur leicht hin und her, als aufschäumendes Wasser sie an den Schwimmerkufen ausbremst. Gemütlich tuckert das Flugzeug auf den Sandstrand zu, bleibt dann schwankend stehen.

Sebastian reißt sich den Kopfhörer herunter, schnallt sich ab und klettert zwischen den Sitzen hindurch. Brock ist schneller; Sebastians Rucksack in der Hand, steht er schon neben der aufgerissenen Tür.

»Hier, Junge. Viel Glück bei deiner Suche! Du wirst es brauchen.«

»Danke.« Sebastian nimmt ihm den Rucksack ab und schlägt in die ausgestreckte Pranke ein, springt dann in die flach auslaufenden Wellen am Strand.

»Und lass dich nicht von einem Grizzly fressen!«, ruft Brock lachend und wirft die Tür zu. Hinter der Scheibe des Cockpits hebt Brock zum Abschied die Hand, bevor er die Maschine in einem weiten Bogen über das Wasser steuert.

Mit aufheulendem Motor saust das Flugzeug auf seinen Schwimmern los, hebt ab und taucht in den Himmel ein.

Sein gelber Rumpf ist schon längst im Blau aufgegangen, als noch immer ein Nachhall des Motorendröhnens in der Luft vibriert. Dann verklingt auch das.

Lange bleibt Sebastian am Strand stehen, ohne sich zu rühren. In dieser Einsamkeit. Dieser Stille. Nur das Rauschen des Meeres ist zu hören. Der Atem des Windes, der Sebastian ins Gesicht bläst, an seiner Jacke zerrt und in den Baumwipfeln hinter ihm flüstert. Die Schreie der Möwen, die wie Schneegestöber über die Wellen hinwegziehen, aufgescheucht von der majestätischen Silhouette eines Weißkopfseeadlers.

Ein heiseres Röhren rollt heran, jenseits der gischtbesprühten Felsen: Seelöwenbullen, irgendwo weiter die Küste hinauf.

Noch aus der Ferne lässt ihr angriffslustiges Brüllen Sebastian einen kalten Schauder den Nacken hinunterrieseln. Wie ein Faustschlag in den Magen fühlt es sich an, als er begreift, wie waghalsig das ist, was er hier vorhat. Wie allein er jetzt ist, in dieser weiten, unbarmherzigen Wildnis. Panik schießt heiß durch seinen Körper; eine Angst, die ihn zu Stein erstarren lässt. Er hätte nicht herkommen sollen, er gehört hier nicht hin. Er will zurück, zurück nach Hause. Zurück in sein altes Leben.

Am Rand seines Gesichtsfelds bewegt sich etwas, und Sebastian wendet den Kopf.

Ein Küstenwolf.

Kleiner und schmaler, als Sebastian ihn sich vorgestellt hat; kaum mehr als ein Schatten gegen das helle Grauweiß des Strandes, wie aus Nebel und Regenwolken gemacht. Der Wolf hebt die Schnauze vom feuchten Sand und blickt neugierig in Sebastians Richtung. Die Wahrscheinlichkeit ist hoch, dass er der erste Mensch ist, den der Wolf überhaupt je zu Gesicht bekommen hat. Schließlich tänzelt das Tier auf seinen schlanken Pfoten davon, ohne Furcht, ohne Hast.

Sebastian hat keine Wahl – es gibt kein Zurück mehr.

Er muss diesen Weg gehen, niemand kann ihm das abnehmen. Und er muss es allein tun. Sebastian atmet tief ein, den Wind und die Meeresluft, die nach Freiheit riechen und mit Hoffnung und Tapferkeit gesalzen sind. Dann schlüpft er in die Gurte seines Rucksacks, zurrt sie fest und watet durch das Wasser. Über den Strand hinweg, in die Wälder hinein.

Ein tiefer grüner Ozean ist es, in den Sebastian eintaucht, feucht und kühl, von einfallenden Lichtbündeln nur schwach erhellt.

Eine Märchenwelt, verwunschen und geheimnisvoll.

Bis zum Himmel hinauf reichen die uralten Bäume. Mit ihren Bärten aus hellgrünem Moos, von denen Wasser tropft, sehen sie manchmal wie Waldgeister aus. Irgendwo rauscht ein Wasserfall hinab, gurgelt ein Flusslauf, und immer wieder dringt zwischen die feinen Vogelstimmen der kurze, hallende Ruf eines Raben. Wie eine Warnung.

Zwischen den riesigen Farnwedeln raschelt es.

Sebastian bleibt stehen und blickt einem graubraunen Eichhörnchen nach, das in Stop-Motion einen Baumstamm hinaufklettert. Als er sich weiter umsieht, stellt er fest, dass er jetzt schon die Orientierung verloren hat und sein Zeitgefühl gleich mit. Ist er eine Stunde unterwegs oder mehrere oder schon fast einen ganzen Tag?

Nichts um ihn herum kann ihm diese Frage beantworten, und mit einem Blick auf seine Armbanduhr stellt er fest, dass sie irgendwann seit dem Abflug aus dem Küstenstädtchen stehengeblieben ist. Als hätte sie bereits vor der Zeitlosigkeit dieses Orts kapituliert.

Bei seiner Suche würden ihm auch keine Karte, kein Kompass etwas nützen. Nichts davon könnte ihm verraten, wo er den Bären findet. Niemand weiß, wo genau in diesen Wäldern er lebt. Dieser eigentlich schwarze Bär, der ein weißes Fell hat. Kein Eisbär. Auch kein Albino, dem die Farbpigmente fehlen. Sondern eine echte, eigene Unterart des Schwarzbären. Eine Genmutation aus der Eiszeit, die bis zum heutigen Tag einen von zehn schwarzen Bären zu einem Geisterbären macht, in manchen Gegenden hier sogar einen von drei. Eine Laune der Natur. Eine Legende.

Man sagt, der Geisterbär verleiht nicht nur demjenigen, der ihm begegnet, Mut und Stärke. Er hat auch magische Kräfte: Immer, wenn der Geisterbär irgendwo gesichtet wird, soll Ungewöhnliches geschehen, Unmögliches wahr werden.

Sebastian muss diesen Bären finden.

Um jeden Preis.

Ein Fluss kreuzt seinen Weg.

Quecksilbrige Otter tollen am Ufer herum, strecken Sebastian vorwitzig die Köpfe entgegen und beobachten ihn mit ihren klugen Augen, bevor sie unter Pfeifen und Keckern wieder ins Wasser springen.

Der Fluss wird nicht nur dafür sorgen, dass Sebastian genug zu trinken hat; er ist auch der einzige Wegweiser, den er hier haben wird. Denn wenn sich Geisterbären aus dem Schutz des tiefen Waldes hervorwagen, dann, um an den Flüssen zu fischen.

Den Flusslauf entlang wandert Sebastian tiefer und tiefer in das grüne Licht des Waldes hinein, und das Moos auf dem Boden ist so dick und weich, dass er mit seinen schweren Wanderstiefeln keine Fußstapfen hinterlässt.

Die Sonnenstrahlen auf dem Waldboden bleichen aus; einer nach dem anderen verlischt. Wie Rauch quillt es zwischen den Stämmen hervor, als dichter Nebel den Wald einhüllt. Dunkel wird es und kalt, in weniger als ein paar Herzschlägen.

Sebastian kann nur noch das erkennen, was weniger als ein paar Schritte von ihm entfernt ist. Die Stimmen des Waldes, an die er sich schon gewöhnt hat, scheinen mal aus weiter Ferne zu kommen, dann wieder ganz nah zu sein. Fremd wirken sie, verzerrt und bedrohlich; er muss an Berglöwen denken, die in den Tiefen der Wälder umherstreifen und an Grizzlys.

Mit zitternden Knien setzt er einen unsicheren Fuß vor den anderen.

»Bleib stehen!«

Eine raue Männerstimme, unmittelbar hinter ihm.

Sebastian schluckt trocken, dreht sich vorsichtig um.

Er hat den Mann nicht kommen hören. Wie Sebastian trägt er Trekkinghose, Wanderjacke und feste Stiefel. Ein Band aus Perlen umläuft den Lederhut; Federn hängen daran und eine Vogelklaue. Wie aus Leder ist auch die Haut des Mannes, scharfkantig sein Gesicht. Unbeugsam, wie das eines Greifvogels. Ein Mann der First People, der Ureinwohner dieses Landes.

»Oder wolltest du gerade durch den Fluss schwimmen?«

Sebastian blinzelt in den Nebel. Schemenhaft kann er das Flussbett ausmachen, fast unmittelbar vor seinem rechten Fuß, und er tritt ein paar Schritte zurück.

»Was suchst du hier, mitten im Wald?«

Auf die Schnelle fällt Sebastian nichts Besseres ein, als die Wahrheit zu sagen. »Ich …, ich suche den Geisterbären.«

Die Augen des Mannes durchbohren ihn wie Pfeilspitzen. »Wozu?«

»Ich brauche seine Hilfe.« Worte, die in ihrer Ehrlichkeit schmerzen. Die ihn schonungslos spüren lassen, wie groß seine Angst ist. Wie verzweifelt seine Hoffnung, dass er den Bären finden kann, vielleicht doch noch alles gut wird.

Er fürchtet jeden Moment loszuheulen. Unwillig, fast grob reibt er sich über die Augen, damit ja keine Tränen aufsteigen.

Das Gesicht des Mannes verhärtet sich. »Einer von denen bist du also ...« Sein Blick verliert sich im Nebel hinter Sebastian. »Von Anbeginn der Zeiten wusste mein Volk, dass dieser Bär etwas Besonderes ist. Nur in Legenden haben wir uns von ihm erzählt. Nie haben wir offen über ihn gesprochen. Damit keine Wilderer von ihm erfahren und Jagd auf ihn machen. Damit nicht zu viele Neugierige hierher strömen und die Ruhe des Waldes stören. Ich wünsche mir oft die alten Zeiten zurück, in der alle Welt glaubte, dieser Bär sei nichts anderes als ein Mythos.« Scharf richten sich seine Augen wieder auf Sebastian. »Falls du einen triffst – bewahr' sein Geheimnis! Und wenn du es doch nicht für dich behalten kannst – sag, du hättest *Moksgm'ol* gesehen. Niemand dort draußen wird etwas damit anfangen können. Außer denen, die das Geheimnis des Bären hüten. Und die werden schweigen. Damit der Bär weiter in Frieden leben kann.«

Sebastian nimmt seinen ganzen Mut zusammen. »Können Sie mir vielleicht sagen, wo ich ihn finden kann?«

Der Mann zuckt mit den Schultern. »Wenn du einem schwarzen Bären begegnest, hast du den falschen Weg genommen. Nicht nur, weil du vor ihm auf der Hut sein musst. Auch die weißen Bären meiden ihre schwarzen Brüder.«

»Aber, wo soll ich denn suchen?« Sebastians Stimme überschlägt sich beinahe.

Die Miene des Mannes verdüstert sich. »Du glaubst, du hast ein Recht darauf, ihn zu sehen«, fährt er Sebastian an. »Weil du verzweifelt bist und voller Angst. Weil du den Mut aufgebracht hast, dich hierherzuwagen. Es hat schon seinen Grund, dass der Große Rabe den weißen Bären unter seinen schwarzen Brüdern schuf! Um uns an die harten Zeiten zu erinnern, als dieses Land noch von Gletschern bedeckt war und das Leben ein einziger Kampf. Ein harter Weg ist es, *Moksgm'ol* zu finden. Du brauchst dazu mehr Mut, als du glaubst, und Geduld noch dazu. Du kannst darauf hoffen, es aber nicht erwarten. Und noch viel weniger kannst du es einfordern! Dem weißen Bären zu begegnen, ist eine Gnade, die nur wenigen zuteilwird. Vielleicht gehörst du dazu. Vielleicht auch nicht.«

Sebastian nickt, obwohl gerade alles an Hoffnung und Zuversicht aus ihm herauströpfelt und im Waldboden versickert.

Der Mann wendet sich ab, bleibt aber stehen und deutet zum Himmel hinauf. »Wenn du wirklich genug Mut und Geduld hast – warte auf den Regen.« Er nickt in den Wald hinaus. »Warte auf den Ruf des Raben.« Dann verschwindet er im Nebel.

Die Zeit hört auf zu existieren.

Sebastian weiß nur, dass es Nacht ist, wenn er in der Finsternis die Hand nicht mehr vor Augen sehen kann. Wenn die Wölfe heulen, während er versucht, in seinem Schlafsack wenigstens ein paar Stunden zu dösen. Und Tag ist, wenn die Sonne ihre Lichtbänder durch das grüne Gewölbe wirft. Er den ewig gleichen, eintönigen Ruf des Raben hört. Alles dazwischen verschwimmt in Nebel und Dämmerlicht.

Jenseits aller Zeit stapft Sebastian das Flussufer entlang, hangelt sich zwischen den Felsen hindurch. Ohne zu wissen, ob es noch derselbe Fluss ist oder schon ein anderer. Ob er die ganze Zeit über nur im Kreis gelaufen oder hier verlorengegangen ist.

Out of the woods sagt man im Englischen, wenn jemand über den Berg ist; seltsam, dass ihm das jetzt einfällt.

Sebastian fürchtet, nie wieder aus den Wäldern herauszufinden. Und egal, in welche Richtung er sich nach draußen durchzukämpfen versucht – sein Weg wird ihn immer nur durch diese Wildnis hindurchführen.

Sein Vorrat an Müsliriegeln und Schokolade ist längst aufgebraucht. Er lebt von Heidelbeeren und Himbeeren, die er von den Sträuchern pflückt und die so süß sind, dass ihm irgendwann schlecht davon wird. Es gibt in seinem Körper keinen Muskel, der nicht schmerzt; seine Beine sind aus Blei und in den Stiefeln sind seine Füße wundgescheuert.

Er ist müde. So müde.

Als er mit der Stiefelspitze im Gestrüpp hängenbleibt, strauchelt und beinahe stürzt, gibt er auf. Erschöpft lässt er sich auf einen bemoosten Stein fallen. Er kann einfach nicht mehr weitergehen, keinen einzigen Schritt mehr. Sebastian sinkt in sich zusammen und vergräbt das Gesicht in den Händen. Es war alles umsonst. Sinnlos. Nie wieder wird er hier herausfinden. Nie wieder *out of the woods* sein.

Etwas Nasses trifft ihn im Genick.

Verblüfft hebt er den Kopf, schaut zu den Bäumen hinauf.

Ein dicker Tropfen nach dem anderen fällt auf seine Haut, klatscht auf die Farnwedel, tränkt das Moos zu seinen Füßen.

Warte auf den Regen.

Sebastian lässt sich vom Regen durchtränken, der in tausend Zungen wispert, lispelt, raunt.

Der Fluss stimmt mit ein, schäumend und übersprudelnd. Lauter und lauter wird er, je mehr Wasser er führt, je wilder er in seinem steinigen Bett vorwärtsschießt. Glänzende Schatten springen durch das strudelnde Wasser, werfen sich zappelnd der Strömung entgegen. Wie vor Lebenskraft berstende dunkle Steine sehen sie aus, die Lachse, die ihrem inneren Kompass, ihrer inneren Uhr folgen. Unbeirrbar sind sie auf ihrem Weg dorthin, wo sich für sie der Kreis schließen wird, für den Moment in der Schwebe zwischen Leben und Tod, Anfang und Ende.

Dann hört Sebastian den Raben. Einen Ruf aus heiserer Vogelkehle, der ihm neu ist. Aufgeregt klingt der Rabe und triumphierend. »*'S ist so weit! 'S ist so weit!*«

In der Ferne antworten ihm bellend die Wölfe. »*'S ist so weit! 'S ist so weit!*«

Irgendwo raschelt und knistert es; Sebastian sieht Zweige federnd zurückschnappen, und aus dem Gebüsch leuchtet es ihm hell entgegen.

Sebastians Herzschlag setzt aus, er vergisst zu atmen.

Im Dämmerlicht des Waldes, gegen das Grün der Sträucher und im Halbdunkel des Regens schimmert das dicke Fell des Tieres geisterhaft bleich. Unwirklich.

Die braungesprenkelte Nase zuckt, als der Bär Sebastians Witterung aufnimmt und zögert. Einen Herzschlag lang. Einen zweiten, einen dritten. Dann tastet er sich auf seinen Tatzen weiter über Moos und Fels vor. Er ist nicht wirklich weiß, mehr blond, und sein starker, warmer Geruch mischt sich in den Duft von Regen, Erde und Grün.

Etwas mehr als eine Armlänge von Sebastian entfernt macht der Bär Halt. Unschlüssig bewegt sich sein Kopf hin und her, bis er ihn vorstreckt und dem Menschenjungen entgegenschnuppert. Ein Staunen glänzt in den dunklen Augen, und Sebastian weiß nicht, ob es das Staunen des Bären ist oder er sich selbst in dessen Augen spiegelt.

Er weiß, er sollte es nicht tun. Aber er kann nicht anders, er muss. Er muss fühlen, dass der Bär wirklich ist.

Langsam, unendlich langsam hebt Sebastian die Hand und streckt sie nach dem Geisterbären aus.

*

»Sebastian?«, wird er die Stimme der MTA hören. »Wir sind für heute fertig!«

Sebastian wird die Augen öffnen und für einen kurzen Moment nicht wissen, wo er hier ist und warum. Bevor es ihn mit voller Wucht wieder einholt. Er wird den Kopfhörer abnehmen und die Beine vom Tisch herunterschwingen. Den nächsten Schritt machen auf seinem langen Weg aus weiteren Untersuchungen, Chemotherapie, Operation; noch mehr Chemotherapie und wiederholten Untersuchungen. Sobald seine Füße den Boden berühren, wird er aufbrechen, in die Wildnis aus Hoffen und Bangen, Angst und Tapferkeit, Fortschritten und Rückschlägen.

Er wird versuchen, vielleicht doch noch etwas vom Sommer zu haben. Mit Fabi und Olli, irgendwie, so gut es eben geht. Und er wird mit Clara reden, er muss mit Clara reden; das ist alles jetzt zu extrem, zu intensiv für falsche Scham und Schüchternheit, die Zeit ist zu kostbar.

Früher als viele andere Menschen wird Sebastian lernen, dass es keine Garantie auf dieser Welt gibt und viel zu wenig Sicherheit. Wie zerbrechlich das Leben ist und wie hart er kämpfen kann. Wie weit die Hoffnung ihn trägt, durch die Wildnis hindurch.

Niemand wird die Tannennadeln bemerken, die aus dem Untersuchungskittel gleiten, als Sebastian aufsteht.

Unbeachtet fallen sie zu Boden, und mit ihnen Fäden von Moos, an denen noch feuchte Erdkrümchen haften.

Und ein Haar, kurz und dick, wie Tierfell.

Blond ist es, fast weiß. Wie das Fell des Geisterbären.

Zitat aus: »Stopping by Woods on a Snowy Evening" von Robert Frost (1922); Übersetzung aus dem Amerikanischen: Nicole C. Vosseler

Träume, lebe jetzt

Was auch immer Deine Zukunft spricht
Bitte vergiss das Träumen nicht
Was auch immer Dir der Morgen bringt
Es ist das Heute, dem das Jetzt entspringt

Wann auch immer Dir die Nacht zu kalt
Auch sie neigt sich der Sonne bald
Wann auch immer Dunkelheit versperrt die Sicht
Jeder Schatten bedingt stets auch das Licht

Welch' Schmerz sich auch um Deine Seele hüllt
Im Traum wird Dir Dein Wunsch erfüllt
Welch' Angst auch feste nach Dir greift
Im Herzen ist es, wo der Glaube reift

Drum bleibe stark, hab Mut, gib niemals auf
Tief auf Hoch und Hoch auf Tief ist des Lebens Lauf
Greife Du auch nach den Sternen, wünsch Dir was
Träume und lebe im Jetzt, denn darauf ist Verlass.

Ameisenopa

»Glaubst du an ein Leben nach dem Tod?« Ich nutzte die kurze Atempause nach Stefans feuchtem Kuss, um meine Frage zu stellen. Er sah mich vorwurfsvoll an.

»Echt jetzt, Lena? Daran denkst du, wenn ich dich küsse?«

»Eigentlich habe ich über Wiedergeburt nachgedacht«, gab ich zu. »Glaubst du, dass wir wieder auf die Welt kommen, wenn wir gestorben sind? Vielleicht als Tiere? Oder denkst du, es ist möglich, eine Pflanze zu werden? Können Pflanzen fühlen, was meinst du?« Ein paar Sonnenstrahlen fielen durch das Blätterdach der Bäume und blendeten mich. Ich hob die Hand vor meine Augen und sah Stefan eindringlich an.

Er schüttelte den Kopf. »Komm schon, Lena … lass uns jetzt nicht quatschen.« Er rückte ein bisschen näher und legte seine Hand auf mein Knie. Abrupt stand ich auf.

»Ich muss jetzt nach Hause.«

Er legte den Kopf in den Nacken und seufzte theatralisch. »Seit der Sache mit deinem Opa bist du total komisch, weißt du das?«

Der Wind fuhr raschelnd durch den Wald und ich starrte ihn an. Dafür hätte ich ihm am liebsten eine gescheuert. Ich überlegte, ob ich dem Impuls nachgeben sollte, entschied mich dann aber dagegen. Mein Opa, der nicht nur die Frisur von Einstein gehabt hatte, sondern auch beinahe ebenso klug gewesen war, hätte mir wahrscheinlich davon abgeraten, weil er die Ansicht vertrat, dass jeder bekam, was er verdiente. Da musste man gar nicht groß nachhelfen. Vielleicht würde Stefan schon in den nächsten Sekunden ein morscher Ast auf den Kopf donnern, weil die Reinkarnation seiner verstorbenen Tante in Form eines fetten

Eichhörnchens darauf landete. Diese Vorstellung befriedigte mich und ich lächelte.

»Machen wir jetzt weiter?«, drängte er, mein Lächeln fehlinterpretierend.

Ich hätte echt nicht zulassen dürfen, dass er mich küsste.

»Womit willst du weitermachen? Damit, mich anzusabbern, während du hoffst, dass ich kein Gespräch mit dir beginnen will? Lass mich überlegen. Nein danke.«

»Du bist sowas von zickig«, murrte Stefan und fuhr sich durch die dunklen Haare. »Wahrscheinlich wirst du mal als bockige Ziege wiedergeboren.«

»Also glaubst du doch an Wiedergeburt. Interessant.«

Er schüttelte den Kopf. »Ob jetzt das Paradies mit 77 Jungfrauen oder ein Leben als Ameise auf mich wartet, ist mir im Moment ehrlich gesagt ziemlich schnuppe.«

»72 Jungfrauen«, korrigierte ich ihn automatisch.

Stefan verdrehte die Augen. »Ist doch egal. Außerdem glaube ich sowieso nicht an den Mist.« Er klopfte neben sich auf den Baumstamm. »Komm wieder her.«

»Wie kann dir das alles egal sein?«, fuhr ich ihn an. »Hast du denn gar keine Fragen? Willst du nicht wissen, ob Gott existiert und was mit uns passiert, wenn wir gestorben sind? Besitzen wir eine Seele? Und gibt es so etwas wie Zufälle, oder ist alles, was passiert, in Wahrheit Schicksal? Haben wir überhaupt einen freien Willen?«

»Du mit Sicherheit«, murrte Stefan und griff in seine Hosentasche, aus der er einen Kaugummi hervorzog. Ich sah ihn verständnislos an. »Es ist dir also tatsächlich egal, was nach dem Tod mit dir passiert?«

Er zuckte mit den Schultern. »Keine Ahnung. Werde es schon erfahren, wenn es so weit ist.«

Ich nahm meinen Rucksack und betrat den schmalen Waldweg, der nach Hause führte.

»Und das war's?«, rief er mir nach. »Du lässt mich hier einfach so sitzen?«

»Keine Ahnung«, erwiderte ich. »Du wirst es schon noch erfahren, wenn es so weit ist.«

»Magdalena!« Meine Großmutter war eine sehr beherrschte Frau, also schlug sie nicht die Hände über dem Kopf zusammen, sondern hob zur Unterstreichung ihrer missbilligenden Anrede nur leicht die Augenbrauen.

»Großmutter!«, begrüßte ich sie mit einem ebenso tadelnden Blick, konnte es mir aber nicht verkneifen, noch zusätzlich leicht den Kopf zu schütteln und »Tststs« zu murmeln.

»Magdalena Eleonore, wie sprichst du nur mit mir!«, entrüstete sie sich. »Und wie du wieder aussiehst! Als hättest du dich mit einem Jungen im Heu gewälzt. Deine Haare sind komplett zerzaust, deine Jeans zerrissen und deine Fingernägel dreckig. So kannst du unmöglich deinen Großvater besuchen gehen.«

»Gertrude Aurelia Hermine«, sprach ich meine Großmutter ebenfalls mit ihrem vollständigen Namen an, »ich habe mich nicht mit einem Jungen im Heu gewälzt, sondern bin ganz gesittet auf einem Baumstamm gesessen, während er mich geküsst hat. Meine zerzausten Haare sind ein Opfer des Windes, meine zerrissenen Jeans eines der Mode und meine Nägel sind dreckig, weil ich im Garten ein Ameisennest ausgegraben und in den Wald gebracht habe, damit du nicht wieder zur Massenmörderin wirst.« Ich machte eine kurze Pause. »Aber was ist mit dir? Du trägst ein schwarzes Kleid obwohl du weißt, dass dir die Farbe nicht steht und die Haare hochgesteckt, obwohl Opa sie offen viel lieber mag. Welche Entschuldigung hast du vorzubringen?«

Meine Großmutter schnappte nach Luft und ich lächelte in mich hinein. Opa hatte es geliebt, sie aufzuziehen und irgendwie tat es mir gut, sein Andenken auf diese Weise aufrecht zu erhalten. Auch wenn meine Mutter das offensichtlich anders sah.

»Lena, das reicht jetzt«, sagte sie leise, aber bestimmt. Und wenn meine Mutter so einen gewissen Blick hatte, dann wusste ich, dass es jetzt besser war, den Mund zu halten.

Die Fahrt verlief schweigend. Ich saß im Auto und versuchte, Einsteins Relativitätstheorie zu verstehen. Also richtig zu verstehen. Nicht nur zu wissen, dass die Zeit für mich im fahrenden Auto langsamer lief als für die Leute auf der Straße, sondern zu begreifen WARUM das so war. Wie üblich kam ich nicht dahinter – hatte es nicht etwas mit Photonen zu tun? – aber meine Gedankenexperimente ließen mir die Zeit schneller vergehen, was ich paradox und irgendwie cool fand.

Dann gingen wir zu Opas Grab und ich sah, dass sich die Erde bereits ein wenig gesetzt hatte. Mama räumte stillschweigend die verwelkten Kränze weg und meine Großmutter stand einfach nur ganz still da und sagte nichts. Mir ging schon die ganze Zeit Opas Lieblingslied im Kopf herum und ich hätte es gerne gesummt, denn leider konnte ich nicht so gut pfeifen wie er. Doch meine Großmutter wirkte noch immer verärgert und so fütterte ich stattdessen ein Eichhörnchen mit einer mitgebrachten Nuss.

»Ich denke, wir können bald damit beginnen, das Grab zu bepflanzen«, sagte meine Mutter. Während ich nickte, schüttelte meine Großmutter gleichzeitig den Kopf.

»Das kommt überhaupt nicht in Frage. In unserer Familie wurden die letzten Ruhestätten von jeher mit Kies gestaltet«, sagte sie. »Der ist pflegeleicht und geschmackvoll.«

»Du willst Opa Steine aufs Grab schütten?!«, rief ich fassungslos.

»Magdalena! Schrei hier nicht herum, du bist auf einem Friedhof«, zischte meine Großmutter.

Ich blickte mich kurz um und senkte die Stimme.

»Meinst du, ich habe einen von ihnen aufgeweckt?«

»Lena, bitte«, seufzte meine Mutter.

»Und wenn ich nicht leise bin, krabbeln sie aus ihren Gräbern?«, fuhr ich unbeeindruckt fort.

Meine Großmutter funkelte mich an.

»Du hast weder Respekt vor den Toten noch vor mir.«

»Ich habe Respekt vor Opa. Und ich weiß, dass er sich ein blühendes, lebendes Grab wünschen würde. Keines, das genauso tot ist wie sein Körper.«

»Wie wäre es mit einem Kunstrasen?«, schlug meine Mutter vor. »Das sieht hübsch lebendig aus und macht so gut wie keine Arbeit.«

»Das ist doch wohl nicht dein Ernst, Mama!«, brauste ich auf. Meine Mutter hob die Hände in einer Geste, die zeigen sollte, dass sie sich von nun an raushalten würde.

»Ich habe an Wildblumen gedacht«, fuhr ich leidenschaftlich fort. »Gänseblümchen und Löwenzahn, blühender Klee und Schlüsselblumen ...«

»Das ist doch alles Unkraut!«, meckerte meine Großmutter. »Und das willst du deinem Großvater aufs Grab pflanzen? Was denkst du, was passiert, wenn sich das auf die anderen Gräber ausbreitet?«

Ich überlegte der Form halber, ganz wie sie es wollte, obwohl ich die Antwort bereits kannte.

»Dann würden wir einen wertvollen Beitrag für das ökologische Gleichgewicht leisten«, sagte ich nachdrücklich. »Du weißt doch, dass Opa eine Bienenzucht aufmachen wollte und es nur wegen deiner Allergie gelassen hat.«

»So ein Blödsinn!«, keifte sie mich an und vergaß dabei offenbar ihre vorherige Sorge, die Friedhofsruhe zu stören. »Und was das Grab angeht, kann ich dir sagen, was passieren würde: Die Leute würden sich die Mäuler über uns zerreißen und dann würden sie den kleinlichen Friedhofsgärtner benachrichtigen. Der würde das Unkraut –«

»– die Wiesenblumen –«, korrigierte ich.

»– unverzüglich beseitigen und weißt du, wem er die Rechnung schicken würde?«

»Dir?«, beantwortete ich die Frage leicht gelangweilt, weil ich mich davon ziemlich unterfordert fühlte.

»Ja, mir!«, fauchte sie. »Möglicherweise mit einer saftigen Strafe, weil wir gegen irgendwelche Friedhofsvorschriften verstoßen haben.«

»Das heißt, der einzige Grund, der für dich dagegen spricht, ist die Reaktion der anderen Leute«, stellte ich sachlich fest. »Dazu gibt es ein Zitat von Albert Einstein. Er sagte: ›Schon immer beruhten die meisten menschlichen Handlungen auf Angst oder Sturheit.‹ Ich habe dich zwar immer für stur, aber niemals für ängstlich gehalten, Großmutter.«

Meine Großmutter kniff die Augen zusammen.

»Albert Einstein sagte auch Folgendes, Fräulein: Man muss die Welt nicht verstehen, man muss sich nur in ihr zurechtfinden.«

Meistens bekam ich das ganz gut hin (also das mit dem Zurechtfinden). Auch nach Opas Tod versuchte ich, mein neues Leben ohne ihn zu akzeptieren. Und das, obwohl seine plötzliche Abwesenheit ein Loch in meine Brust riss, das so tief war, dass mir eine verzweifelte Stimme zuflüsterte, dass es sich niemals wieder füllen ließ. Ich ignorierte die Stimme, wie ich auch den Schmerz zu ignorieren versuchte und machte einfach weiter. Ich ging in die Schule, redete mit den anderen, ließ mich von Stefan anbaggern und bemühte mich, einfach nicht zu viel nachzudenken.

Dabei war es gerade das gewesen, was Opa so an mir geschätzt hatte.

»Hör niemals auf, Fragen zu stellen«, sagte er immer zu mir. »Der größte Fehler des Menschen ist, zu glauben, dass er schon alles weiß.«

Dass ich nicht alles wusste, zeigte mir der nächste Tag in der Schule.

Meistens hasste ich die Schule nicht. Meistens gelang es mir, meine ohnehin geringen Erwartungen an Lehrer, Schüler und den Lehrplan so weit herunterzuschrauben, dass mich die Realität nicht ernüchtert zurückließ. Aber heute hasste ich die Schule. Nicht aus Prinzip, sondern weil sie mir einfach keine andere Wahl ließ. Mein Referat über das globale Absterben der Honigbienenvölker und den daraus resultierenden Konsequenzen für uns alle hatte mich unvorsichtig gemacht. Ich hatte gedacht, zumindest ein paar von ihnen erreichen zu können. Jeder Schritt zählte, und wenn er noch so klein war – das hatte mir Opa beigebracht. Meine Ausführungen, wonach die Bienen mit ihrer Bestäubung etwa 80% unserer Nahrungsmittel sicherten – HEY, ACHTZIG PROZENT! – hatten nur zu einer erhöhten Gähn-Frequenz bei meinen Klassenkameraden geführt.

Frustriert ließ ich mich ein paar Stunden später auf dem weichen Waldboden nieder, auf dem tausende kleiner, roter Waldameisen gerade geschäftig dabei waren, Samenkapseln zu verschleppen, den Boden zu durchwühlen und andere Insekten zu verzehren.

Eine fleißige Arbeiterin krabbelte mir auf den Arm und blieb dort einen Moment sitzen. Ich musste an Opa denken, und an die Fragen, die ich Stefan gestellt hatte. Vielleicht war Opa als Ameise wiedergeboren worden. Vielleicht saß seine Reinkarnation in diesem Moment auf meinem Arm und putzte sich die Fühler.

»Opa?«, flüsterte ich leise.

Die kleine Ameise blickte mir in die Augen. Ich betrachtete sie unschlüssig und dann war der Moment auch schon wieder vorüber. Sie drehte sich um, krabbelte zurück zu ihren Verpflichtungen, und ich blieb wieder mal auf all den Fragen, die ich meinem mit der Weisheit des Universums ausgestatteten Opa gestellt hätte, sitzen.

Hat wirklich schon jemals ein Schmetterling mit seinem Flügelschlag einen Wirbelsturm entfacht? Verursachen Mikrowellen Krebs? Verursachen Handys Hirntumore? Kann ich mit meinen Gedanken die Realität beeinflussen? Wird Venedig versinken? Werden die Eisbären ertrinken? Sind Zeitreisen möglich? Lacht Gott darüber, wie wir ihn uns vorstellen? Kann Gott überhaupt lachen? Werden wir uns selbst vernichten? Wie lange wird die Menschheit existieren? Warum sind wir hier?

Eine unbändige Sehnsucht überkam mich bei dem Gedanken, Ameisenopa hätte mir auch nur eine einzige dieser Fragen beantworten können. Gleich darauf schaltete sich mein Verstand wieder ein. Die kleine rote Arbeiterin war mit Sicherheit nicht mein Opa gewesen. Schließlich führten die Buddhisten eine Wiedergeburt als Tier vorrangig auf Dummheit während des menschlichen Lebens zurück. Dumm war mein Opa nie gewesen und so konnte ich die Ameisenreinkarnation für ihn ganz und gar ausschließen.

In diesem Moment flog eine einzelne Biene an mir vorbei. Ich blickte ihr nach, atmete tief durch und traf eine Entscheidung. Heute Nacht würde ich es tun. Meinen Beitrag, meinen Schritt, egal wie klein. Und Opa würde stolz auf mich sein.

Als ich kurz nach elf Uhr abends vor den Friedhofstoren stand, überrollte mich die Trauer mit voller Wucht. Sie kam völlig unerwartet und ich schluckte schwer, während ich den Eingang anstarrte und mich dabei genauso allein und einsam fühlte wie die Waldbiene ausgesehen hatte. Mit Gewalt schob ich meine Gefühle zur Seite. Ich hatte im Krankenhaus nicht geweint, nicht bei der Beerdigung, und auch nicht, als sie begonnen hatten, seine dunklen Anzüge und karierten Hemden auszusortieren. Die Frauen in unserer Familie waren ziemlich beherrscht, was das Weinen anbelangte, und so atmete ich tief durch, bis der Moment der Schwäche vorüber war. Danach drückte ich die Klinke des Friedhofstores hinunter.

Natürlich war abgeschlossen und plötzlich kam mir meine Idee wieder reichlich bescheuert vor. Aber nun war ich schon mal hier, und den Gedanken, einen Rückzieher zu machen, fand ich einfach nur fürchterlich. Einstein spukte mir im Kopf herum und mir wurde klar, dass er hinsichtlich meiner Motivation in jedem Fall Recht behalten würde: Entweder ich ging aus Angst wieder nach Hause oder ich blieb aus Sturheit da. Ich war lieber stur als ängstlich und lenkte mich geistig mit dem Problem ab, wie ich den Schubkarren über die Friedhofsmauer bekommen sollte. Das quietschende Geräusch, mit dem sich das schmiedeeiserne Tor des Seiteneingangs öffnete, brachte meinen Herzschlag ins Stocken. Einen Augenblick später leuchtete mir der kleinliche Friedhofsgärtner mit einer hellen Taschenlampe mitten ins Gesicht und grunzte.

»Hi«, sagte ich blinzelnd und überlegte, ob ich mich einfach umdrehen und weggehen sollte, so als wäre es das Natürlichste auf der Welt, spätabends mit einer Schubkarre um den Friedhof zu spazieren.

»Hi«, sagte er und leuchtete auf den Inhalt meiner Schubkarre. »Du warst doch erst gestern mit deiner Familie da, oder? Würde mich ja interessieren, wie du das über die Mauer kriegen wolltest.«

Ich folgte seinem Blick und starrte die Schubkarre an.

»Keine Ahnung«, murmelte ich undeutlich, während ich versuchte, mich zu beruhigen und an meinen Opa dachte, den ich in meinem ganzen Leben nur ein einziges Mal angelogen hatte, nachdem ich beim Spielen über seine frisch ausgesäten Erdbeeren getrampelt war. Ich hatte mich so für die Lüge geschämt, dass ich es nie wieder tat und entschied, dass es besser war die Wahrheit zu sagen – auch wenn die keiner hören wollte.

»Meine Großmutter denkt, dass Sie ihr eine saftige Rechnung schicken werden, wenn ich aus Opas Grab eine Blumenwiese mache.«

Der kleinliche Friedhofsgärtner legte die Stirn in Falten.

»Wissen Sie, warum die Bienen sterben?«, fuhr ich fort.

»Wegen den Pestiziden«, brummte er.

»Weil sich niemand für sie einsetzt«, sagte ich. »Weil alle dauernd ihre Rasen mähen und zu den Blumen Unkraut sagen.«

Er schüttelte den Kopf. »Das hier wird die Bienen aber auch nicht retten, Schätzchen.«

»Es ist ein erster Schritt.«

Jetzt verdrehte er die Augen.

Ich ging auf ihn zu. »Wenn mir jeder in Deutschland 1 Cent spenden würde, hätte ich mehr als 800.000 Euro. Es gibt nichts, was nichts zählt, außer nichts.«

Er grunzte wieder. »Ich denke, das wird mir jetzt langsam zu hoch.«

»Lassen Sie mich rein?« Ich lächelte. »Es ist nur ein kleiner Schritt.«

Natürlich ließ er mich nicht hinein. Friedhofsvorschriften. Und überhaupt war ich noch ein halbes Kind, es war mitten in der Nacht, was würden meine Eltern dazu sagen, am nächsten Tag hatte ich sicher Schule und so weiter. Ich diskutierte eine Weile mit ihm herum und hätte schreien können vor Wut. Er schüttelte einfach den Kopf und ging davon.

Als er weg war, versuchte ich, die Schubkarre über die Mauer zu hieven. Doch alles, was ich erreichte, war, mir das Knie aufzureißen.

Der Schmerz trieb mir die Tränen in die Augen und ich biss mir auf die Lippen, während ich mit dem Rücken an der Friedhofsmauer nach unten rutschte. Der Gedanke, Opa keine Bienen schenken zu können, tat viel mehr weh, als der Schmerz in meinem Bein. Der Gedanke, Opa nie wiederzusehen, tat noch mehr weh, und der Gedanke, ab jetzt völlig allein auf der Welt zu sein, tat so sehr weh, dass sich zu den wenigen Tränen immer mehr gesellten, bis ich in haltloses Schluchzen ausbrach. Ich schlang die Arme um meinen Körper, während der Schmerz in Wellen kam und meine Trauer und Verzweiflung hinausspülte. Ich konnte einfach nicht mehr aufhören zu weinen – es war, als wäre ein Damm eingebrochen, ein Damm, der mich beschützt hatte und jetzt zerbrach. In jeder Faser meines Körpers spürte ich, dass ich meinen Opa nie wiedersehen würde.

Der Friedhofswärter stand in einiger Entfernung und sah zu mir herüber. Irgendwann wischte ich mir schniefend den Rotz von der Nase, stand auf, ließ die Schubkarre stehen und lief nach Hause.

Ich kam am folgenden Tag nach der Schule wieder. Meine Schubkarre war verschwunden, also hatte der kleinliche Friedhofswärter sie wahrscheinlich konfisziert. Begleitet von dem Gezwitscher der Vögel trat ich durch das offene Tor und ging zu Opas Grab, das in der Nachmittagssonne lag.

Ich musste lächeln, als ich Opas Grab sah. Meine dreckige Schubkarre stand leer daneben und als ich die vielen Blumen sah, tropfte etwas Nasses über meine Wange – und ich war froh, dass der Damm nicht mehr da war. Meinem Großvater hätte sein Grab gefallen und ein sanftes Gefühl der Freude glomm in mir auf. Die vielen Blumen, die ich aus meinem wild wuchernden Garten mit dem Spaten ausgestochen und in der Schubkarre mitgenommen hatte, schimmerten bunt und wunderschön im Licht der untergehenden Sonne.

Ich dachte an Einstein und sein Zitat »Es gibt nur zwei Arten zu leben. Entweder so, als wäre nichts ein Wunder oder so, als wäre alles ein Wunder«, griff in meine Tasche, holte den blühenden Löwenzahn heraus und pustete etwas davon über Opas Wiese.

Ich verzeihe mir

Es dunkelt und es schmerzt
Angst und Not erfüllt mein Herz

Es raschelt und es rauscht
Mein Ich fühlt sich wie ausgetauscht

Es schweigt und schreit zugleich
Drum bau ich mir mein eignes Reich

Dort bin ich Herr, dort bin ich Frau
Kann alles sein, was ich mich trau

Dort herrscht kein Zwang, kein Jetzt noch Hier
Nur ich alleine, und ich reiche mir

Dort schweigt die Pein, kein Wort entweicht
Es singt der Trost, mir wird die Hand gereicht

Dann brech' ich aus und ich erkenne stumm
Jedes Leben verläuft auch stets ein bisschen krumm

Ich geh hinaus und schöpfe frischen Mut
Da mein Ich nicht allein nur mir guttut

Ich brauche Dich und Du auch mich
Zusammensein ist doch stets wesentlich

Ich teile mich und gewinne nur dazu
Sprenge meine Grenzen und somit jedes Tabu

Es schmerzt und alles schreit in mir
Doch ich stehe drüber und lache mit Dir

Denn Du gibst Mut, schenkst mir die Kraft
Zeigst mir, dass der Glaube alles schafft

Mit Dir bin ich nicht allein, wir sind schon zwei
Herz sucht Herz, fast ist es wie Zauberei

Dein Lächeln alleine, es reicht schon aus
Führt mich an Deiner Hand nach Haus

Ich verzeihe mir und gehe endlich mit
Denn meine Hoffnung wächst mit jedem Schritt

Erblüht im Herzen bis zum Bersten schon
Und macht aus mir eine andre, neue Person

Mein altes Ich vereint mit Zuversicht
Aus dessen Innerem nun die Liebe spricht.

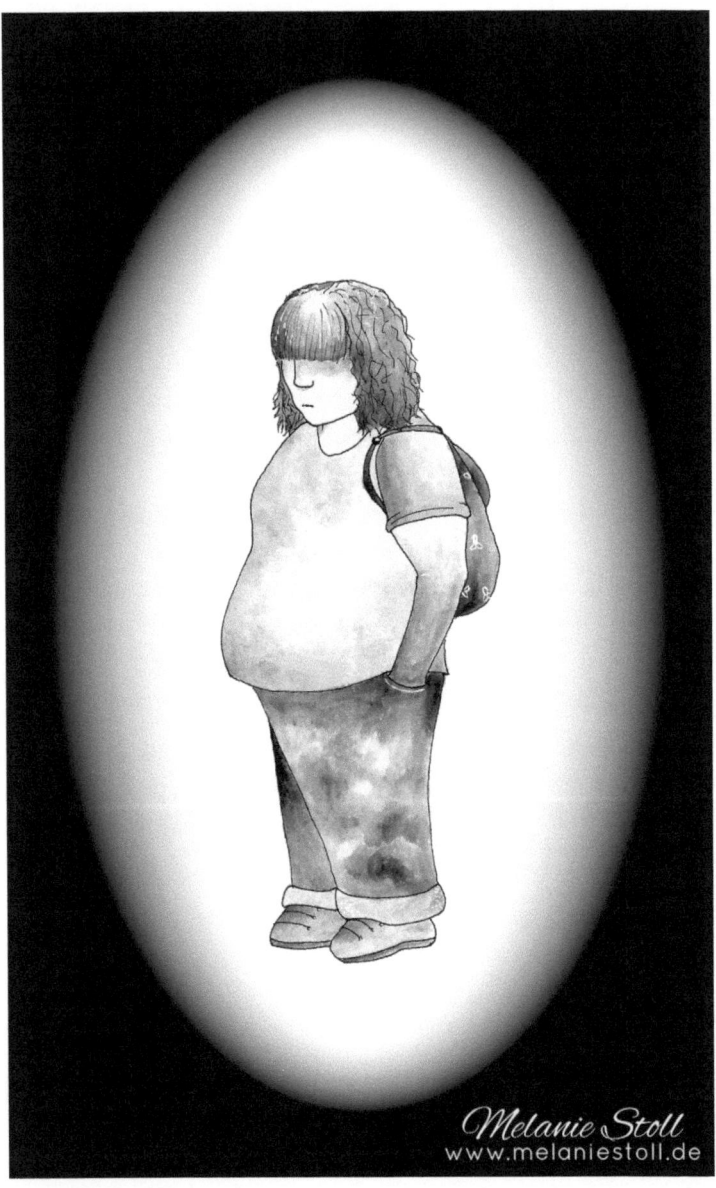

Das Lachen der Anderen

Ich stehe vor der geschlossenen Tür. Heute bin ich wirklich spät dran, Frau Sander-Bökel hat die Klasse vermutlich schon betreten. Der Gedanke, dass gleich alle Blicke auf mich gerichtet sind, wenn ich die Tür öffne, lässt meine Hände feucht werden und treibt mir den Schweiß auf die Stirn. In meiner Brust wächst die Beklemmung, als würde sich jemand in meiner Gewichtsklasse auf sie setzen.

Mit der Hand an der Klinke, versuche ich, zu Atem zu kommen, denn weder will ich mir meine Panik noch meine Abgehetztheit anmerken lassen. Ich wische meine Hände an meinem schwarzen Shirt ab und schultere den Rucksack, der auf meinem breiten Rücken wie ein magerer Affe zwischen zwei dicken Bäumen hängt, auf eine Seite, um etwas weniger albern auszusehen. Dann lege ich ein gleichgültiges Gesicht auf und öffne die Tür.

Wie erwartet drehen sich alle dreiundzwanzig Schüler zu mir. Die vier Jungs, die sich für die Größten halten, lachen. Frau Sander-Böker mit dem ausgeprägten Hygienesinn wäscht sich noch an unserem Waschbecken leise fluchend die Hände.

Die Jungs lieben es, Damentampons durch die Klasse zu werfen und dann den Abfluss damit zu verstopfen. Immer wieder ein großartiger Spaß. Obwohl Frau Sander-Böker noch beschäftigt ist und mir den Rücken zudreht, entschuldige ich mich mit unbeabsichtigt brüchiger Stimme und setze mich auf meinen Stuhl.

Markus Voges, der widerlichste Typ der Klasse, imitiert keuchende Schmerzenslaute meines Stuhls, als ich meine breite Kehrseite auf der Sitzfläche platziere. Mit übertrieben hoher Stimme ahmt er einen Schrei nach, den dieser wohl ausgestoßen hätte, wenn er nicht nur ein Gegenstand wäre. Bei dieser Showeinlage geht ein Raunen und Glucksen durch die Klasse und lässt mich rot wie eine Tomate werden. Ich ignoriere Markus, Frau Sander-Bökel tut es ebenfalls, denn sie hat nicht nur einen ausgeprägten Hygienesinn, sie ist auch psychisch etwas labil und vermeidet Konfrontationen, vor allem mit Jungs. Mit mir allerdings nicht, denn ich bin ja ein Mädchen.

»Wieso bist du denn zu spät, Barbara?«, fragt sie mich, während sie sich die Hände intensiv abtrocknet und ihr Desinfektionsspray aufträgt. Ich kann sie sogar verstehen. Wenn ich mich hier in der Klasse umschaue und daran denke, was die Schwachköpfe aus der ersten Reihe veranstalten, wenn die Lehrkraft nicht hinsieht, wünsche ich mir auch ein Desinfektionsspray herbei.

Gerade will ich ihre Frage beantworten, als Markus sagt: »Big Babs musste sicher noch was fressen.«

»So was will ich aber nicht gehört haben«, mahnt Frau Sander-Bökel halbherzig, ohne Markus auch nur anzusehen. Sie sagt es nur, weil sie es muss. Markus hat längst verstanden, dass die Lehrerin unfähig ist, sich durchzusetzen.

Mir schießt die Röte in die Wangen, die ohnehin schon aussehen, als hätte ich zu dick Rouge aufgetragen. Mit leiser Stimme erkläre ich, dass das Auto meiner Mutter nicht angesprungen sei.

»Fahr lieber mal Fahrrad, du fette Sau«, lacht Markus und sonnt sich in der Anerkennung seiner Gang.

Ich möchte heulen, fasse mich aber und starre auf meine Hände. Frau Sander-Bökel scheint an plötzlicher Taubheit zu leiden, denn sie unternimmt nichts, um Markus' Fiesheiten zu unterbinden. Selbst dass die Jungs sich grölend abklatschen, scheint sie gar nicht wahrzunehmen. Das leuchtend rote Plakat mit unseren Klassenregeln, das genau hinter Frau Sander-Bökel hängt, erscheint wie ein Witz.

»Ich respektiere meine Mitschüler und die Lehrkraft« ist Punkt Nummer eins, daneben hat jemand mit schwarzem Filzstift »Leck mich« geschrieben. Es ist nicht schwer zu erraten, wer das wohl war.

»Sei bitte das nächste Mal pünktlicher«, mahnt Frau Sander-Bökel und setzt sich an den Lehrertisch.

Markus verzieht sein sommersprossiges Gesicht zu einem Lachen und wirft mir noch schnell ein zerknülltes Blatt Papier an den Kopf. Ich ignoriere das und packe meine Sachen aus.

Manchmal, wenn ich zu Hause an meinem Schreibtisch sitze, überlege ich mir schlagfertige Antworten, mit denen ich Markus endlich mal Einhalt gebieten will. Doch wenn ich ihn nur sehe, den Geruch wahrnehme, den die Schüler, ihre Pausenbrote und das Bio-Parfum von Frau Sander-Bökel verströmen, sind alle Antworten wie weggefegt. So als würde in meinem Inneren nur Sandwüste herrschen, in der eine sommersprossige Sonne namens Markus alles wegbrennt, was sich irgendwie an Gegenwehr in mir erhebt. Ich kann an nichts mehr denken, stottere herum und rede so leise, dass nicht mal die Schüler neben mir mich verstehen.

Während Frau Sander-Bökel irgendetwas über binomische Formeln erzählt, spuckt Tim grinsend sein Kaugummi auf den Lehrertisch. Er gehört wie Markus zu den ätzenden vier Jungs in der vordersten Reihe, die immer zusammensitzen. Sie haben kein Problem damit, in der Nähe des Lehrers zu sein, denn irgendwie schaffen sie es immer, egal wo sie sitzen, nicht erwischt zu werden.

Herr Friedrich, unser Kunstlehrer, hat mal versucht, die Gruppe zu trennen, allerdings gab es dann so viele Unruheherde in der Klasse, dass er nichts gesagt hat, als Markus sich einfach wieder mit den Jungs zusammengesetzt hat. Wieso nur kommt dieser Kerl immer mit allem durch?

Markus ist der Anführer, der Rest sind mehr oder weniger Mitläufer. Ab und an habe ich mich mal gefragt, ob sie genauso unausstehlich wären, wenn Markus nicht da wäre. Leider werde ich es wohl nicht erfahren.

Am Rand neben den Kotzbrocken, wie ich sie immer nenne, sitzen drei aufgebrezelte Mädchen, die von morgens bis abends Modezeitschriften studieren und Schminktipps ausprobieren. Mehr machen sie nicht, aber die Jungs lieben sie.

In der Mitte der Klasse sitzen eine Menge unauffällige Schüler, hier und dort mischt sich ein Streber in die Gruppe, der an manchen Tagen Markus Fiesheiten zu spüren bekommt und mich so unfreiwillig aus der Schusslinie nimmt.

Dann gibt es noch eine Gruppe von Mädchen, die ebenfalls Außenseiter sind. Sie sind still, trauen sich weder im Unterricht noch in den Pausen zu reden, und das eine Mädchen namens Maike wird häufig wegen ihrer fettigen Haare von Markus ins Visier genommen. Hätte ich die Wahl, würde ich sogar mit ihr tauschen. Alles ist besser, als ich zu sein. Denn ich bin dick.

Wenn ich sage dick, dann meine ich so richtig dick. Ich meine nicht, so eine Dickheit, wie sie in den Filmen verkauft wird. So eine, bei der die Nadel der Waage sich knapp über die 60 kg statt der üblichen 52 kg quält, und deswegen die Hauptdarstellerin bereits das Pummelchen ist, das sich aber dennoch fürs Publikum sympathisch Schokolade zum Frühstück einverleibt, während sie gleich zwei gut aussehende Männer am Haken hat. Ich meine so richtig dick. Ich bin vierzehn Jahre alt und habe vorgestern die 105 kg überschritten.

Ich weiß, dass sich viele Leute fragen, wie es so weit hatte kommen können. Ich kann nur sagen, es geht leichter als man denkt. Angefangen hat es schon als ich fünf Jahre alt war. Damals hat mein Vater uns verlassen, weil ihm seine Büroaffäre auf einmal doch wichtiger geworden ist als seine Familie. Meine Mutter versuchte die Lücke, die mein Vater gerissen hat, mit gutem Essen zu füllen. Sie kochte für mich, wann immer sie konnte, und glaubte, mich damit zu trösten. Das funktionierte tatsächlich und ließ mich aber gleichzeitig aufgehen wie ihre legendären Hefeklöße. Außerdem fühlte sie sich dann ebenfalls als bessere Mutter, da sie sich richtig viel Mühe bei der Zubereitung der Speisen gab und so auch gegen ihr eigenes Versagensgefühl ankämpfte.

Meine Mutter ist nämlich eine sehr traditionelle Frau, für die eine richtige Familie aus Vater, Mutter und mindestens einem Kind besteht. Sie betreute und bekochte mich, so oft es ging, so hatte sie das

Gefühl, doch noch eine gute Mutter zu sein, auch wenn mein Vater nicht mehr da war. Da es sie so sehr freute, mich zu verwöhnen, konnte ich kaum etwas ablehnen – und wurde dicker und dicker.

Das mit dem Dicksein ist eine seltsame Geschichte. Als Kind ist es noch der Babyspeck und irgendwie niedlich. Spätestens wenn man nicht mehr wie die anderen Kinder auf dem Bobbycar umherdüsen kann, weil das Lenkrad sich durch den eigenen Bauch nicht mehr drehen lässt, verliert es seine Niedlichkeit. Meine Mutter hat dann alles versucht.

Ich war mit neun Jahren auf einer Kur, auf der ich auch wirklich 3,5 kg abgenommen habe. Aber ein halbes Jahr später kehrten die Kilos mit Freunden aus dem Urlaub zurück, denn da ging die Nadel weiter nach rechts als jemals zuvor. Also hielt ich wieder Diät.

Meine Mutter bemühte sich mir jeden Tag Obst und gesundes Vollkornbrot zu servieren, doch als sie mein trauriges Gesicht sah, schob sie mir als kleine Aufmunterung doch einen Becher Pudding zu, den ich als Ausnahme hinunterschlang. Die Ausnahmen wurden häufiger und plötzlich fand ich mich in meinem alten Trott wieder, in dem die Diät vergessen war. Einen Neuanfang vertagte ich immer wieder.

Dann kam die Teenagerzeit. Eine fiese Zeit für Mädchen wie mich. Ich schluckte die fiesen Bemerkungen meiner Mitschüler über meine Figur mit Süßigkeiten hinunter. Und irgendwann kommt dann der »Jetzt ist sowieso alles egal«-Moment, in dem ich mir dann und wann eine kleine Fressattacke gestatte, da sie der einzige Lichtblick in den Tagen zwischen der Schulzeit ist.

Ja, eigentlich traurig, wenn man in meinem Zustand Scheißegal-Momente hat. Aber wieso sollte ich sie nicht haben? Ich bin ohnehin ein Außenseiter und würde auch keinen Freund bekommen. Wenn ich mir die Jungs in meiner Klasse oder den Parallelklassen so ansehe, frage ich mich auch, ob ich einen Freund will.

Ehrlich gesagt verstehe ich gar nicht, wieso die Mädchen hinter den Jungs her sind. Manchmal denke ich, sie sind es nur, weil das eben einfach so sein muss. Es ist halt »in« in unserem Alter. Oder sie haben eine Tante wie ich, die mich bei jedem Treffen fragt, ob ich denn einen Jungen im Auge habe.

Meine Mutter wirft ihr dann immer einen ganz seltsamen Blick zu. So einen »Musst du noch Salz in die Wunde reiben?«-Blick. Wenn ich dann die Frage natürlich verneine, dann schwenkt meine Tante Maria stets ihr Rotweinglas und sagt lachend: »Also, als ich in deinem Alter war, da war kein Junge vor mir sicher ...«

Ich höre ihr dann immer halbherzig zu und lächle schüchtern, wenn sie meine Mutter auffordert, ihre lebhaften Erzählungen zu bestätigen. Vielleicht will mich Tante Maria nur ermutigen oder trösten. Vielleicht will sie sich auch nur besonders toll darstellen und so von ihrer Midlife-Crisis ablenken, *keine Ahnung*. Ist mir auch egal. Ich und Jungs, das ist so unwahrscheinlich, als würden Aliens auf unserem Planeten landen. Aber bis jetzt vermisse ich das auch gar nicht, ich darf das nur nicht laut aussprechen, sonst halten mich noch alle für noch unnormaler, als ich ohnehin schon bin.

Wenn nicht gerade Markus Voges über mich lacht, tun es die anderen Mitschüler. Manche tun es und schauen mich dann entschuldigend an. Daran merke ich dann, dass sie es eigentlich nicht wollen, aber dass sie die Gruppe dazu zwingt. Ich hasse sie dennoch dafür. Wenige ignorieren mich einfach, das sind die Leute, bei denen ich mich ab und an überwinde, mal nach Hausaufgaben zu fragen, wenn ich krank war. Meistens geben sie mir auch eine Antwort, wollen dann aber nichts weiter mit mir zu tun haben. Das ist okay, ich bin das gewöhnt. Rede ich mir zumindest ein. Zu Hause tröste ich mich wieder mit Süßigkeiten.

So dick zu sein wie ich, ist furchtbar. Immer wenn ich Geburtstag habe, ein neues Jahr anbricht, wenn ich auf die Waage steige oder in den Spiegel schaue, dann schwöre ich mir hoch und heilig, endlich abzunehmen. Zum Abnehmen gehört allerdings auch Sport, wie jeder Arzt und meine Mutter immer betonen. Schon stecke ich wieder in der Zwickmühle. Erstens hasse ich Sport und zweitens könnte ich jetzt schon im Erdboden versinken, wenn ich nur daran denke, wie ich mich mit irgendwas abmühe, während sich die anderen meiner Bemühungen wegen kringeln. Am liebsten würde ich einen Sport für mich alleine machen.

Da ich gerne Musik höre, in der Natur bin und mit meiner Mutter am Stadtrand wohne, habe ich es zwei Mal mit Jogging probiert. Das war nicht wirklich erfolgreich. Am Nachmittag einen Ort zu finden, an dem ich nicht von anderen dabei gesehen werde, wie ich mich keuchend durch die Gegend schleppe, der aber auch nicht so einsam ist, dass ich nicht entführt werden kann, wie die Sorge meiner Mutter ist, ist gar nicht so leicht. Das mit dem Entführen ist natürlich totaler Quatsch, wer sollte schon ein über 100 kg dickes Mädchen entführen? Aber meine Mutter hat halt immer Sorge um mich.

Ich habe dann einen augenscheinlich einsamen Weg an einer Landstraße gefunden, an dem aber ab und zu Autos entlangfahren. Dort habe ich zwei Mal mein Glück mit dem Joggen versucht. So einsam, wie ich dachte, ist der Weg dann aber nicht, ich bin dann Leuten mit Hund begegnet oder anderen Joggern. Sie sahen mich mitleidig an oder schmunzelten. Beides war furchtbar, also habe ich meinen Plan zu joggen wieder verworfen. Und habe wieder keinen Sport.

Vor ein paar Tagen habe ich meiner Hausärztin, Frau Schrader, meinen kläglichen Joggingversuch erzählt. Eigentlich wollte ich nur zeigen, dass ich mich bemühe, und dafür sorgen, dass sie aufhört, meiner Mutter Moralpredigten darüber zu halten, dass sie mich so dickfüttere. Frau Schrader war aufgebracht, als sie hörte, was ich getan hatte, und sagte: »Nein, Barbara! Joggen, das geht zu sehr auf deine Knie bei dem Gewicht! Versuche es lieber mit schwimmen. Aber nicht gemütlich, du musst ordentlich ein paar Bahnen durchziehen.«

»Schwimmen?«, hakte ich misstrauisch nach. »Ist das Ihr Ernst?«

»Natürlich, das entlastet deine Knochen, es ist sehr gesund.«

Ich habe dann wie immer, wenn ich mich unbehaglich fühlte, die Lippen leicht zusammengepresst und mir gewünscht, dass das unangenehm heiße Gefühl auf meinen Pausbacken vergeht. In meinem

Kopf entstand ein schreckliches Bild: ich in meinem schwarzen Badeanzug, der jedes meiner Fettpolster zusätzlich betont, und mit nassen, angeklatschten Haaren, die meinen Kopf wie eine riesige Murmel aussehen lassen. Dieses Bild verursachte mehr Grauen in mir als jeder Gruselfilm.

Während ich den für mich selbst verstörenden Gedanken noch nachgehangen habe, hörte ich bereits die Stimme meiner Mutter: »Das ist doch eine schöne Idee, wir können dir eine Jahreskarte im Hallenbad besorgen!«

Schönen Dank auch.

Im Auto habe ich dann meiner Mutter gebeichtet, dass ich nicht schwimmen will. Sie seufzte nur und sagte: »Irgendeinen Sport musst du aber machen.«

Seitdem suche ich verzweifelt irgendeine sportliche Betätigung.

Während Frau Sander-Bökel einen Rechenfehler in ihrem Tafelbild sucht und die Jungs hinter ihr kichern, studiere ich unauffällig den Flyer unseres hiesigen Sportvereins. Rhönrad und rhythmische Sportgymnastik kommen wohl kaum für mich infrage. Ich will mir doch noch etwas meiner Würde erhalten. Judo wäre vielleicht was, das mein Selbstbewusstsein stärken könnte, meinte meine Mutter. Ich weiß aber nicht, ob es wirklich mein Selbstwertgefühl stärkt, wenn ich mir erst mal einen übergroßen Judoanzug anschaffen muss, der mich dann wie ein rundes Gespenst auf der Matte aussehen lässt. Und wird es wirklich mein Selbstwertgefühl stärken, wenn nur eine Handvoll Mädchen und Jungs infrage kommen, die es überhaupt mit mir aufnehmen können? Ich sehe mich jetzt schon dastehen, während ein erschöpfter Gegner an mir herumzerrt und versucht, mich auf die Matte zu werfen.

Resigniert seufzend lege ich den Flyer weg. Das ist auch alles nichts für mich. Wieder einmal verliere ich die Hoffnung, diesen Teufelskreislauf mit dem Dicksein jemals zu durchbrechen. Vermutlich werde ich irgendwann durch kaputte Gelenke im Rollstuhl landen und dann mit nicht einmal vierzig Jahren einen Herzinfarkt haben. Die Aussichten sind alles andere als rosig.

Frau Sander-Bökel wird hektisch, hat genauso rote Wangen wie ich, weil sie ihren Fehler nicht findet, und vertagt die Aufgabe auf nächste Stunde. Die Jungs in der ersten Reihe kringeln sich fast vor Lachen und flüstern fiese Fragen wie »wo hat die denn ihr Abi gemacht?«. Ob Frau Sander-Bökel die Frage hört, weiß ich nicht. So eine Frage zu stellen, ist aber wie beinahe alles, was aus den Münden der Jungs aus der ersten Reihe kommt, völlig daneben. Als wenn man als Abiturient nie einen Fehler machen darf.

Unsere Lehrerin gibt uns den Rest der Stunde Wiederholungsaufgaben aus dem Mathebuch auf. Bruchrechnung, auch immer wieder ein Spaß. Da war ich auch noch nie gut drin, genau wie in allen anderen Themen. Ich schreibe meistens Dreien, sehr selten mal eine Zwei, ab und zu eine Vier. Wirklich gut bin ich nirgends.

Auch das ist gar nicht wie im Film oder Buch. Dort hat der Protagonist immer eine Stärke. Manch einer entdeckt seine Zauberkraft, ein anderer ein verborgenes Talent, am Ende sind seine Schwächen liebenswürdig. Bei mir ist nichts davon der Fall. Ich habe nirgends ein Talent, bin völliger Durchschnitt und einfach nur dick. Daran ist nichts liebenswert.

Während sich die anderen, inklusive meines Sitznachbarn, zu kleinen Grüppchen zusammenrotten und versuchen, die »heißgeliebten« Bruchrechenaufgaben zu lösen, schmore ich alleine über meinen Aufgaben und tu beschäftigt, da ich einfach vergessen habe, wie der verdammte Rechenweg ist. Zu melden traue ich mich aber nicht. Ich beschließe, zu Hause nach Brüchen im Internet zu suchen, und hoffe inständig, dass Frau Sander-Bökel nicht auf die Idee kommt, mich nach Ergebnissen zu fragen.

Zum Glück tut sie es nicht. Markus, der leider ein Talent für Mathe hat, liest die Ergebnisse vor und hat nur einen Fehler. Und das ist nicht mal ein richtiger Fehler, er hat nur irgendwo vergessen zu kürzen, was immer das auch war. Wieder kann er sich in seinem Ruhm sonnen und wieder stelle ich fest, dass es wohl Karma oder Schicksal gar nicht gibt. Es tröstet mich auch nicht, dass sich das vielleicht später mal ändern konnte. Wenn bei Markus Voges das Karma wirklich zuschlägt, dann wäre ich gerne in der ersten Reihe dabei.

Nachdem die Stunde rum ist, müssen wir in den Werkraum umziehen. Ich arbeite an meinem hässlichen Mobile weiter, mit Holz arbeiten kann ich offensichtlich auch nicht. Markus fragt mich, wieso ich kein Elefanten-Mobile mache, das würde doch viel besser zu mir passen. Wieder bleibt mir jede schlagfertige Antwort in meinem Hals stecken, und ich möchte einfach nur heulen. Wie ich diesen Jungen hasse.

Während ich mit hochrotem Kopf an einem Stück Holz herumsäge, tröste ich mich mal ausnahmsweise nicht mit dem Gedanken an Süßigkeiten, sondern mit dem Gedanken an ein gutes Buch. Ich liebe es nämlich zu lesen, so kann ich mich wegträumen und kann für ein paar Stunden jemand anderes sein. Alles ist besser, als ich zu sein.

In der Schule während der Pausen traue ich mich nicht zu lesen, Markus wartet nur darauf und überhäuft mich mit fiesen Kommentaren, wie »Na, liest du ein Buch zum Abspecken?« oder »Gibt's in deinen Büchern eigentlich auch fette Elfen?«. Natürlich gibt es die nicht. Fett ist da kaum jemand, und selbst wenn die Hauptcharaktere hässlich sind, sind sie immer noch unheimlich faszinierend. Nicht wie ich.

Um Markus keine Munition zu liefern, versuche ich mich unsichtbar zu machen und tue eigentlich gar nichts von den Sachen, die ich möchte. Meistens traue ich mich nicht mal, mein Pausenbrot zu essen. Das schlinge ich dann hastig auf dem Mädchenklo herunter, obwohl mir dabei immer schlecht wird. Auf den Klos stinkt es widerlich, dort zu essen ist die reinste Qual. Aber zu riskieren, dass mein Magen laut knurrt, während es in der ganzen Klasse still ist, kann ich auch nicht. Alleine der Gedanke daran lässt mich im Erdboden versinken. Markus würde in dieser Situation vor Freude platzen.

Vor gar nicht langer Zeit ist es mir nämlich passiert, dass mein Magen laut vor Hunger grollte. Da wir einen strengen Französischlehrer haben, konnten sich Markus und die Jungs nicht in der Stunde austoben. Aber am nächsten Morgen hatte ich einen Artikel aus einem Wissenschaftsmagazin auf dem Tisch mit dem Titel »Was Menschen dazu bringt, andere Menschen zu essen«. Es ging dabei um irgendeinen Flugzeugabsturz in den Anden, aber die Botschaft habe ich natürlich verstanden. Markus und Jochen sind tagelang auf diesem Thema rumgeritten.

Um 13 Uhr ist endlich die Schule rum. Ich bemühe mich, mir ordentlich Zeit zu lassen, und gehe erst, als alle anderen schon fort sind. Siedend heiß fällt mir ein, dass heute schon Dienstag ist. Morgen haben wir Schulsport. Das wird wieder furchtbar. Unsere Sportlehrerin ist, wenn überhaupt, die Hälfte von mir. Wenn sie mit ihren Aufwärmübungen durch ist, bin ich bereit für die Dusche. Diese Gedanken verdränge ich aber, schließlich ist noch nicht morgen.

Mein Weg führt mich über den vorderen Teil des Pausenhofs, Richtung Straße. Am Straßenrand hält wie jeden Tag ein kleiner gelber Transporter, an dessen Seite ein bunt gemaltes Eis dem Betrachter lachend entgegenblickt. Hinter der geöffneten Schiebetür befindet sich ein klappriger Tresen, vor dem sich eine Schlange Kinder drängt. Ein älterer Italiener mit grauem Schnurrbart und Schweißperlen auf der Stirn wuselt hektisch hinter dem Tresen umher und reicht eine Eistüte nach der anderen nach draußen. Der Gedanke an die kühle Masse, die durch die Wärme meiner Zunge darauf zerschmilzt, lässt mir das Wasser im Mund zusammenlaufen. Obwohl ich den alten Kleinwagen meiner Mutter bereits sehe, überlege ich mir kurz, meinem Verlangen nachzugeben und mir ein Eis zu kaufen. Überall stehen jedoch Schüler, manche sind aus meiner Klasse oder aus einer meiner Parallelklassen. Nein, diese Blöße kann ich mir nicht geben.

Wehmütig verzichte ich auf das Eis und trotte der Straße entgegen. Eine Gruppe Mädchen mustert mich aufmerksam. Jedes einzelne von ihnen ist wie ich sehr dick, sie haben freundliche Gesichter und Bücher in der Hand. Ich weiß, dass ich mich in ihrer Gemeinschaft wohlfühlen würde, denn neben einem ähnlichen Aussehen, teilen sie nicht nur meine Probleme, sondern auch eines meiner Hobbys.

Ich gebe zu, die Versuchung ist groß, einfach mal zu ihnen zu gehen, aber mich beschleicht ein seltsames Gefühl. Bin ich wirklich schon so verzweifelt, dass ich mich ihnen anschließen will? Markus würde sich sicher freuen. Soll ich wirklich in den »Club der Walrösser«, wie die Mädchen oft auf dem Schulhof genannt werden, eintreten und mir jede Chance auf den Kontakt zu anderen Gruppen entgehen lassen? Denn wäre ich erst einmal bei diesen Mädchen aufgenommen, würde mich sicher niemand anderes mehr in seiner Nähe haben wollen. Dann wäre ich abgestempelt.

Obwohl mich die Mädchen anlächeln, blicke ich verbissen auf die Erde und schlurfe zu meiner Mutter hinüber. Ich spüre, wie der Stoff meiner Jeans an den Innenschenkeln wieder dünner wird. Dieses Problem habe ich fast immer. Durch meine dicken Schenkel reibt der Stoff der Hose aufeinander und dünnt sich selbst aus. Ein Elend, dann muss ich wieder in die XXL-Abteilung des Billigladens drei Straßen weiter und mir verkrampft eine Jeans aussuchen, die nicht danach aussieht, als könnte sie auch meiner Urgroßmutter gefallen. Viele Klamotten für dicke Leute sind hässlich. Darin sehe ich dann nicht nur dick, sondern auch noch bieder aus.

Meine Mutter begrüßt mich mit einer Standpauke, weshalb ich denn den Rucksack nicht über beide Schultern trage. Schnell setze ich mich ins Auto und lasse die Tür zufallen. Die Karosserie knarzt kurz gequält, als sie mein Gewicht spürt. Ich entschuldige mich bei meiner Mutter und bitte sie, endlich loszufahren. Ich will nach Hause, obwohl es nett ist, dass meine Mutter mich abholt, will ich nicht von Markus oder irgendwem anderen gesehen werden. Sonst bin ich wieder verschrien als die Fette, die ihrer Mutter am Rockzipfel hängt.

Während die Landschaft vor dem Fenster vorbeifliegt, fragt mich meine Mutter, wie mein Tag so war. Sie hat ehrliches Interesse daran, dafür bin ich ihr dankbar, aber viel erzähle ich ihr nicht. Sie kennt mich schon ganz gut und weiß, dass ich ein Außenseiter bin.

»Wollen wir noch kurz einkaufen gehen? Frau Friedrich hat mir Low-Carb-Rezepte gegeben, du könntest versuchen ...«, beginnt meine Mutter.

Ich willige ein, noch bevor sie ausgesprochen hat. Nicht etwa, weil ich unbedingt Lust auf Low-Carb habe, sondern weil ich weiß, meine Mutter würde keine Ruhe geben. Wenigstens setze ich durch, dass ich, während sie einkauft, im Auto bleiben darf, denn auch einkaufen ist für mich die Hölle. Ständig gucken die Leute, was ich in den Wagen lege und setzen mitleidige Blicke auf. Ich bin fest davon überzeugt, dass sie die nicht ernst meinen. Die meisten sind doch nur froh, dass sie selbst oder ihre Kinder nicht so fett wie ich sind.

Während ich darüber nachdenke, ob ich wohl von dem Low-Carb-Gericht meiner Nachbarin satt werden würde (es ist übrigens ein Klischee, dass dicke Menschen immer riesige Portionen essen. Ich esse kleine Portionen, dafür kann ich aber ständig essen), ertönt aus heiterem Himmel ein lauter Knall.

Unter uns scheint sich die Straße aufzutun, der Wagen bäumt sich auf. Dann ist plötzlich oben unten, Glas splittert und die Umgebung draußen wird zu einer bunten, verschwommenen Masse. Ich werde hin- und hergeschleudert, immer wieder reißt mich mein Sicherheitsgurt zurück. Neben dem Lärm, der das Auto verursacht, höre ich noch einen anderen Laut, den ich nicht zuordnen kann. Erst später wird mir bewusst, dass es meine Mutter ist, die schreit.

»Barbara?« Aus der Dunkelheit höre ich eine Stimme, die mich daraus fortzieht. Ich blinzele benommen, nach und nach bilden sich aus Schatten Umrisse.

»Barbara?«, fragt die Stimme wieder. Sie gehört zu einem Mann.

Mein Blick schärft sich weiter, ich erkenne etwas Seltsames über mir, was ich nicht zuordnen kann. An meiner Wange spüre ich einen rauen Bezug, der ein weiches Kissen umhüllt. Wieder erklingt mein Name. Nach einigen Momenten, in denen ich nur debil vor mich hingestarrt habe, erkenne ich einen Ständer, an dem ein Tropf hängt. Irgendetwas umschließt meinen Arm und drückt zu. Ich will in Panik geraten, da begreife ich, dass es nur ein Blutdruckmessgerät ist. Ich blinzele den Mann an, der zum wiederholten Mal meinen Namen sagt. Jetzt lächelt er und sagt: »Willkommen zurück.«

Er sieht freundlich aus, hat braune kurze Haare und trägt einen Kittel, auf dem ein Namensschild an der Brusttasche klemmt. Doktor A. S. Schlick.

Automatisch greifen meine Hände zu der Decke und ziehen sie über meinen Körper. Doktor Schlick lächelt. »Keine Sorge, Barbara, du hast etwas an. Du siehst viel besser aus.«

Seine Worte wirbeln in meinem Kopf umher und scheinen Erinnerungen und Gedanken anzuschubsen. Plötzlich ist alles wieder da, ich fahre kerzengerade im Bett hoch. »Meine Mutter! Was ist mit ihr?«

Doktor Schlick drückt mich energisch zurück. »Deiner Mutter geht es gut. Nur ein verstauchtes Handgelenk. Und du hast eine Gehirnerschütterung.«

Ich atme erleichtert auf, doch nicht nur über seine Worte. Doktor Schlick scheint das zu bemerken, er sieht mich fragend an.

»Das heißt dann kein Schulsport morgen«, erkläre ich ihm meine Heiterkeit.

Doktor Schlick lächelt, während er mit dem Blutdruckgerät hantiert. »Magst du keinen Sport?«

»Ich hasse Sport«, sagte ich ehrlich. »Sieht man ja.«

Doktor Schlick brummt nachdenklich. »Hasst du den Sport an sich oder das Drumherum?«

Anfangs bin ich irritiert, dann verstehe ich. »Ich hasse es, wenn alle zusehen. Ich hasse es, wenn ich mich ungeschickt anstelle, und ich hasse es, dass ich beim Sport immer furchtbar aussehe. Immer peinlich.«

Ich weiß gar nicht, wieso, aber ich habe das Bedürfnis ganz ehrlich mit Doktor Schlick zu sein.

»Also hasst du wirklich nur das Drumherum.«

Ich nicke. »Ja, sie lachen.«

Doktor Schlick zieht sich mit schabendem Geräusch einen Stuhl an mein Bett und verstaut das Blutdruckmessgerät. »Ich will dich etwas fragen, Barbara. Du sagst, sie lachen. Ich nehme an, du meinst deine Mitschüler. Lachen sie weniger, wenn du keinen Sport mitmachst?«

Ich schüttele den Kopf. Ob ich mich bemühe oder mit einer Entschuldigung auf der Bank sitze, sie lachen immer. Ich sage das Doktor Schlick. Er nickt wissend.

»Also, wenn sie sowieso lachen, wieso machst du dann nicht einfach den Sport mit? Er macht dir doch Spaß.«

Verzweifelt lache ich auf, in meinen Augen brennen die Tränen. Mein Kopf fühlt sich immer noch wie in Watte gepackt an. »Wenn ich nicht so dick wäre, dann wäre alles besser.«

Doktor Schlick beugt sich näher zu mir. »Weißt du, hier sind viele Kinder. Jüngere und ältere. Und keiner ist davor gefeit, dass andere über sie lachen. Ich hatte hier neulich einen Jungen, der war schlank, sah wirklich gut aus, aber hatte eine Sprachschwäche. Die Jungs in seiner Klasse haben ihn fertiggemacht. Dann ein Mädchen, deren Eltern sich getrennt haben und deren Mutter jetzt eine Freundin statt eines Freundes hat. Sie wollte aus dem Fenster springen, weil ihre Mitschüler ihr so zugesetzt haben. Meiner Erfahrung nach ist es völlig gleich, wie du bist, wie du aussiehst und was du kannst oder nicht kannst. Will jemand über dich lachen, wird er es tun. Will dich jemand zur Weißglut treiben, wird er sich drum bemühen.«

Ich lausche dem Arzt und lasse die Worte in meinen Wattekopf vordringen, dann sage ich: »Es wird sich erst als Erwachsener ändern.«

Doktor Schlick lacht und tätschelt meine Hand. »Ich fürchte, ich muss dich enttäuschen, Barbara. Es ändert sich nie. Als Erwachsener lachen die Leute vielleicht nicht mehr so offensichtlich, aber reden tun sie immer. Wir haben hier zum Beispiel einen Zahnarzt, der regelmäßig an Weihnachten von seinem Vater eine Standpauke erhält, weil er nur ein Zahnarzt ist. Für seinen Vater ist das eine Schande, denn ein Zahnarzt ist in seinen Augen kein richtiger Arzt. Oder die Krankenschwester, die nachher zu dir kommt. Sie ist weit über dreißig, hat schon lange einen Freund, ist aber nicht verheiratet und hat noch kein Kind. Die Leute reden und fragen sich, was bei ihr nicht stimmt, ihre Familie setzt sie unter Druck, dabei ist sie glücklich, so wie es ist. Du siehst, das hört nie auf. Es wird nur anders.«

Wieder schießen mir Tränen in die Augen, irgendwie ist es nicht das, was ich hören wollte. Ich hatte doch immer mal gehofft, dass ich irgendwann dünn wäre und beliebt.

Doktor Schlick legt seine Hand auf meinen Arm. Mich beruhigt diese Geste. »Barbara, wenn du weißt, dass die Leute immer reden oder lachen. Dann ist alles gut. Dann kannst du nichts falsch machen. Mach, was immer du möchtest, solange du dabei glücklich bist und niemanden verletzt, spielt es keine Rolle, wie du aussiehst oder was du machst. Und lass mich raten, trotzdem du versuchst, den Gemeinheiten aus dem Weg zu gehen, lachen die anderen doch, nicht wahr?«

Ich nicke verzweifelt. »Sie finden immer etwas. Ich traue mich nicht in der Klasse zu essen, aber wenn mein Magen knurrt, dann lachen sie auch. Ich traue mich nicht zu lesen, ich habe Angst, dass meine Hausaufgaben falsch sind, ich habe ...«, ich hole tief Luft, bevor ich den Satz beende: »eigentlich immer Angst.«

»Und was hast du davon? Was änderst du damit?«, fragt mich Doktor Schlick.

Ich überlege lange. Doktor Schlick wartet geduldig, während ich mein Leben vor mir Revue passieren lasse. Überall schränke ich mich ein, doch bringt es eigentlich was?

»Sie lachen so oder so. Dann sollen sie wenigstens über die Sachen lachen, die dir Spaß machen. Und was heißt es schon, wenn sie lachen? Den Kopf kostet es dich doch nicht.« Doktor Schlick lächelt mich warmherzig an.

»Aber ich werde dann nie beliebt sein«, argumentiere ich.

»Bist du jetzt beliebt, wo du auf die Sachen verzichtest, die dir Spaß machen?«, fragt Doktor Schlick provozierend.

Ich schüttele den Kopf. »Ich bin alles andere als beliebt.«

»Na dann hast du ja auch gar nichts zu verlieren«, sagt der Arzt und lächelt immer noch.

Plötzlich wird es warm in meiner Brust, so als würde eine schwere Last von mir abfallen. Doktor Schlick hat recht! Ich habe das nie so gesehen, aber er hat vollkommen recht! Ich habe immer Angst, dass sie lachen, doch sie lachen sowieso. Nicht nur über mich, über jeden. Ich denke an den Streber in meiner Klasse und an das Mädchen mit den fettigen Haaren. Auch sie werden oft Opfer von dummen Sprüchen. Aber auch sie können ihnen nicht entgehen. Dann sind da noch die beliebten Mädchen, die immer ihren Schminktipps nachgehen. Sie werden vielleicht nicht so oft mit Gemeinheiten bedacht, aber will ich so werden wie sie? Nein …

Doktor Schlick scheint zu bemerken, dass er mich auf den richtigen Weg gebracht hat und dass ich jetzt Zeit zum Nachdenken brauche. Er erhebt sich und reicht mir die Hand. »Denk darüber nach, Barbara. Du magst deine Fehler haben, die hat jeder. Du magst vielleicht nur Durchschnitt sein, aber was ist daran schon so schlimm? Dann ist es halt so. Mach es dir klar, du musst dich nicht verstecken, denn die, die dich ärgern wollen, finden dich so oder so.«

Ich lächle und reiche ihm die Hand. »Das stimmt. Danke, Doktor Schlick!«

Er nickt und verlässt fröhlich mein Krankenzimmer, in dem noch ein weiteres, aber leeres Bett steht. Ich beschließe, noch ein wenig zu dösen und über Doktor Schlicks Worte nachzudenken. Sie machen mir Hoffnung, zum allererstenmal kümmert es mich nicht, dass ich meinen weichen Bauch unter meiner Hand spüre.

Seit dem Gespräch mit Doktor Schlick ist vieles anders. Gelegentlich lachen die Leute immer noch oder lassen einen dummen Spruch, aber es ist seltener geworden. Und das, obwohl ich jetzt in der Klasse esse, obwohl ich in den Pausen lese und ganz öffentlich joggen gehe. An den Menschen hat sich nichts geändert, aber ich habe mich geändert, denn endlich mache ich Dinge, die mir Freude machen. Ich habe mich seit ein paar Tagen dem »Club der Walrösser« angeschlossen und ärgere mich, dass ich es nicht schon vorher getan habe. Es sind wirklich ein paar nette Mädchen mit den gleichen Sorgen wie ich, aber wir teilen ein großes Hobby miteinander: Wir lesen.

Bisher schlug mein Herz eigentlich immer für Fantasy-Literatur, aber durch Simone habe ich entdeckt, dass auch ein Liebesroman seine Reize haben kann. Es ist lustig, wenn wir uns auf dem Pausenhof begegnen und über Helden in unseren Büchern lachen oder für sie schwärmen. Mittlerweile ist es sogar richtig lustig, wenn da ein Held ist, der als schlank und durchtrainiert beschrieben wird und der unsere Herzen höher schlagen lässt.

»Den könnte ich mir locker unter den Arm klemmen«, tut Ulrike dann lachend kund und ballt ihre großen Hände zu Fäusten. Monika hingegen scheint mir eher an starken Frauen interessiert zu sein. Obwohl ich persönlich damit nichts anfangen kann, stört es mich nicht. Vor ein paar Tagen hörten einige Mädchen aus meiner Klasse unser Gekicher und unsere Schwärmereien und kamen aus ihren bösartigen Lachsalven nicht mehr hinaus.

»Euch will doch eh keiner«, sagten sie und verbargen ihre bunten Lippen hinter ihren Händen, während sie kicherten.

Ich hätte jetzt alles Mögliche sagen können. Auf meiner Zunge lagen Beleidigungen, denn so hübsch, wie sie sich fühlten, waren die Mädchen gar nicht, doch ich schluckte diese Kommentare einfach hinunter und sagte stattdessen: »Ja, da hast du vielleicht recht. Und wenn schon, es macht dennoch Spaß darüber zu reden.«

Die Mädchen waren dann sehr konsterniert, tuschelten und suchten das Weite. Ich weiß schon, dass ich mit meiner Antwort ihre Meinung nicht geändert habe. Früher hätte mir das etwas ausgemacht, heute denke ich an Doktor Schlick und frage mich: »Wieso ist es wichtig, ihre Meinung zu ändern?«

Diese Frage hilft mir sehr, sie macht mich stark, und das obwohl ich immer geglaubt habe, nur stark werden zu können, wenn ich abnehme. Ich wiege im Moment fast noch genauso viel, bin aber durch das Joggen fitter und schmiede in meinem Club der Walrösser erste Pläne für Diäten. Zusammen macht das mehr Spaß. Außerdem will ich das erste Mal in meinem Leben wirklich für mich und meine Gesundheit abnehmen und nicht, um anderen zu gefallen.

Markus lasse ich einfach Markus sein. Manchmal irritieren mich immer noch seine boshaften Sprüche. Es ist nicht wie im Buch oder Film, er gibt nicht nach, er läutert nicht oder erkennt meine Veränderung. Aber auch das ist mir egal. Ich esse jedenfalls mein Pausenbrot nicht mehr auf der stinkenden Toilette, sondern für ihn gut sichtbar. Wenn er etwas sagt wie »Friss nicht so viel, du fettes Schwein«, dann zucke ich nur mit den Schultern und antworte: »Ich habe aber nun mal Hunger, du musst ja nicht hinsehen.«

Ich merke, dass ihn meine Gelassenheit ärgert, und es freut mich. Langsam scheine ich auch eine fiese Ader zu entwickeln, denn es macht mir einen diebischen Spaß, Markus und seine Gang vor Schulbeginn mit einem fröhlichen »Guten Morgen!« zu begrüßen und in ihre verdatterten Gesichter zu blicken.

Wenn Frau Sander-Bökel uns Aufgaben gibt, dann scheue ich mich nicht, zu fragen, wenn ich etwas nicht verstehe. Klar lachen manche in meiner Klasse, aber was geht mich das an? Ich bin es leid. Kann ich die Aufgaben, lachen sie, weil ich ein Streber bin, kann ich sie nicht, lachen sie, weil ich ein Loser bin. Doktor Schlick hatte völlig recht, immer wieder denke ich an seine Worte, sie geben mir Kraft, und seitdem komme ich viel besser durchs Leben, obwohl sich eigentlich nichts geändert hat.

Meine Mutter hat jetzt ein neues Auto. Einen Kombi – das alte Auto war leider völlig Schrott nach unserem Unfall. Eine Ampel hatte eine Fehlfunktion gehabt, weshalb uns ein anderes Auto von der Straße gerammt hat. Dem Mann aus dem anderen Auto ist nichts passiert, aber im Moment lässt das Versicherungsgeld auf sich warten.

Meine Mutter und ich lieben es, uns nach der Schule Eis vom Italiener im gelben Bus zu kaufen, dann mit dem neuen Kombi ins Grüne zu fahren, uns in den riesigen Kofferraum zu setzen und unser Eis zu essen. Alles in allem bin ich sogar froh über diesen Unfall, er hat mein Leben nachhaltig verändert. Während ich mal wieder mit meiner Mutter auf einem Feldweg stehe und mein Zitroneneis esse, kommt mir ein Gedanke, den ich laut ausspreche: »Ich würde mich gerne bei Doktor Schlick bedanken.«

Meine Mutter leckt sich über ihre Lippen, an dem süßes Vanilleeis klebt. «Doktor Schlick?«

Ich nicke. »Er hat mir im Krankenhaus etwas gesagt, das mir sehr geholfen hat.«

»Wir können zum Krankenhaus fahren, ich habe erst um vier einen Termin«, schlägt meine Mutter vor. »Sag mal, hast du dir das eigentlich mit dem Sport überlegt?«

Ich nicke. »Allerdings. Ich werde schwimmen gehen.«

Fragend zieht meine Mutter die Augenbrauen hoch. »Du musst aber nicht, wenn du nicht willst.«

Ich lächle. »Ja, ich weiß. Aber man sieht auch, dass ich dick bin, wenn ich normale Kleidung anhabe. Dann ist das mit dem Badeanzug eigentlich auch egal.«

Meine Mutter wirkt sichtlich konsterniert. »Barbara, du hast dich verändert.«

Ich lache. »Ja, deswegen will ich mich bei Doktor Schlick bedanken.«

Nachdem wir unser Eis aufgegessen haben, bringt mich meine Mutter zum städtischen Krankenhaus. Es ist neu und hat nichts mit den sterilen weißen Klötzen zu tun, die sich in der Vergangenheit »Krankenhäuser« nannten. Hier gibt es einen schönen Brunnen mit Goldfischen vor dem Eingang und einen Kiosk direkt dahinter. Die Patienten sitzen auf den Bänken und tanken Sonne, während Amseln Regenwürmer aus den großen Grünflächen ziehen. Ich gehe zusammen mit meiner Mutter zur Information und frage die gestresst wirkende Frau, ob Doktor A. S. Schlick von der Kinder- und Jugendstation heute Dienst hat.

Sie tippt etwas genervt auf ihrer Tastatur herum und fragt dann: »Wer?«

Noch einmal wiederhole ich den Namen.

»Wir haben einen Doktor Schumann auf der Kinder- und Jugendstation, aber einen Doktor Schlick gibt es dort nicht.«

Meine Mutter sieht mich fragend an. »Vielleicht ist er im Urlaub oder hat gekündigt?«

Die Frau schüttelt schnaubend den Kopf. »Hören Sie mal, ich kenne alle derzeitigen und ehemaligen Mitarbeiter der letzten fünf Jahre. Hier hat kein Doktor A. S. Schlick gearbeitet.«

Ich schaue meine Mutter verwirrt an. Sie streicht mir sanft über den Rücken und wendet sich mit mir zum Gehen ab. »Vielleicht ist deine Gehirnerschütterung daran schuld«, sagt sie sanft, doch ich schüttele den Kopf.

»Ich war mir so sicher, ich habe mich mit ihm unterhalten, er hat meinen Blutdruck gemessen.«

Meine Mutter erwidert nichts, sie legt ihren Arm um meinen breiten Rücken und wir treten in die Sonne, die warm vom Himmel scheint. Mein Blick fällt auf ein Werbeplakat, auf dem zwei große Hände abgebildet sind, die ein abstraktes Herz in der Hand halten.

»Ihr Schicksal liegt uns am Herzen« steht in blauen Buchstaben darüber und plötzlich durchzuckt mich eine Erkenntnis, die meine Knie weich werden lässt. Das Wort »Schicksal« hat genau dieselben Buchstaben wie »A. S. Schlick«.

Vielleicht ist es wirklich nur ein seltsamer Zufall, vielleicht ist wirklich meine Gehirnerschütterung schuld daran, dass ich einen Arzt erfand, den es nicht gibt. Oder aber die hektische Angestellte hat einfach nicht richtig in ihrer Datenbank gesucht, wer weiß es schon. Auf jeden Fall habe ich etwas gelernt, was mein Leben besser macht: Ich kann die Menschen nicht verändern und ich kann auch nicht aus meiner Haut. Und niemand ist so gut, dass ihn alle mögen, oder so schlecht, dass ihn niemand mag. Und das zu wissen, macht ein wirklich tolles Gefühl.

Manchmal

Manche Schmerzen vergisst man niemals ganz
Trübten sie dereinst doch eines Lebens Glanz
Manche Sorgen wiegen immer schwer
Und das Herz schreit laut: »Ich kann nicht mehr!«

Manchmal vermag die Sonne nicht zu scheinen
Wenn die Seele nahezu ertrinkt im Weinen
Manchmal scheint die Nacht unendlich lang
Wenn dem Herzen ist so kalt und bang

Manches Glück jedoch bleibt stets bestehen
Ermutigt still mit jedem Schritt zum Weitergehen
Manche Liebe geht tiefer als die größte Angst
Und lehrt das Herz, dass es ertragen kann

Manchmal erwächst aus Schwäche größte Kraft
Spür, wie die Liebe alle Hürden schafft
Manchmal bekommst ein neues Leben Du geschenkt
Wenn der Glaube alle Grenzen nimmt und sprengt

Ja, manchmal ist das Leben einfach wunderbar
Des Glückes Wurzeln sind zum Greifen nah
Traue Dich, greif zu und wag den Schritt
Denn manchmal – ja –, da lohnt sich ein klarer Schnitt

Zwischen Hoffen und Bangen, zwischen Schatten und Licht

Der modrige Geruch aus abgestandener Luft und Desinfektionsmittel pumpt sich unausweichlich in meine Lungen. Mein Brustkorb hebt und senkt sich monoton, bildet mit dem Pochen meines Herzens einen ganz eigenen Rhythmus.

Vollkommen automatisiert hält mein Körper an dem gleichbleibenden Takt fest. Jedes Organ weiß, was zu tun ist, kennt seine Aufgabe. Bis auf mein Gehirn. Das springt seit einigen Tagen aus der Reihe, kann nicht fassen, wie sich die Dinge entwickelt haben.

Wie gebannt blicke ich auf die weiße Wand mir gegenüber. Sie hat nichts Tröstliches an sich und dennoch kann ich meinen Blick nicht von ihr abwenden. Einige schwarze Streifen knapp oberhalb der Abschlussleiste des PVC-Bodens lenken meine Aufmerksamkeit auf sich. Um mich abzulenken, überlege ich mir, wie sie wohl zustande kamen, und schaffe es doch nicht, auch nur einen klaren Gedanken zu fassen.

Der Besucherstuhl, auf dem ich in diesem langen Krankenhausflur vor dem Zimmer des Chefarztes warte, ist unbequem, bohrt sich unnachgiebig in mein Gesäß. Dennoch bleibe ich wie angewurzelt sitzen, rühre mich keinen Millimeter vom Fleck.

»Frau Schreyer, kommen Sie doch herein.« Die Stimme des Arztes durchbricht den gleichförmigen Gedankengang aus: *Was ist nun?*

Kann man etwas machen? Wie lange noch? Mein sonst so gleichmäßig schlagendes Herz setzt einen Moment aus, überschlägt sich, als das Adrenalin meine Blutbahnen flutet.

Dr. Kleinehagenbrock steht in einem blütenweißen Kittel und der typischen Arzthose im Türrahmen vor mir, blickt auf mich herab. Seine Ausstrahlung wirkt beruhigend auf mich, auch wenn ich mir dessen bewusst bin, was in diesem Raum auf mich wartet: traurige Gewissheit.

Die feinen Gesichtszüge des schätzungsweise vierzig Jahre alten Mannes und das freundliche Lächeln auf den Lippen sollen mir die Angst nehmen, mir eine angenehme Atmosphäre schaffen, die es doch in Wirklichkeit gar nicht gibt.

Die bittere Wahrheit droht das ausgeglichene Konglomerat aus Hoffen und Bangen zu zerstören. Die bernsteinfarbenen Augen ruhen sanft auf mir, während ich mich ohne darüber nachzudenken von meinem Stuhl erhebe und in die gewiesene Richtung laufe.

Ich streiche mir wie beiläufig über meinen Babybauch. Eine Angewohnheit, die sicher jede werdende Mutter kennt. In gerade einmal vier Wochen erblickt ein neuer Mensch das Licht der Welt. Ein tröstlicher Gedanke in all dem dunklen Nebel, der mich eingehüllt und sich wie ein zentnerschwerer Ballast auf meine Schultern gelegt hat.

»Nehmen Sie doch Platz.« Der behandelnde Arzt meines Vaters deutet auf einen Stuhl, der an einer kleinen Sitzgruppe steht. Ich atme erleichtert aus, da ich die Ergebnisse nicht am Schreibtisch entgegennehmen muss.

Dabei weiß ich gar nicht so genau, was mir daran nicht behagt. Vielleicht ist es die schätzungsweise achtzig Zentimeter breite Tischplatte seines Schreibtisches, die eine räumliche Distanz für mich darstellt.

Die Tatsache, dass der Chefarzt unmittelbar neben mir Platz nimmt, macht ihn sympathisch, menschlich. Das ist doch sicher ein gutes Zeichen. Oder?

In den letzten Tagen bin ich in diesem Krankenhaus auf viel mehr Roboter gestoßen, als auf menschliche Wesen. Die Worte, die ihren

Mund verließen, waren kalt und meist unverständlich für einen Laien. Manchmal habe ich wirklich das Gefühl, dass sich die Ärzte gerne hinter ihrem Fachjargon verstecken, damit einen Schutzwall anhäufen, der sie die Tristesse des Alltags überleben lässt.

Wie sonst kann man es Tag für Tag mit diesem unglückseligen Ort aufnehmen? Wie sonst kann man Abstand zu dem Tod finden, der hier an jeder Ecke auf einen lauert?

»Nun, Frau Schreyer, wir haben die letzten Testergebnisse nun vorliegen.« Ich halte den Atem an, kann mein wild schlagendes Herz kaum mehr beruhigen. *Du darfst das Baby nicht so verängstigen!*, ruft mir meine innere Stimme zu. Ich schließe meine Augen für einen kurzen Moment und atme tief in meinen Bauch. So ist es besser. Der Arzt scheint meine Geste falsch zu verstehen:

»Frau Schreyer, geht es Ihnen nicht gut? Soll ich Ihnen ein Glas Wasser bringen?«

Als ich meine Lider wieder öffne, blickt mich der Arzt besorgt an. Das Mitgefühl, das mir aus seinen Augen entgegenspringt, ist wohltuend.

»Nein, nein. Sprechen Sie ruhig weiter.« Ich muss mich der Realität stellen, muss lernen mit dem umzugehen, was mich seit Wochen nicht schlafen lässt.

»Ich muss Ihnen leider mitteilen, dass wir keine weiteren Behandlungsmöglichkeiten haben, um Ihrem Vater zu helfen. Es tut mir sehr leid, Ihnen das sagen zu müssen.« Mit hundertachtzig Sachen pralle ich ungebremst gegen eine Mauer. Meine Gedanken überschlagen sich, Tränen kullern mir unaufhaltsam über die Wangen.

Ohne Vorwarnung erinnere ich mich an den Tag, an dem ich Fahrradfahren lernte. Mein Vater hat mich dabei am Sattel festgehalten. Runde für Runde drehten wir gemeinsam in dem kleinen Hof. Bis er mich irgendwann ohne Ankündigung losließ. Ich bemerkte es erst einen Moment später, blickte mich nach hinten um und sah meinen Vater in der Ferne stehen und mir freudig zulachen. Dann kam ich ins Straucheln, verlor das Gleichgewicht und fiel zu Boden.

Papa lief auf mich zu, riss das Fahrrad impulsiv und fluchend weg und stürzte zu mir auf den Boden: *Dieses doofe Fahrrad. Ich hab deiner Mutter gleich gesagt, dass das noch nichts für dich ist. Tut es denn arg weh? Warte, ich hole ein Pflaster und dann gehen wir Eisessen.*

So ist mein Papa. Er regt sich auf, ist laut, meint es aber nur gut mit einem. Er verliert sich nicht in dem, was war, sondern übergeht das Unangenehme einfach. Wie der Sekundenzeiger einer Uhr schreitet er einfach darüber hinweg. Immer wieder.

Ich versuche den harten Kloß in meiner Kehle herunterzuschlucken, doch es gelingt mir nicht. Die Tränen verschleiern mir die Sicht, ein Taschentuch habe ich nicht zur Hand. Warum eigentlich nicht? Hätte ich nicht wissen müssen, was mir heute bevorsteht? Hätte ich nicht damit rechnen müssen?

Wahrscheinlich hätte ich das. Doch vielleicht wollte ich es mir einfach nicht eingestehen, wollte nicht vollendete Tatsachen schaffen, solange noch ein Funke Hoffnung tapfer im Dunkel aufglimmt.

»Frau Schreyer, wir werden Ihren Vater die nächsten Tage entlassen müssen. Wir können hier nichts mehr für ihn tun.« Dr. Kleinehagenbrock blickt mich durchdringend an. Er scheint zu überlegen, wie dosiert er die folgenden Informationen an mich richten muss, als wären seine Nachrichten Medikamente mit angehängtem Beipackzettel. »Es bleibt ihm nicht mehr viel Zeit. Vielleicht noch vier Wochen, unter Umständen vier Monate. Was allerdings ziemlich sicher ist: Er wird sich verändern. Die Metastasen in seinem Kopf zerstören seine Erinnerungen, er wird rapide abbauen.« Er hält wieder inne, legt seine Hand auf meine. »Ich gebe Ihnen die Daten vom ambulanten Palliativdienst. Die werden Ihnen und Ihrer Familie unter die Arme greifen.« Ich beiße mir auf die Unterlippe, als könnte ich damit den Schmerz kompensieren, in andere Richtungen lenken.

Mama ist vor einigen Jahren gestorben, mein Bruder ist nach einem Streit ausgewandert. Papa hat jetzt nur noch mich und meinen Mann Freddy.

Abwesend greife ich nach dem rechteckigen Kärtchen, das mir der Arzt hinstreckt, und lasse es wortlos in meine Tasche gleiten. Ich räuspere mich verlegen und bekunde ihm meinen Dank, während ich mit dem Handrücken meine Wangen trockenwische.

»Wann kann ich Papa mitnehmen?«, höre ich mich fragen. Meine Stimme klingt so fremd. Meine Ohren rauschen und lassen nur Bruchstücke hindurch.

»Frau Schreyer, ich weiß nicht, ob Sie der Sache gewachsen sind.« Sein Blick gleitet über meinen acht Monate dicken Babybauch und bleibt daran haften. »Vielleicht wäre Ihr Vater in einem Hospiz besser untergebracht.« Seine Worte hallen in meinem Kopf nach und wieder erinnere ich mich an all die Male, als mein Vater für mich da war, als er mich tröstete, als er mir half die Welt zu entdecken und mich lehrte, sie ansatzweise zu verstehen.

Wie kam dieser Mann jetzt auch nur auf den Gedanken, dass ich Papa auf dem letzten Weg, der ihm noch bleibt, nicht begleiten will? Alles in mir begehrt gegen dieses Angebot auf. Jede Faser meines Körpers widersetzt sich der Vorstellung Papa zum Sterben in fremde Hände abzuschieben.

»Kommt nicht in Frage«, antworte ich entschlossen. »Papa wird die letzten Wochen nicht bei fremden Leuten sein. Das kann er eh nicht leiden.« So grotesk die Situation auch anmutet, plötzlich beginne ich zu schmunzeln.

Ich muss an das eine Mal im Winter denken, als er lieber im Auto auf uns warten wollte anstatt mit uns in die Therme zu gehen. Auf dem Parkplatz angekommen, behagte ihm die Tatsache nicht, dass sich so viele Badegäste in der Halle tummeln würden. Da zog er es lieber vor, bei minus zwei Grad im Auto auf uns zu warten.

Papa war stur und verschränkte die Arme vor der Brust, während ich mit Mama und Freddy die Sachen aus dem Wagen holte. Erst als wir ihm zusicherten, ein ruhiges Plätzchen für ihn zu finden, ging er mit uns rein.

»Okay, dann besprechen Sie alles Weitere mit Ihrem Mann. Ihr

Vater wird im Laufe der Woche zu Ihnen kommen. Den genauen Termin gebe ich Ihnen noch bekannt.« Seine Hand ruht noch immer auf der meinen. Er erhöht den Druck, sichert sich damit meine Aufmerksamkeit, während er die Lider kurz schließt. »Spielen Sie bitte nicht den Helden. Es gibt genügend Möglichkeiten Ihnen Hilfe an die Seite zu stellen. Hören Sie? Denken Sie an Ihre Zukunft.« Abermals kullern mir die Tränen über die Wangen, als mir bewusst wird, dass ich mein Leben ohne Papa an meiner Seite meistern muss.

Die Aufforderung, an meine Zukunft zu denken, klingt egoistisch in meinen Ohren, dennoch weiß ich tief in mir, dass er recht hat. Es muss weitergehen. Allein schon für den kleinen Krümel in meinem Bauch.

»Danke, Dr. Kleinehagenbrock, für Ihre Zeit.« Ich versuche wieder auf die Beine zu kommen, halte mich am Tisch fest.

»Alles Gute für Sie und das Kleine.« Ein zaghaftes Lächeln umspielt seine Lippen, als er ebenfalls aufsteht und mir die Hand reicht.

***

»Da bist du ja.« Papa liegt im Bett seines Einzelzimmers und hantiert mit seinem Handy. »Ich hab versucht dich zu erreichen.«

Nach der Hiobsbotschaft des Arztes konnte ich auf keinen Fall direkt zu Papa. Ein kleiner Spaziergang im Park ließ mich wieder durchatmen, schenkte mir Kraft für das, was mir noch bevorstand.

»Entschuldige, Papa. Ist alles in Ordnung bei dir?«

Wie ein kleiner Junge grinst mich Papa schelmisch an.

»Ja, ich darf endlich nach Hause. Dann hast du es nicht mehr so schwer mit mir. Ein Krankenhaus ist für eine werdende Mama nichts. Die ganzen Keime und Bakterien … Wenn ich nur daran denke, bekomme ich schon ein schlechtes Gewissen.«

Ich dränge die Tränen, die mir in die Augen steigen, zurück, zwinge mich zu einem ebenso freudigen Lächeln. »Das sind doch gute Neuigkeiten. Wenn ich das gewusst hätte, wäre ich doch glatt früher gekommen.« In mir überschlagen sich die Gedanken. Was haben sie ihm erzählt? Wie viel weiß er wirklich? Ich schäme mich dafür, ihn anzulügen. Dennoch weiß ich tief in mir, dass es so besser ist.

Und plötzlich, wie aus dem Nichts, überkommt mich diese eine Frage, die so gänzlich deplatziert wirkt, sich aber dennoch nicht zurückdrängen lässt. »Papa, steht mein altes Fahrrad eigentlich noch bei euch im Schuppen?«

»Was willst du denn mit diesem rostigen Teil?«, erwidert er schroff, doch ich weiß, wie er es meint. Milder ergänzt er schließlich: »Ich hab ihm das nicht so ganz verziehen, dass es dich immer wieder abgeworfen hat, aber wegschmeißen konnte ich es dennoch nicht. Ist doch irgendwie ein Stück Zeitgeschichte, nicht?« Papa lacht auf, kratzt sich verlegen am Kinn.

Ohne ein weiteres Wort, werfe ich mich Papa in die Arme, klammere mich wie eine Ertrinkende an ihn.

»Hey, du erdrückst mich ja.« Sein leiser Protest stachelt mich nur noch mehr an, ihn zu spüren, ihn zu riechen. Bald schon werde ich nicht mehr die Möglichkeit dazu haben. Bald schon werde ich mich nach diesen Momenten zurücksehnen und hoffentlich etwas Trost finden.

Ich schlucke die Tränen hinunter und verharre so engumschlungen eine ganze Weile mit Papa. Er streicht mir ebenfalls über den Rücken und wispert mir nach einer Ewigkeit ins Ohr: »So ist das mit dem Kreis des Lebens. Mach dir keine Sorgen. Das hat schon alles seine Richtigkeit.«

Schließlich bricht es doch aus mir heraus.

***

»Pressen. Wir haben es gleich geschafft.« Freddy massiert mir noch immer den Rücken, unterstützt mich bei jeder Wehe. Die Flüche, die ich gerne gegen ihn ausstoßen möchte, verpuffen beim Anblick seines angespannten Gesichts.

Ich möchte ihn in die Arme nehmen, ihm sagen, dass alles gut wird, aber die Wucht der nächsten Wehe wirft mich jäh zurück, lässt mich wie durch einen Tunnel sehen. Irgendwo da hinten ist das Ziel, ich muss es nur noch finden.

Ich verkrampfe mich unwillkürlich und ernte sogleich das vorwurfsvolle »Schön locker lassen« der Hebamme. Das sagt sich so einfach. Wie soll man sich denn unter diesen Schmerzen entspannen?

»Gleich ist es geschafft. Noch einmal pressen und dann ... da haben wir sie auch schon.«

Ich falle erschöpft zurück in die Laken. Freddy streicht mir über die tropfnasse Stirn, drückt mir anschließend einen zarten Kuss darauf, während er mir entgegen haucht: »Ich liebe dich.«

Die Hebamme legt mir das Kind in die Arme, ich werfe den ersten Blick auf das kleine Bündel. Das kleine Näschen, der große Schmollmund und die sanften Gesichtszüge lassen mich alle Schmerzen vergessen. Als hätte es sie nie gegeben, als entstammten sie nur einem bösen Albtraum.

»Wie soll ihre kleine Tochter denn heißen?«, ruft uns die Hebamme nach einiger Zeit entgegen.

»Zoe. Das ist griechisch und bedeutet *das Leben*.«

***

Die wenigen Tage im Krankenhaus vergingen wie im Flug. Heute holt mich Freddy nach Hause. Ich habe ein wenig Angst, was mich erwarten wird. Papa hat bereits vor der Entbindung angefangen, Dinge zu vergessen, ein paar Mal hat er mich sogar nicht erkannt.

Ich lenke mich ab, indem ich Zoe beim Schlafen zusehe. Ihre Ruhe überträgt sich auf mich, wirkt wie ein schützender Balsam für meine Seele. Vorsichtig streiche ich ihr über die kleinen Finger, küsse sie und freue mich schließlich darüber, als sie sie umklammert.

Freddy kommt ins Zimmer und ich greife nach der Tasche, die bereits fertig gepackt neben meinem Bett steht. Als ich meinen Blick wieder hebe, erkenne ich, dass er nicht allein gekommen ist.

Mein Mann eilt zu mir, drückt mir einen Kuss auf den Mund, während Papa im Türrahmen kurz innehält. Schließlich reicht ihm Freddy die helfende Hand und er nimmt neben mir und seiner Enkeltochter auf dem Bettrand Platz.

»Ist sie das?«, fragt er mich schließlich, nachdem wir alle eine Ewigkeit nicht gewagt haben, zu sprechen.

Ich nicke ihm zu, presse meine Lippen aufeinander. Die Schatten der letzten Wochen werden von dem Licht durchbrochen, das Zoe für mich in diese Welt gebracht hat. In den wenigen Tagen, die sie nun bei mir ist, habe ich so viel über das Leben und das Sterben gelernt.

Das eine bedingt das andere, bildet einen natürlichen Kreislauf und lässt sich durch nichts und niemanden verhindern.

»Sie ist so schön, eure Zoe.« Papa legt seine zittrige Hand auf meinen Arm. Eine Träne kullert ihm in Zeitlupe über die Wange und fällt auf die weiße Bettdecke. »Darf ich sie mal halten?«

Freddy greift behutsam nach unserem Kind und legt sie in Papas Arme.

»Hallo, kleine Zoe, ich bin dein Großvater.« Zoe öffnet für einen kurzen Moment die Augen, streicht sich mit ihrer Zunge genüsslich über die Lippen, ehe sie weiterschläft.

Papa reicht Freddy das Kind, um es wieder ins Bettchen zu legen. Es ist ihm deutlich anzusehen, dass es ihn große Mühen gekostet hat, das Kind zu halten.

»Ihr beiden habt etwas ganz Wundervolles geschaffen. Ich werde nie den Tag vergessen, als du auf die Welt kamst. Es hat geschneit und war bitterkalt. Ich habe nicht mehr daran geglaubt, dass wir es noch rechtzeitig in die Klinik schaffen würden. Deine Mama war dabei ganz die Ruhe selbst.« Er lacht kurz auf. »Eigentlich hätte ich ihr doch eine Stütze sein müssen und nicht sie mir. Aber so war sie immer. Sie war immer die stärkere von uns beiden.«

Als der Arzt die Entlassungspapiere reinreicht, steht dem Verlassen des Krankenhauses nichts mehr im Wege. Freddy schnappt sich die Tasche und reicht Papa seinen freien Arm. Ich lege meine Hände um meine kleine Tochter, drücke sie fest an mich und eile den beiden Männern hinterher.

Ruhig und gelassen sehe ich der Autofahrt entgegen. Danach werde ich endlich wieder in meinem Heim sein, mit meiner Familie die Ankunft des neuen Familienmitglieds feiern können.

Der Wagen parkt in der dunklen Tiefgarage. Zoe liegt vorne neben Freddy auf dem Beifahrersitz in der Babyschale. Als wir aus der Dunkelheit ins Licht kommen, werfe ich einen Blick zu Papa hinüber. Er ist so schweigsam geworden.

Sein leicht geöffneter Mund lässt mich panisch aufschrecken, die Suche nach einem Puls an seinem leblosen Körper verschafft mir traurige Gewissheit: Papa ist von mir gegangen, nachdem er einen ersten und gleichzeitig auch seinen letzten Blick auf seine Enkeltochter geworfen hat.

Ich schließe meine Augen, umklammere seine Hand, als könnte ich ihm auf dem letzten Weg zu Mama in den Himmel beistehen, ihn ein kleines Stück begleiten. Als ich Frieden mit dem Tod gefunden habe, bitte ich Freddy rechts ranzufahren.

Herzenslust und Hoffnungsschimmer

Jetzt steh ich hier – so ganz allein
Und hab genug von all dem Mutlossein
Der Schmerzen bin ich überdrüssig
Viel zu lange war mein Weg abschüssig

Vorbei mit Kummer – und der Sorge ade
Es ist okay, wenn ich sie lang nicht wiederseh'
Mein Leben ruft und lockt mit Lust
Drum sage ich den Kampf an – meinem Frust

Draußen ruft es nach mir in klangvollen Tönen
Die Welt will mich mit meinem Leben versöhnen
Sie schillert und funkelt in kraftvollen Farben
Und lässt dabei verblassen all meine Narben

Meine Seele schöpft Mut, sie wächst daran
Erkennt, dass sie so vieles noch erleben kann
Egal was geschieht, was kommt – egal was auch immer
Bergauf, bergab nach Herzenslust – doch vor allem mit Hoffnungsschimmer

Schwarze Hölle – rotes Glück

Lian schreckte von ihrem Lager hoch. Schweißgebadet und mit pochendem Herzen saß sie auf der Kante ihrer Schlafstätte aus Bambusgeflecht und versuchte, ihre wirren Gedanken zu ordnen. Bevor ihr das gelang, schoss ihr ein stechender Schmerz wie von einem Chai Dao in die linke Hüfte. Sie stöhnte auf und war schlagartig hellwach.

Sie erinnerte sich wieder.
An den Lederriemen.
An das surrende Geräusch.
An ihre ersten Tage in der Hölle.

Lian konnte immer noch kaum glauben, dass ihr Leben in solch düstere Bahnen geraten war. Noch vor ein paar Wochen feierte das Mädchen mit ihrer Familie bei ihrer Großmutter Meilin die Feierlichkeiten des Chunjie. Das chinesische Neujahrsfest war das größte Ereignis des Jahres und wurde im ganzen Land 15 Tage lang ausgiebig zelebriert. Zu jener Zeit lief alles noch wunderbar.

Lian drückte ihr Hongbao fest an sich und musste mit den Tränen kämpfen. Sie hatte das kleine rote Täschchen von Meilin zum Neujahrsfest geschenkt bekommen und hütete es seitdem wie ihren eigenen Augapfel.

»Es soll dir Glück bringen. Du weißt ja, dass Rot die chinesische Glücksfarbe ist. Wenn du bald in die Schule kommst, kannst du es jeden Tag mitnehmen.«

Mit diesen Worten legte die Großmutter ihr das Täschchen um den Hals und küsste sie auf die Stirn.

Keine 10 Tage nach Yuanxiaojie, dem Feiertag, mit dem das Neujahrsfest jedes Jahr endet, war ihre Großmutter eingeschlafen und ließ ihre Augen für immer geschlossen.

»Sie war schon so alt, Lian, sei froh, dass sie nicht krank war. So musste sie wenigstens nicht leiden.«

Ihre Mutter Wanjun hatte es nie verstanden, sie zu trösten. Aber dass sie überhaupt den Versuch machte, grenzte schon fast an ein Wunder. Sie war eine harte Frau, die nie Gefühle zeigte, und immer auf ihren Prinzipien beharrte. Der Tod von Meilin brachte allerdings auch Lians Mutter zumindest geringfügig aus dem Gleichgewicht. Gerade jetzt, da Wanjun ihre Arbeit verloren hatte, standen sie plötzlich alleine da. Wanjun, Lian und ihre Zwillingsschwester Yamei.

Ihren Vater kannten die Schwestern nicht. Lian und Yamei waren gerade ein halbes Jahr alt, als ihr Vater bei einem Grubenunglück ums Leben kam. Inzwischen zählten sie neun Lenze und sollten eigentlich die Schule besuchen, aber ihre Mutter konnte die horrende Anmeldegebühr nicht aufbringen.

Lian war froh, dass sie wenigstens schon die wichtigsten Dinge niederschreiben konnte, da ihre Großmutter ihr manchmal Unterricht gegeben hatte, wenn sie die Zeit dazu fand. Sogar der englischen Sprache war sie ein wenig mächtig, wenn auch nur bruchstückhaft. Meilin arbeitete früher bei einem britischen Unternehmer-Ehepaar als Putzfrau, wohin sie die Zwillinge manchmal mitnahm.

Bei dem Gedanken an die glücklichen Tage mit ihrer Großmutter schnitt es Lian dermaßen die Kehle zu, dass sie sich erst einmal am Fenster mit frischem Sauerstoff versorgen musste, um wieder durchatmen zu können. Sie hielt sich dabei die schmerzende Seite und kämpfte gegen die Verzweiflung, die über sie hereinzubrechen drohte.

Lian dachte an die Fabrik, in der sie zusammen mit ihrer Schwester Yamei seit einer Woche jeden Tag 14 Stunden lang Weihnachtsschmuck fertigen und verpacken musste.

Es arbeiteten dort ausschließlich Kinder. Sie kosteten weniger Lohn als Erwachsene und da ihre Mutter immer noch keine Arbeit gefunden hatte, schickte sie ihre Kinder in die Fabrik, um wenigstens halbwegs über die Runden zu kommen.

Morgens um vier machten die Zwillinge sich auf den acht Kilometer langen Weg in die Stadt und waren vom beschwerlichen Fußmarsch über die Berge bereits müde, bevor sie überhaupt einen Schritt auf das Fabrikgelände taten. Die Arbeitsbedingungen waren unmenschlich und manchmal brachen die Kinder vor Erschöpfung fast über ihrer Arbeit zusammen. Sie waren solch eine körperliche Anstrengung nicht gewohnt und durften die Maschinen nur zum Austreten unter den wachsamen Augen eines Aufsehers verlassen. Oft musste sich Lian regelrecht dazu zwingen, die Augen aufzuhalten, um bei der Fertigung von Rauschgoldengeln und Weihnachtskugeln nicht unachtsam zu werden.

Doch genau dies war ihr am vorigen Tag passiert. Sie war nicht ganz bei der Sache gewesen, als sich plötzlich ein Samtband, das für die Schleifen an den Silberglocken verwendet wurde, im Spulmechanismus der Maschine verhedderte und fast die gesamte Anlage zeitweise zum Erliegen brachte.

Es war keine Seltenheit, dass die Kinder in den Fabrikhallen geschlagen wurden, wenn sie Fehler machten oder zu langsam arbeiteten. Das Ergebnis konnte man als rotblauen, blutigen Streifen über der gesamten linken Körperseite des Mädchens erkennen.

Lian verzog das Gesicht bei dem Gedanken an den hartherzigen Aufseher, der ihr mit einer Art Lederpeitsche klar machte, dass sie sich in Zukunft keine Schnitzer mehr erlauben durfte. Nie würde sie seine heruntergezogenen Mundwinkel und das barbarische Blitzen in seinen Augen vergessen.

Fröstelnd zog sie sich ihr Leinenhemd und ihre Schürze an und begab sich in die angrenzende Kammer, wo ihre Schwester bereits angezogen auf sie wartete.

Hand in Hand machten sich Lian und Yamei auf den steinigen Weg über die bergigen Ausläufer des Yunling-Gebirges. Lian mochte sich gar nicht ausmalen, wie furchtbar es im Winter werden würde, wenn die ganze Strecke in Eis und Schnee versunken lag und kaum ein Durchkommen sein würde. Sie fasste Yamei fester an der Hand und zog sie mit sich über eine felsige Kuppe, nach der der Pfad in Serpentinen abwärts ins Tal führte.

Lian hatte sich schon immer als die ›große Schwester‹ von Yamei gefühlt, obwohl die beiden eineiige Zwillinge waren. Sie war wenige Minuten vor ihrer Schwester zur Welt gekommen, weswegen diese auch den Namen Yamei bekam, was so viel wie ›schöne kleine Schwester‹ bedeutet. Seit sie denken konnte, hatte Lian ihren Zwilling beschützt und vor allen nur denkbaren Gefahren bewahrt. Lian war wenige Zentimeter größer als ihre Schwester, ansonsten glichen sich die Mädchen wie ein Ei dem anderen. Mit ihren schwarzblauen, schulterlangen Haaren, den hohen Wangenknochen und der grazilen Art zu gehen, waren die Schwestern nicht voneinander zu unterscheiden. Selbst ihre Mutter erkannte sie manchmal nur am Klang ihrer Stimme, wenn sie nicht unmittelbar nebeneinander standen und die Größe sie verriet.

Kurz bevor Lian mit Yamei am eisernen Fabrikzaun ankam, blieb sie unvermittelt stehen und hielt ihre Schwester an beiden Händen. In den Augenwinkeln nahm sie die beiden mächtigen schwarzen Eingangstore wahr, die wie ein düsterer Schlund den Weg in die Hölle öffneten. Sie fröstelte bei dem Anblick.

»Ich werde uns hier rausholen, Schwesterherz, das verspreche ich dir.«

Sie schaute sie mit ihren fast nachtschwarzen Augen eindringlich an und drückte sie kurz an sich. Dann machten sie sich auf die letzten paar Meter bis zu den Werks- und Lagerhallen, wo jede von ihnen in einem anderen Komplex verschwand.

Entschlossen machte sich Lian an diesem Tag an die Arbeit. Die Aufseher mit ihren Geierblicken ignorierte sie völlig und sie arbeitete zügig und konzentriert, um nicht aufzufallen. Die Schreie, mit denen die Erwachsenen die Kinder antrieben, verhallten in einem Schleier aus Zukunftshoffnung und der Aussicht auf Erlösung. Auch als ein Junge, der mit einer Kiste Christbaumspitzen hingefallen war, vom Barbaren des Vortages an den Haaren vor die Tür gezerrt wurde, ließ sich Lian nicht in ihrer Arbeit stören. Sie blendete alles um sich herum aus und versuchte nur, den Tag irgendwie schadlos zu überstehen.

In Lian war ein Plan gereift, der mehr und mehr Gestalt annahm. Mit ihren neun Jahren hatte sie schon einen klugen Geist, der ihr bereits in manchen Situationen sehr hilfreich gewesen war.

Am Ende ihres Arbeitstages ließ sie heimlich einen kleinen perlmuttfarbenen Weihnachtsengel in ihre Leinenschürze gleiten und betete alle Geister und Heiligen dieser Welt gleichzeitig an, dass es niemand mitbekommen möge. Als sie durch die Tür der Werkshalle trat und sich anschließend das große eiserne Tor in der Einfahrt zum Fabrikgelände hinter ihr schloss, begann sie, wie verrückt zu laufen, und hielt erst an, als sie hinter einen großen Felsvorsprung außer Sichtweite gelangte. Japsend schnappte sie nach Luft und wartete ungeduldig auf Yamei.

Diese quälte sich wenige Minuten später erschöpft den Trampelpfad hoch. Fragend schaute sie ihre Schwester an, die aussah, als wäre sie von sämtlichen Hungergeistern Chinas verfolgt worden.

»Warum siehst du denn so verschreckt aus, Lian?«, fragte Yamei.

»Keine Angst, Schwesterherz, vertrau mir. Ich erkläre dir alles genauer, wenn es so weit ist.«

Lian war trotz der Anstrengungen des harten Arbeitstages so schnell wie nie mit ihrer Schwester nach Hause geeilt und verschwand nun im hinteren Zimmer. Sie hatte Yamei den Engel gezeigt und ihr nur erklärt, dass sie etwas vorhabe, um sie beide aus ihrer misslichen Lage zu befreien. Vor den Augen ihrer Schwester tat Lian überzeugter als sie in Wirklichkeit war; sie wollte Yamei aber nicht spüren lassen, wie sehr sie sich selbst vor dem morgigen Tag fürchtete.

Es war noch sehr früh am Morgen und stockdunkel. Auf dem ganzen Weg in die Stadt hatte Lian ihrer Schwester erklärt, wie sie sich auf ihrem Arbeitsplatz verhalten solle.

»Du musst mir versprechen, dir nichts anmerken zu lassen, Yamei. Mach einfach alles genau so, wie ich es dir erklärt habe. Vor allem darfst du keine Fehler machen. Die Aufseher haben Augen wie Adler, denen entgeht nichts. Hast du alles verstanden, was ich dir über die Maschinen gesagt habe?«

Yamei nickte und umklammerte die Hand ihrer Zwillingsschwester.

»Aber was hast du denn vor mit dem Engel?«

»Es ist sicherer, wenn du vorher nichts davon erfährst. Ich erkläre dir alles heute Abend, wenn wir nach Hause gehen. Drück mir die Daumen, dass alles so funktioniert, wie ich es mir vorstelle.«

Normalerweise arbeitete Yamei in der Pack- und Versandabteilung. Dort wurden die Waren in die Verkaufsschachteln gepackt und zum Verschicken vorbereitet. Heute wollte Lian mit ihr tauschen und ihre Aufgaben übernehmen. Jedes Detail hatten sie genau abgesprochen. Doch Lian hatte trotzdem entsetzliche Angst, dass ihr Vorhaben auffliegen würde.

»Viel Glück, kleine Schwester.«

Lian drückte Yamei einen Kuss auf die Wange und verschwand rasch in der Versandhalle. In ihrer Schürzentasche hatte sie den präparierten Engel, der den Zwillingsschwestern zu einem neuen Leben verhelfen sollte.

»Was stand eigentlich damals genau auf dem Stoff, den Du in den Rückenteil des Engels eingenäht hattest?«

Yamei schaute ihre Zwillingsschwester neugierig an.

»Na ja, viele englische Wörter konnte ich noch nicht schreiben, aber wie du siehst, hat es gereicht, um die schwedische Familie auf uns aufmerksam zu machen. Sie haben meine Schriftzeichen, die ich unter den Hilferuf angefügt hatte, wohl von der Hilfsorganisation übersetzen lassen. Wir hatten großes Glück, schöne kleine Schwester.«

Sie beugten sich über das Grab ihrer Großmutter und befestigten, wie zu Chunjie üblich, die Feuerwerkskörper neben der Grabstätte. Jedes Jahr wurde nicht nur im Rahmen des Neujahrsfestes ein grandioses Feuerwerk gezündet, sondern auch über den Gräbern von Verwandten und Freunden. Die Legende besagt, dass auf diese Weise die bösen Geister des vergangenen Jahres vertrieben würden und die Toten so ihre verdiente Ruhe hätten.

Lian und Yamei wohnten inzwischen mit Wanjun im Haus ihrer Großmutter. Ihre Mutter hatte mithilfe einer ausländischen Organisation wieder Arbeit gefunden und die Zwillingsschwestern mussten nie wieder in die Fabrik zurück, die mittlerweile geschlossen worden war.

»Meilin wäre stolz auf dich, Lian.«

»Ohne Meilin müssten wir immer noch in der Hölle arbeiten. Hätte sie mir nicht die Schriftzeichen beigebracht, würden wir täglich mit blauen Flecken und Striemen nach Hause kommen.«

Lian nahm ihre Schwester beiseite und reichte ihr das Hongbao, das sie genau vor einem Jahr von Meilin geschenkt bekommen hatte. »Hier, das ist mein Chunjie-Geschenk für dich. Das kannst du morgen mit zum ersten Schultag nehmen. Du weißt doch, rot ist unsere Glücksfarbe.«

Yamei strahlte vor Freude und umarmte stürmisch ihre Zwillingsschwester.

Eine Weile noch standen sie am Grab ihrer Großmutter und bestaunten das Feuerwerk. Lian schaute hoch zu den bunten Figuren am Himmel und hielt ihre Schwester dabei fest an der Hand. Farbenfrohe Kaskaden ließen den Nachthimmel in allen Farben des Regenbogens erstrahlen.

Diesen Moment würden die Zwillinge ihr Leben lang nicht vergessen.

Mein Platz

Immer wenn ich traurig bin,
einsam und verzagt,
lauf ich zu dem Platze hin,
egal ob Nacht ob Tag.

Trost und Frieden find ich dort,
so wird's auch immer sein,
er ist mein ganz privater Ort
und nur für mich allein.

Die Kobel

Am Freitagabend fuhr ich von einem Meeting in der Großstadt aufs Land. Ich fühlte mich gestresst. Mein Dacia Duster stand mit Achsbruch in Reifen-Hans Werkstatt und zwang mich, öffentliche Verkehrsmittel zu benutzen.

Ich stieg in die überfüllte U-Bahn Richtung Norderstedt, ergatterte einen Platz gegenüber von zwei älteren Damen. Die diskutierten über den IS-Anschlag in Afghanistan. Aus Interesse, und weil ich sowieso nichts Besseres zu tun hatte, spitzte ich meine Ohren.

»Es ist so schrecklich, Hildegard. Es ist Krieg! Krieg – das muss man sich mal vorstellen!«, krächzte die Frau mit den silbergrauen Locken und den winzigen Spatzenlippen, dass ihr Gezeter im gesamten Bahnabteil zu hören war.

»Oh, da kann ich dir nur zustimmen, Gudrun. Es folgt eine Katastrophe auf die nächste. Wie hat sich diese Welt nur entwickelt?«

Ihre Gesprächspartnerin mit den dicken, roten Pausbacken und der schwarz gefärbten Kurzhaarfrisur schüttelte gemächlich den Kopf und zuckte mit den Achseln. Ihr Gesicht verzerrte sich, hoffnungslos schaute sie um sich. Mit schreckgeweiteten Augen starrte Hildegard Gudrun an und kreischte in extremer Lautstärke: »Schreckliche Welt – du sagst es! Wie kann man denn noch Kinder in diese verdammte Welt setzen?«

Ich hielt ihren Pessimismus nicht mehr aus. Klar, war das aktuelle, sie bedrückende Thema schrecklich, und auch mich nahm es mit, doch dieser Weltuntergangsstimmung zuzuhören, wurde für mich unerträglich.

Diskutierfreudig, wie ich war, mischte ich mich ein: »Na, aber hören Sie mal! Wo ist denn der gute Glaube hin? Wo die Hoffnung?

Denken Sie doch mal nach: Launen, wie Sie sie kundgeben, machen die Situation auch nicht besser! Anstatt dass Sie hier schlechte Laune verbreiten, sollten Sie aufstehen und etwas tun!«, schrie ich mit Krawall. Ich war furchtbar hysterisch und überemotional, aber der negativen Grundeinstellung, die diese verbitterten, alten Damen von sich gaben, war nicht zuzuhören.

Die Frauen starrten mich mit offenem Mund an. Ihr Blick sagte: *Was erlaubt sich die Dirn eigentlich, uns zu widersprechen?* Doch das war mir angesichts der Gesprächssituation egal.

Ich ersparte ihnen natürlich nicht einen dramatischen Abgang und stand auf, obwohl ich mich gerade erst hingesetzt hatte. »Einen schönen Tag noch!«, stieß ich vergrämt hervor und eilte zur U-Bahn-Tür hinaus.

Nachdem ich schließlich frustriert mit der nächsten U-Bahn nach Hause gefahren war, traf ich auf Tante Emma, meinen durchgeknallten Kater. Die ganze Sache hatte mich so sehr mitgenommen, dass ich fast vergaß, Tante Emma etwas von seinem Lieblings-Leckerli zu geben. Doch sein qualvolles Miauen erinnerte mich daran.

»Tut mir leid, Tante Emma. Aber dieser Tag ... Er war ein Desaster! Eine Havarie! Eine unverkennbare Katastrophe!« Ich sprach zu meinem Kater, der sich nur für sein Katzenfutter interessierte. *Typisch Tante Emma!*

Letztlich beschloss ich, an diesem Abend früh ins Bett zu gehen, ich würde in diesem beschwerlichen Zustand so oder so keine gute Arbeit aufs Papier bringen.

Natürlich übertrieb ich mit meiner Reaktion, doch ich war zornig aufgrund der Wortwahl und der Einstellung, die diese alten Tanten besaßen. Es war schockierend, solch Pessimismus zu realisieren. Was mich noch viel mehr erschütterte: Die beiden Mecker-Tanten waren nur ein winziger Teil der Menschheit, der sich ständig dem Rumgejammer und der absoluten Hoffnungslosigkeit widmet.

Schließlich glitt ich nach langem Grübeln und Herumphilosophieren über das Leben und die innere Einstellung in den Schlaf. Ich widmete mich meinen Träumen, denen ich vertraute, um mich aus meiner erzürnten Verfassung zu holen.

Schauplatz meines Traumes ist eine kleine Villa inmitten einer Umgebung von Natur. Ich sehe um mich und erkenne die Atmosphäre, die ich sofort als himmlisch auffasse. Hamburg – bei diesem Großstadtgewitter ist eine Idylle wie diese selten. An den Mauern der gut erhaltenen, stilvollen Altbauten hangeln sich Efeublätter hoch. Vor dem Haus eine prächtige Veranda und ein Eingang, dessen Tür aus edlem Holz besteht. Der Weg ist mit Blumen geschmückt, was eine einladende Stimmung vermittelt. Die Sonnenstrahlen der Mittagssonne brennen auf meiner Haut und hinterlassen eine wohlige Wärme, die ich gewillt bin, zu genießen. Wo befinde ich mich?

Aus reinster Neugier mache ich mich auf den Weg, mit dem Verlangen herauszufinden, was diese geheimnisvolle, wunderschöne Villa verbirgt. Ich setze einen Schritt vor den anderen und trete ein.

Was ich sehe, lässt mein lyrikverliebtes Herz aufgehen. Die Villa ist riesig!

Die Wände bestehen aus bis an die Decke reichenden Bücherregalen. Ihr dunkles Holz zaubert eine heimische Atmosphäre, in der man sich wohlfühlt. In meiner Faszination über die Masse an Büchern in diesem Raum vergesse ich, das Um-mich-herum wahrzunehmen. Schließlich erkenne ich eine, mich freundlich anstrahlende Frau hinter einem Tresen in der Mitte des Büchersaals. Sie begrüßt mich, und ich komme kontaktfreudig auf sie zu.

»Hallo Madame Annelies«, nennt sie mich bei meinem Kosenamen, meinem Pseudonym.

Woher kennt sie mich? Ich habe diese Frau noch nie zuvor gesehen! Unwissend, jedoch glücklich, strahle ich sie an und stecke sie unbewusst mit meiner Begeisterung an. Meine Freude ist unverkennbar!

»Es ist eine Bibliothek, stimmt's?«, frage ich und sie nickt. »Und Sie sind die Bibliothekarin?« Wieder nickt die mir unbekannte,

jedoch sympathisch wirkende Frau. Ich blicke um mich, die Herrlichkeit scheint mir so wunderbar, dass ich sie kaum glauben kann.

»*Wir sind in Deutschland, genau genommen in Hamburg, 2015. Richtig?*«*, frage ich, um mir Bestätigung zu holen.*

»*Nein, Madame Annelies. Wir befinden uns im Jahre 2050.*«

Ich falle vom Glauben ab. Was? Ich begreife nicht, was vonstattengeht. Es dauert einen Moment, bis es mir in den Sinn kommt, in welcher Dimension ich mich befinde. »*Ein Traum?*« *Ich werfe der Bibliothekarin einen zweifelnden Blick zu.*

»*Eine Utopie!*«*, berichtigt sie mich.*

»*Was ist mit der Welt geschehen?*«*, frage ich neugierig.*

»*Sie hat sich mit den Jahren entwickelt, Annelies. Eine 180-Grad-Wendung! Eine revolutionäre Veränderung, wie sie die Welt noch nie erlebt hat!*«*, prahlt die Verwalterin der Bücherei.* »*Grund hierfür ist die Literatur!*«

Als sie diese Worte ausspricht, geht mir – Tante Annelies – mein melodramatisches, leicht mitzureißendes, emotional angehauchtes Herz auf. Literatur – welch' wundervoller Begriff!

»*Möchtest du mehr erfahren?*«*, fragt sie, und ich nicke unwillkürlich als Antwort auf ihre Frage.* »*Warte einen Augenblick!*«*, bittet sie mich. Sie verschwindet in einen der von Büchern umgebenen Gänge.*

Ich kann es immer noch nicht glauben, auf welch herrliches Glück ich in dieser Bücherei gestoßen bin.

Die Bibliothekarin kommt mit einem großen, dicken Buch wieder. Es ist dunkelviolett gebunden und sieht schlicht aus.

Ich frage mich, was für Geheimnisse es birgt. Mit fragendem Blick betrachte ich den Wälzer.

»*Das ist die Kobel*«*, erklärt sie mir.*

»*Kobel?*« *Ich empfinde die Bezeichnung für dieses Buch merkwürdig.*

»*Es ist ein Neologismus und leitet sich vom Koran und der Bibel ab, in der buddhistische Weisheiten enthalten sind.*« *Mit Begeisterung in der Stimme erzählt die Bibliothekarin von der Kobel. Sie lässt sich nicht unterbrechen.* »*Die Kobel hat unsere gesamte Gesellschaft verändert.*

Nachdem sie erstmalig auf den Markt kam, verbreitete sie sich wie ein Lauffeuer. Und der Inhalt ... Er veränderte die Menschen! Es ist, als wäre die Kobel verzaubert. Und wer weiß, vielleicht ist sie das ja auch?«
Die Frau hält mir das Werk hin, ich nehme es und reiße es an mich. Mit großen, leuchtenden Augen betrachte ich das Werk, streiche sanft über den Buchrücken. Ein Lächeln breitet sich auf meinem Gesicht aus, als ich den mich überwältigenden Klappentext auf dem Buchrücken lese:
»Leid und Krieg sollen mit diesem Buch ein Ende finden.

Die Worte sollen alles Negative in uns vertreiben, das Gute soll bestehen bleiben, das sich in unseren Herzen verbirgt.

Wenn Sie unsicher sind, was Sie tun sollen, wenn Sie negative Gedanken in etwas Positives verwandeln wollen, stellen Sie sich die Frage: WAS würde die Liebe tun? – Autor Unbekannt«

»Autor unbekannt?«, frage ich verblüfft.

Die Beamtin richtet ihre Aufmerksamkeit auf mich. »Er wollte nicht mit irgendeinem Namen in Verbindung gebracht werden, nicht einmal mit einem Pseudonym. Er hat das Buch zu Gunsten der Menschheit und aufgrund des starken Willens, aus der grauenerregenden Gesellschaft etwas Schönes zu machen, geschrieben. Er hat es nicht gewollt und somit die Kobel mit einem Beipack-Brief in die Gotteshäuser gelegt. Schließlich druckte er mehrere Exemplare, in denen er über sein Anliegen spricht. Man fand die Exemplare seines Werkes und veröffentlichte es«, erklärt sie.

Ich empfinde die Moral des Autors und die Einstellung beeindruckend. Unter dem Klappentext finde ich ein Zitat aus den buddhistischen Weisheiten, die ich mir gemerkt habe, da es für mich als bedeutend gilt:

»Tötet nicht und verhindert, dass getötet wird! Hütet euch vor Ehebruch und Unzucht! Meidet die Lüge und üble Nachrede, harte Worte und eitles Geschwätz! Verachtet den Geiz und die Gier! Tut Gutes und haltet fest am rechten Glauben! Die Grundvoraussetzung zur Erleuchtung ist der Wille, sich selber zu erlösen, um dadurch anderen von Nutzen sein zu können.- Buddha«

Schließlich betrachte ich das Cover. Es wirkt bescheiden und dennoch vielversprechend. Mit schwungvoller Schreibschrift steht der Titel in der Mitte des Buches: »Die Kobel«. Darunter ein weiteres Zitat buddhistischer Weisheiten:

»Das Leben ist kein Problem, das es zu lösen, sondern eine Wirklichkeit, die es zu erfahren gilt. – Buddha«

Bereits der Einband nimmt mich voll und ganz für sich ein.

»Nachdem es das erste Mal publiziert wurde, geschah eine revolutionäre Veränderung in der Weltgeschichte. Die Menschen fürchteten sich zuerst vor ihr, da alles so schnell ging. Doch das Buch nahm ihnen jegliche Furcht. Und nun – sieh uns an – wir sind die glücklichsten Menschen der Welt. Das Buch hat gehalten, was es verspricht. Es gibt keine Kriege mehr, keine Auseinandersetzungen, keine Armut oder andere gesellschaftlich-politischen Komplikationen.« Die Bibliothekarin sieht mich glückstrahlend an und spricht weiter: *»Es ist mittlerweile sogar so ausgeweitet, dass verständliche Grundzüge der Kobel in Kursen von Kindertagesstätten integriert werden. Das gesamte neue Erziehungskonzept basiert darauf. In der Schule ist es schließlich das erste Buch, das die Schüler zu lesen bekommen.«*

»Das ist wundervoll!«, rufe ich verzaubert aus.

»Die Umsetzung der positiven Grundausstrahlung in jedermanns Herzen hat uns um so vieles bereichert.«

»Und der unbekannte Autor? Ist ihm denn kein Dank gewidmet?«

»Aber selbstverständlich! Er weiß, dass wir ihm alle für sein Werk danken, aber er möchte diese Anerkennung nicht persönlich genießen. Letztlich möchte er nicht, dass für ein solch magisches Werk jemand verantwortlich gemacht wird. Wie du und ich spaziert er durch die Weltgeschichte und freut sich mit uns über die Herrlichkeit, die diese neue, perfekte Welt uns bietet.«

Ich schlage also die erste Seite auf, um mir vom Buch einen Gesamteindruck zu verschaffen. Die Widmung ist der Wahnsinn: »An die

Menschheit, deren Negativität aus ihrer schwarzen Seele herausgenommen wird.« Darunter schließlich ein weiteres Zitat:

»*Ganz gleich, wie beschwerlich das Gestern war, stets kannst du im Heute von neuem beginnen. – Buddha*«

Mir gefällt der Bezug zur buddhistischen Religion. Ich überfliege die Blätter und erkenne immer wieder Zitate aus den verschiedensten Religionen, die mich vollends für sich einnehmen. Dabei bin ich bisher getreue Atheistin gewesen! Die Toleranz und das Verständnisvolle, die in dem Buch zum Ausdruck kommen, sind faszinierend. So sehr, dass ich gewillt bin, alle meine atheistischen Überzeugungen niederzulegen.

Zum Schluss bedanke ich mich recht herzlich bei der Bibliothekarin.

Sie gibt mir ein Exemplar der Kobel mit auf den Weg, und ich kehre Heim zu Tante Emma, um ihm von den überwältigenden Neuigkeiten zu berichten.

Ohne Plan und Orientierung verlasse ich mit einem wunderbaren Gefühl und einem ansteckenden Lächeln die Bücherei und spaziere durch die ›neuartige‹ Weltgeschichte. Ich schlendere durch Straßen und sehe nur lachende Gesichter. Überall scheinen die Menschen glücklich zu sein, was mir Freude bereitet.

Von Krieg, Hass und Verachtung ist bei weitem keine Spur.

Außerdem sind die Häuser wunderschön und mit viel Grün verziert. Die für die Natur verantwortlichen Menschen haben sich scheinbar etwas zur Verschönerung der Großstadt überlegt. Es sieht nun weniger nach Großstadtgewitter, sondern mehr nach heimischer Landschaftsidylle aus. Es liegt eine Euphorie in der Luft, die ich mit jedem Atemzug spüre. Ich setze mich auf eine Parkbank und beobachte das Geschehen dieser harmonischen Herrlichkeit. Erstmalig fühle ich mich ›angekommen‹. Es gibt nichts, was mich bedrückt, nichts, was mich hemmt. Die Ausstrahlung und die positive Aura in den Seelen der Menschen, die dem Buch zu verdanken sind, scheinen unverkennbar.

So soll es sein, denke ich und gleite hinaus aus meiner Träumerei.

Meine Vorstellung von träumerischer Wirklichkeit war wunderbar. Ich ergötzte mich an ihr und erwachte mit vollster Begeisterung aus meiner Utopie. Ich hatte geträumt und nahm sofort mein Notizblock zur Hand, um mir die Erleuchtung derer zu notieren.

Am Samstagmorgen meiner mich inspirierenden Nacht des mich überwältigenden Traums, war ich mit meiner Freundin Cassy verabredet. Wir trafen uns um neun Uhr bei *Danny's* zum Frühstück. Ich kam mit großer Motivation, ihr von meinen neuen Plänen zu berichten, die ich aus dieser Utopie abwandelte.

»Cassy!«, rief ich aus und empfing sie mit weit ausgestreckten Armen, zu einer freundschaftlichen Umarmung einladend.

Sie erwiderte die Freude und setzte sich zu mir.

»Schön, dass du da bist, ich habe dir nämlich viel zu erzählen!«, kündigte ich an. In meiner Stimme lag Euphorie.

»Ach, ja?« Neugierig auf das, was ich ihr mitteilen wollte, beugte sie sich zu mir vor.

»Hast du schon mal von einem weltverändernden Buch gehört?« Theatralisch fuchtelte ich mit den Händen vor meinem Oberkörper herum.

Cassy lachte aufgrund meiner enthusiastischen Darstellung. »Nein!«

»Gut, dann sei gefasst!«, begann ich. »Wir sind genervt von dieser gesellschaftspolitischen Ordnung, nicht wahr?«

Cassy nickte zustimmend, sich daran ergötzend.

»Und ich möchte gegen die negative Grundhaltung der Menschen angehen!«

»Was?«

»Ja, du hast schon richtig gehört! Ich – als Weltverändererin gegen den Pessimismus!« Ich lächelte zwar, doch es war mein vollkommener Ernst. Ich war gewillt, meine Utopie zur Realität werden zu lassen.

»Wie hast du dir das vorgestellt?«, fragte sie ungläubig.

»Ich werde ein Buch schreiben!«, kündigte ich stolz an.

»Das machst du ja so selten!«, witzelte Cassy ironisch. Sie wusste über meinen Bestseller-Autoren-Erfolg bestens Bescheid.

»Es wird den Namen ›Die Kobel‹ tragen!« Ich grinste selbstsicher.

»Die Kobel?«

»Leitet sich ab von Koran und Bibel. In der Kobel sind Grundansätze des Islams, des Christentums und des Buddhismus vertreten. Drei Weltreligionen, die ich repräsentiere!«

»Du und Religion?« Cassy lachte laut auf.

Es war zwar verlockend, doch ich ließ mich nicht mitreißen. »Ich bin jahrelange Verfechterin des Buddhismus und ich bin ein ziemlich toleranter Mensch!«, verteidigte ich mich.

Sie kicherte immer noch.

»Es soll in der Kobel grundsätzlich um das Positive gehen! Sie soll das Ziel verfolgen, eine positive Grundeinstellung zu schaffen, bei jedem. Weltveränderung, ich sag's dir!«, erzählte ich mit vollster Überzeugung.

»Das ist doch utopisch!«, winkte Cassy ab. Sie war eine Skeptikerin, die stets realistisch blieb. »Wie hast du dir das vorgestellt? Ich meine, du könntest natürlich für den nötigen Wissenserwerb nachträglich Theologie studieren, aber willst du das?«, fragte Cassy wissbegierig.

Natürlich hatte ich mir dazu in der Früh bereits Gedanken gemacht. An der Umsetzung sollte es schließlich nicht hapern.

»Könnte ich, ja. Aber ich habe recherchiert und bin auf eine Gruppierung gestoßen, die sich mit diesen Religionen befasst. Sie nennen sich ›The Three‹. Ich habe ihnen bereits gemailt. Sie werden mir alles an Informationen verschaffen, was ich für das Schreiben dieses Buches benötige. So ist das Wissen zusammengefasst, und ich muss nicht jede Religion im Einzelnen über Jahre studieren.

»Das klingt gut«, warf Cassy ein.

»Sie vertreten Glaubensgrundsätze, die sich auf die Herstellung positiver Energien, Ausstrahlung, Ablehnung von Negativität und

Weltveränderung konzentrieren«, erklärte ich. »Außerdem werde ich für meine Recherche in Kontakt mit Schamanen und Magiern treten. Sie wissen einiges über positive Energien!«, kündigte ich an.

Cassy lachte kurz auf.

»Und eine enge Zusammenarbeit mit Philosophen, Psychologen, Bewusstseinsforschern, jeglichen Forschern dieser Art und Schriftsteller-Kollegen, die sich mit diesem Thema bereits befasst haben, wird erforderlich sein!«

»Das hört sich nach einem wunderbaren Konzept an!«

»Ich habe mir eine Deadline bis 2050 gesetzt. Bis dahin sollte ich die Kobel wohl veröffentlicht haben. Wer weiß? Vielleicht hat sich bis dahin bereits ein Großteil der Menschheit in unserer Gesellschaft verändert? Ich träume von großer Entwicklung!«, schwärmte ich verträumt und starrte dabei in die Luft.

»Aber das sind noch fünfunddreißig Jahre! Bis dahin bist du Großmütterchen Annelies!«, witzelte sie. »Wie kommst du auf 2050?«

»Ach, nur so«, log ich. Ich wusste natürlich genau, warum ich dieses Datum für die Veröffentlichung ansteuerte. »Was sagst du zu meinem neuen Projekt?«, fragte ich Cassy letztlich nach ihrer Meinung.

»Ich bin begeistert, Annelies!«, sagte sie und lächelte, was mir neue Motivation verschaffte und mir Mut gab.

»Wirklich?« Ich suchte die Bestätigung.

»Ja! Ich seh's schon kommen, Madame Annelies als tolerante Visionärin der Weltreligionen. Die Schlagzeile liegt schon vor meinem Auge: Die Schriftstellerin, die die Welt verändern wird!«, scherzte Cassy, und wir verfielen in ein unverfängliches Gelächter.

Als ich am Nachmittag heimkehrte, um mich schließlich an die Arbeit des Schreibens zu machen, traf ich auf meinen Kater Tante Emma, der mich bereits mit Sehnsucht erwartete. Ich zwinkerte ihm freudestrahlend zu, sein Miauen verdeutlichte mir, dass er mich ebenso vermisst hatte, wie ich ihn.

»Tante Emma, fahre schon mal das Notebook hoch, es muss etwas Bedeutsames niedergeschrieben werden. Wir haben eine Mission! Sie lautet: Weltveränderung!«, befahl ich.

In Absprache mit dem Schicksals-Regieführer, der dort oben im Himmel verharrte, tippte ich die ersten Sätze. Die Kobel sollte mit einem Zitat beginnen. Ich wählte dasselbe Zitat, welches auch in meiner Utopie verwendet wurde.

»Ganz gleich, wie beschwerlich das Gestern war,
stets kannst du im Heute von neuem beginnen.«

BUDDHA

Klang des Herzens

Die Hoffnung singt und lacht
Der Frühling bringt sie mit
Im Klang des Herzens wiegt sie sacht
Und erblüht zu meinem Favorit

Hör ihr Singen, spüre ihre Melodie
Trau Dich ihren Tanz zu wagen
Deiner Seele schenkt sie Fantasie
Zum Träumen von weit bessren Tagen

Ein leiser Ton schwillt an zu Deinem Lied
Entlockt ein Lächeln auch in dunklen Zeiten
Zeigt, dass im Herzen stets die Hoffnung siegt
Und vermag Dir Zuversicht zu unterbreiten

Eine feste Stimme sanft erklingt in Dir
Sie schickt die Trübsal stumm zurück
Einen Moment der Kraft, den schenkt sie mir
Und zeigt, die Liebe ruht in Deinem Blick

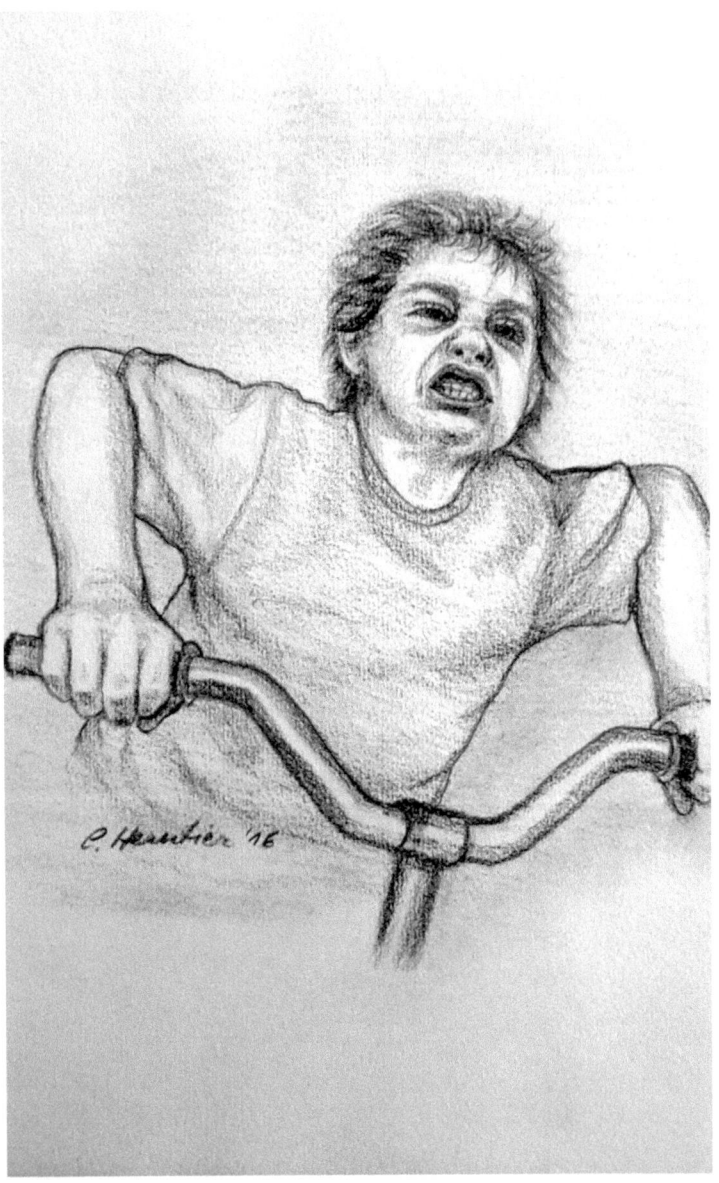

Einer reicht immer

Vom obersten Stockwerk unseres dreistöckigen Mietshauses, bequem auf dem Heizkörper der Zentralheizung kniend, konnte ich sehen, wie der Wohlstand wuchs.

Sichtbarstes Zeichen dafür war der wachsende Automobilbestand. Die anfangs leeren Parkplätze füllten sich selten, sodass mich schon ein abgestelltes Auto dazu veranlassen konnte, den angestammten Beobachtungsposten zu verlassen.

Schnell ein »Ich geh runter!« Richtung Küche gebläkt, »Aber nicht über den Damm!« mal eben überhört, sauste ich, die Treppen im Sprung nehmend, zum bewundernswerten Objekt. Eine »Isetta« wurde bereits ignoriert, ein Messerschmitt Kabinenroller wegen seiner schnittigen Form gerade noch toleriert.

In der unter uns Kindern verbreiteten Fehlannahme, dass der Endanschlag des Tachometers die Höchstgeschwindigkeit des Vehikels wiedergebe, suchten wir stets nach neuen Rekorden. Sein Entdecker konnte sich der allgemeinen Bewunderung sicher sein.

Unten angekommen, musste ich feststellen, dass einige Kinder, die um das Fahrzeug versammelt waren, bereits wieder gingen: »120, nen Käfer, was haste erwartet?«

Hier hätte sich der strategische Vorteil meines hochgelegenen Spähpostens bezahlt machen können, um zu überlegen, ob der Sprint überhaupt lohnt, denn die Konkurrenz war groß. Jedoch war die Liebe zu Autos so gewaltig, dass ich es vorzog, den längeren Weg mit Tollkühnheit auszugleichen. Als Dreijähriger nahm ich noch zwei Treppenstufen gleichzeitig, ein Jahr später waren es derer schon acht.

Außerdem bot sich die Gelegenheit, wenn man schon unten war, bei Oma ein paar Häuser weiter vorbeizusehen, denn die hatte einen

Fernseher, wir nicht. So saß ich an einem Sonntagnachmittag bei ihr, schaute die SPORTreportage und traute meinen Augen nicht. Da schossen scheinbar ganz normale Autos in atemberaubender Geschwindigkeit durchs Gelände oder über Straßen, nahmen jede Kurve quer.

Nachdem ich wieder bei Sinnen war, beschloss ich vollmundig: »Das mache ich auch!«

»Später, Kleiner, vielleicht später! Aber wenn dich Rallyefahren interessiert, einer meiner Kollegen hat das mal gemacht. Der kommt nächste Woche zu meinem Geburtstag, und ihr könnt euch dann darüber unterhalten«, versuchte Oma, mich zu bremsen.

»Ich gehe dann üben!«, hüpfte ich aus dem Sessel und stürmte zu meinem geparkten KETTCAR.

Die Handbremse half beim Querstellen. Manch ein Fußgänger konnte gerade noch mit einem »Hey, Junge, nicht so wild!« beiseite springen. Ein kurzer Blick zeigte mir aber ihr verzeihendes Lächeln, denn sie kannten den kleinen Draufgänger.

Endlich war Omas Geburtstag, und ich zog den Rallye-Onkel zum Fachsimpeln in die Küche. Mit meinen Spielzeugautos zeigte er mir, was *Drifts* und *Slides* sind, und schien froh, seine Begeisterung für diesen Sport teilen zu können.

»Was ist das Tollste, das Größte, was du je erlebt hast, Onkel?«, wollte ich meine Neugier stillen.

»Die Nacht der langen Messer! Das ist die Nachtetappe am Col de Turini bei der Rallye Monte Carlo.« Seine Augen wurden glasig, die Stimme bebte: »Die Finger vor dir zählen von fünf herunter, dann kommt ›allez‹! Du stichst in die Dunkelheit. Vollgas! Dann schießt du den verschneiten Pass hinauf, selbst auf den Geraden bleibst du im Drift! Und dann, dann hörst du sie! Trotz dröhnendem Motor dringt der Jubel aus Tausenden Kehlen zu dir ins Cockpit. Die Fans schwenken ihre Fackeln, und du fährst in ein Blitzlichtgewitter, das dich kurz blind macht. Aber, es ist dir egal, denn du denkst, du seist im Himmel. Ja, Junge, der Himmel ist am Col de Turini!« Er war weg, ganz weit weg, in Gedanken auf der Passstraße zur Ewigkeit.

Ich wollte ihn wieder zurückholen. »Was ist wichtiger, Motorleistung oder Können?«

»Mut, Junge, Mut! Der Mut, seine Angst bezwingen zu können und den eigenen Fähigkeiten zu vertrauen.«

»Ich bin mutig, habe noch nie Angst gehabt!«, gab ich stolz zurück.

»Nur wer die Angst kennt, kann mutig sein!«, verabschiedete er sich, ging zurück zu den anderen Gästen und gab mir nicht nur einen Klapps auf die Schulter, sondern auch etwas zum Denken mit.

Das langsame KETTCAR wurde vom Tretroller abgelöst, und was für einem! Mit seiner Luftbereifung konnte ich so manchem Fahrrad Paroli bieten, fuhr mit dem Wind um die Wette.

Die Lieferantenzufahrt unseres Kaufzentrums verlief gut 50 Meter steil bergab. Immer wieder schoss ich sie hinunter, duckte mich, um noch schneller zu werden. Mit den Füßen auf dem Gepäckträger bot ich den geringsten Luftwiderstand. Das ging auch einige Male gut, bis mir ein herrenloser Hubwagen aus dem Lager in die Quere rollte. Kurz vor der Senke, am schnellsten Punkt, wollte ich ausweichen und fiel. Der Roller krachte gegen die Wand, und ich rutschte zig Meter auf Bauch und Knien weiter. Der Schmerz kam, brennend heiß. Ich schrie wie am Spieß!

Alle liefen sofort zu mir, einer drehte mich vorsichtig auf den Rücken. Nun merkte ich, dass der Schmerz nur halb so schlimm war wie der Blick in die Gesichter der Helfer. Sie schlugen ihre Hände entsetzt vor den Mund oder hielten sie vor die Augen und wandten sich schaudernd ab. Dann kam die Feuerwehr. »Scheiße, oh Scheiße, alles durch!«, rief der Sanitäter. – Mein Bewusstsein schaltete zum Glück ab.

Im Krankenhaus erwachte ich mit dick verbundenen Knien.

»Das wird wieder!«, sagte der Arzt laut, sodass ich es hören konnte. Er nahm meine Eltern zur Seite und flüsterte: »Die Schmerzen werden immer mal wiederkommen, aber dafür gibt es Mittel, und kleine Kinder sind härter im Nehmen, als man denkt.«

Obwohl ich das nicht hören sollte, wollte ich den Arzt in seiner Ansicht bestätigen. Nach drei Tagen war ich aus dem Krankenhaus, zwang mich wenig später zum Stehen, ein Woche danach machte ich die ersten vorsichtigen Schritte. Dann konnte mich nichts mehr halten, ich wollte raus, meinen Freunden wenigstens beim Fußball zusehen.

Sie rannten über die Straße, und ich schlich hinterher.

Das Auto kam. Die Bremsen quietschten laut. Stoßstangenchrom küsste meine Wade kurz unterhalb des Knieverbands. Ich dachte nur noch: »Ah, ein Ford Taunus oder doch ein 12M? Ist das nicht dasselbe?« Dann ging das Licht aus.

Mir wurde erzählt, dass ich mit aufgerissenen Augen und offenem Mund stocksteif dastand, zur Säule erstarrt.

Papa trug mich nach oben.

Zwölf Stunden später wachte ich wieder auf und fuhr erschreckt hoch: »Bin ich tot?« Der feuchte Lappen auf meiner Stirn rutschte herunter.

Mama saß an meinem Bett und beruhigte mich: »Nein, nein, es ist nichts passiert, gar nichts!«

Leider irrte sie. Alles war passiert, zu viel für eine Kinderseele. Der Draufgänger war tot, es lebte der Feigling!

Ab sofort ging ich die Treppe Stufe für Stufe herunter, hielt mich dabei am Geländer fest und glaubte jedes Mal, gleich zu fallen. Nach meiner Einschulung wartete ich Tag für Tag an der Kreuzung, bis mich ein Erwachsener über die Straße führte. Den mit Mühe erklommenen Rodelberg verließ ich auf demselben Weg, der heraufführte, spürte die teils mitleidigen, teils verächtlichen Blicke der Kinder, die heiß darauf waren, sich mit ihren Schlitten den Hang herabzustürzen. Dann wurde mir auch noch das Freischwimmerzeugnis nur mit Sondergenehmigung ausgestellt, weil ich mich nicht traute, vom Einmeterbrett zu springen. Der Tiefpunkt kam, als die dicke Ilona vor mir in die Mannschaft auf dem Bolzplatz gewählt wurde. Der Kapitän verteidigte seine Entscheidung: »Der macht sowieso nichts, traut sich nicht an den Ball und steht nur doof rum!«

Er hatte Recht! Ich war dort nur noch Ballast und trottete mit hängendem Kopf nach Hause. Keiner traute mir mehr etwas zu, glaubte an mich! So ging das über zwei Jahre.

Immer wieder versuchte Papa, mich zu motivieren, und ließ sich nie etwas anmerken, wenn von mir ein »Ich kann nicht! Ich trau mich nicht!« kam. So sehr er bemüht war, sein Gesicht sprach Bände. Manchmal konnte es den Ausdruck der Enttäuschung nicht verbergen. Nur einmal ließ er es heraus.

Zum siebten Geburtstag hatte ich ein Fahrrad bekommen. Es sollte dabei helfen, meine Knie beweglich zu halten. Vehement wehrte ich jedoch jeden Versuch ab, die Stützräder zu entfernen. Als ich darum bat, mit dem Rad zur Schule fahren zu dürfen, konnte sich Papa nicht mehr zurückhalten: »Mein Sohn fährt nicht mit Stützrädern zur Schule!« Der Ausbruch tat ihm sofort leid, doch der Stich ins Herz saß tief. Er schämte sich für mich.

An einem Sonntag machte die Familie eine Radtour. Papa fuhr neben mich und zeigte auf mein Hinterrad. Die Stützräder standen hoch in der Luft. »Du brauchst sie nicht! Siehst du's?«

Er hatte sie vor Beginn der Fahrt ein wenig gelockert und Federringe unter die Muttern gesetzt. In jeder Kurve drückten sie sich ein kleines Stückchen nach oben, die Federringe verhinderten ein Herunterrutschen.

Ich hielt sofort an.

Papa stöhnte enttäuscht, bis die Sonne in seinem Gesicht erschien, als ich ihn bat: »Bau sie bitte ab, ganz ab!«

In Windeseile hatte er das Werkzeug aus der Satteltasche gezogen, und kurz darauf hielt ich die beiden Umfallverhinderer in den Händen. Ich lief zum nächsten Müllhaus. Die kleinen Räder verschwanden polternd in der Tonne.

Ich schnappte mein mädchenrotes Kinderrad, stieß mich ab und begann, gleich kräftig zu treten. Der Lenker schlackerte, die Angst stieg in mir hoch, drohte mich zu lähmen. Doch je schneller ich wurde, je kräftiger ich in die Pedale trat, umso leichter war es, geradeaus zu fahren.

Dann kam die Kurve! An die Stützräder gewöhnt, legte ich mich nach außen und – fiel in die Hecke. Mutter und Schwester schrien laut auf. Ein Handzeichen von mir, dass alles in Ordnung sei, und ich sauste die Strecke zurück.

Bei der nächsten Wende stürzte ich noch einmal, dann nie wieder. Die Familie machte es sich am Wegesrand bequem und beobachtete den Sohn, wie er auf und ab fuhr.

Als Papa am Abend mein Rad in den Keller brachte, brauchte es keine Worte. Seine Erleichterung war mit jedem Atemzug spürbar.

Von nun an verbrachte ich jede freie Minute auf dem Rad, suchte mir ein Karree, das ich immer schneller umrundete. Beim scharfen Betätigen der Rücktrittsbremse merkte ich, dass das Hinterrad ausbrach, je nach Gewichtsverlagerung nach rechts oder links. Das Gehwegpflaster und der verwehte Sand vom nahen Spielplatz machten mein Testoval zusätzlich rutschig. »Driften!«, schrie ich heraus.

Beim Anbremsen das Hinterrad zum Kurveninnern, Lenker rumreißen, ein paar scharfe Tritte schleudern das Rad zur Außenseite und am Scheitelpunkt wieder beschleunigen, so geht's. An Muttis mit Kinderwagen und Omas mit Stöcken flog ich mit einem kurzen »'tschuldigung!« vorbei. Die lieben Menschen lächelten dem kleinen, tieffliegenden Teufel hinterher.

Die Rasenfläche im Inneren war höher und durch Seitensteine abgegrenzt. Die Geschwindigkeit ausnutzend, riss ich das Kinderrad hoch, sprang von außen nach innen und wieder zurück.

Auf meiner Suche nach schwierigeren Stellen, sah ich, dass einer der Randsteine heruntergedrückt war. Dahinter stand eine Parkbank. Den schrägstehenden Stein könnte man als Rampe benutzen, um direkt auf die Bank zu springen, dachte ich. Kommt man zu weit raus, überschlägt sich das Rad mehrfach. Zu weit innen, und man prallt mit voller Wucht gegen die Lehne. Wenn du nicht genau mit der richtigen Geschwindigkeit anfährst, den passenden Winkel findest, brichst du dir alle Knochen. Sogleich tat mir in Gedanken alles weh, dann kam es mir in den Sinn: »Mut ist, seine Angst bezwingen zu können und den eigenen Fähigkeiten zu vertrauen!« Es war klar, dieser Stein, diese Bank, dieser Sprung waren mein Col de Turini! Doch die Angst war zu groß, das Vertrauen zu gering. Später, irgendwann, das versprach ich mir.

Eines Nachmittags kam Papa zu mir. »Ich muss dich um Verzeihung bitten!«, sagte er ein wenig kleinlaut. »Ich hielt dich für … Na ja. Die Nachbarn haben mir erzählt, was du so mit dem Fahrrad anstellst, und …«

»Darf ich's dir zeigen?«, unterbrach ich ihn. Ohne eine Antwort abzuwarten, holte ich seine Jacke und die Schuhe, lief in den Keller, trug das Rad nach oben und sprang schon einmal den Bordstein hoch und runter.

Papa folgte mir zu meiner Rennstrecke, und ich fuhr dort so waghalsig wie noch nie. Nach der dritten Runde rief er mir entgegen: »Das sieht ja aus wie beim Speedway! Hey, ich bin stolz auf dich!«

Ich bremste scharf. »Sag das noch mal!«

»Das sieht aus …«

»Nein, das andere!«

»Ich bin stolz auf dich?«

»Ja, genau das! Ich bin gleich wieder zurück!« Ich ließ ihn zurück und fuhr so schnell es ging los. Noch um zwei Ecken, dann kommt er, der Stein, die Bank, mein Col de Turini.

Ich flog, landete genau auf der Mitte der Bank, trat sogar noch einmal in die Pedale, riss vor Freude den Lenker in der Luft herum und kam sauber auf dem Rasen zum Stehen.

Beim Umschauen merkte ich, dass es niemand gesehen hatte.

Gut so! Dieser Sprung war nur für mich!

Der kleine Junge ließ das Rad einfach fallen und rannte seinem Vater entgegen. Beim dumpfen Auftreffen der Füße bohrten sich Messer in seine Knie. Egal, das war er gewohnt. Er schlang die Arme um des Vaters Bauch und rief überglücklich: »Danke, Papa!«

»Wofür?«, fragte dieser unsicher.

»Du hast die Stützräder gelockert, du hast an mich geglaubt, du hast mich über den Col de Turini gebracht!«

»Ok, wenn du das so siehst ... Über was hab ich dich gebracht?«

»Nicht wichtig!« Dann fügte der kleine Junge hinzu: »Später, irgendwann – vielleicht!«

*

Fünfzehn Jahre später: Nervös drückte er immer wieder das Gaspedal herunter, ließ die 240 PS unter der Haube dröhnen und den käfigverstärkten Rahmen vibrieren.

»Was los, Alter, Schiss?«, fragte sein Beifahrer.

»Bis Oberkante Unterlippe!«, gab der große Junge im Fahrersitz zu. »Sag, mal! Glaubst du an mich?«

»Ich vertraue dir wie keinem Zweiten auf der Welt! Meinst du, sonst würde ich hier sitzen?«

»Gut, einer reicht! Einer reicht immer!«, meinte der große Junge.

»Dann lass die Kuh fliegen!«, kam es von rechts.

Die Finger vor der Windschutzscheibe zählten von fünf herunter, dann: »Allez!«

»180, rechts 4, macht zu, innen lose ...«, ratterte der Beifahrer sein Gebetbuch herunter.

Auf diesem Pass in den französischen Seealpen hätte er dem großen Jungen auch das Sandmännchenlied vorsingen können, denn der kannte diese Straße wie einen alten Freund, hatte tausendmal von ihr geträumt und machte nun seinen Traum wahr.

Die Knie des großen Jungen schmerzten. Es war ihm egal, das taten sie jeden Tag, mal mehr, mal weniger. Das war auch nicht der Grund, warum es unter seinem Helm feucht wurde, die feuerfeste Haube kleine Tröpfchen aufsog, welche vor Glück aus den Augen flossen.

Als die sechs großen Scheinwerfer die Nacht durchschnitten, gönnte er sich noch einen lauten Gedanken: »Danke, Papa!«

Dann gab er sich hin. Er stach in die Dunkelheit. Vollgas! Er schoss den verschneiten Pass hinauf, blieb selbst auf den Geraden im Drift!

Der Jubel und die Fanfaren der Fans übertönten den dröhnenden Motor. Das Blitzlichtgewitter machte die Nacht zum Tage. Der große Junge war angekommen im Himmel am Col de Turini.

Die kleinen Momente

Es sind Momente, die das Glück beschreiben
Liebevolle Augenblicke, die die Angst vertreiben
Es ist ein Lächeln, das neue Kraft uns spendet
Ein sanfter Händedruck, der dem Schmerz die Macht entwendet

Es ist ein kurzes Nicken, das Gewissheit gibt
Ein leises und doch starkes »Ja«, das unsre Not besiegt
Ein zarter Windhauch, der die glühende Hitze kühlt
Eine schillernde Perle als Schatz an den Strand gespült

Es ist ein leichtes Flattern, das den Bauch erfüllt
Eine wohlige Wärme, die uns schützend umhüllt
Es ist eine liebende Mutter, die ein Schlaflied singt
Eine ruhige Melodie, die uns zum Träumen bringt

Es ist ein Schritt, der eine Reise startet
Kindliche Neugier, die das Abenteuer erwartet
Es ist ein Funke, der das Licht entzündet
Nur ein kleiner Moment, der ein neues Leben begründet

Das blaue Pferd

Torbjörn schlich aus dem Schlafzimmer seines Großvaters Heinrich. Mitten in der Geschichte, die der Junge ihm vorgelesen hatte, war Opa eingeschlafen.

Demente Leute seien so, hatte Torbjörns Mutter mit einem leicht genervten Unterton in der Stimme gesagt. Großvater war alt. Aber aus der Sicht des Vierzehnjährigen war er schon immer alt gewesen. Ob achtzig oder vierundneunzig, das spielte nicht wirklich eine Rolle. Doch jetzt war Opa alt und krank, lag nur noch in seinem Bett. Torbjörn und seine Mutter waren die einzigen, die er noch erkannte. Allerdings nannte er seine Tochter manchmal Mama. Und Torbjörn wurde immer öfter zu Walter, dem lange verstorbenen Bruder seines Opas.

Der Junge stand noch vor der Tür des Schlafzimmers, da hörte er den Großvater sprechen. Leise, aber verständlich beantwortete dieser einer Person, die nur er sehen konnte, Fragen nach dem blauen Pferd. Es war eine Geschichte, die Torbjörn selbst schon hunderte Male gehört hatte. »Wissen Sie, Herr Doktor, ich habe das blaue Pferd nicht. Es ist fort. Verschwunden. Keine Ahnung, wo es geblieben ist.«

Eine kurze Gesprächspause, als ob der Großvater jemandem zuhörte, dann seine Antwort, in einem weinerlichen Ton, wie von einem Kind: »Bitte, schlagen Sie mich nicht wieder! Ich habe dieses Pferd nicht! Es ist fort! Das habe ich doch schon gesagt! Au! Au!«

Torbjörn konnte nicht anders, er musste wieder hineingehen. Der Junge ertrug es nicht, den Großvater so zu erleben. Auch wenn es wieder und wieder geschah. Mama sagte, Opa befinde sich in einer Zeitschleife, die weit in der Vergangenheit zurücklag.

Er riss die Tür auf. »Opa! Ich bin es, Torbjörn. Ich suche dein Pferd, ja? Ich helfe dir und suche dein Pferd!«

Opa blickte fahrig von links nach rechts, er konnte nicht zuordnen, woher genau die neue Stimme kam. »Torbjörn? Bist du das?«

»Ja, Opa. Und ich werde dir helfen, das Pferd zu finden, damit der Doktor dich in Ruhe lässt!«

»Der Doktor? War er hier? Was hat er gesagt?«

»Er wollte das Pferd.«

Großvater lächelte. »Ich habe es nicht. Es ist fort. Das habe ich ihm gesagt.« Dann wurde sein Gesicht ganz faltig, er saß, doch jetzt sackte er zusammen, wurde ganz klein. »Ich hätte es gerne wieder. Es war so schön. Ich habe es sehr gemocht.«

»Würdest du es dem Doktor geben?« Torbjörn strich sich durch das rote Haar, er wusste selbst nicht, warum er diese Frage stellte.

»Nein, niemals. Das ist ganz allein mein Pferd. Und …, es fehlt mir so …« Jetzt begann Opa zu weinen.

Das konnte Torbjörn gar nicht ertragen. Sein Herz schlug schnell und er bekam einen Kloß im Hals, so groß, dass er kaum schlucken konnte. »Ich helfe dir, Großvater«, brachte er schwer heraus, und umarmte den alten Mann, der umständlich schniefte und seine Nase mit dem Ärmel abputzte.

»Wirklich?«

»Ja, klar. Wir finden dein blaues Pferd. Und jetzt musst du schlafen, Opa!«

Heinrich nickte und legte sich wieder hin. Torbjörn fiel auf, dass er sich krümmte, als müsse er sich vor etwas schützen, die Arme vor die Brust gelegt.

»Gute Nacht, Opa«, flüsterte er und schlich leise aus dem Zimmer.

*

Am nächsten Morgen saß Torbjörn am Frühstückstisch und ihm fielen fast die Augen zu. Seine Mutter machte missbilligende Geräusche, während Papa die Zeitung las und sich nebenbei einen Toast in den Mund schob. Endlich sah der Vater auf.

»Was ist denn, Erika? Habe ich wieder vergessen, die Spülmaschine auszuräumen?« Seine Ironie war kaum zu überhören.

»Nein«, erwiderte sie. »Sieh dir unseren Sohn an! Er schläft fast ein. Torbjörn, wie willst du in der Schule mithalten, wenn du solange bei Opa oben bist?«

»War ich gar nicht«, murmelte der Junge. »War am Rechner.«

»Noch schlimmer!« Jetzt drehte seine Mutter auf. »Wahrscheinlich hast du wieder durchgespielt, was? Mit deinen Freunden, dieses *World of Warcraft*?« Sie schüttelte ihren Kopf, ihr Gesicht war vor Wut fast so rot wie ihr Haar. Die Locken flogen nur so umher und ihre grünen Augen blitzten.

»Erika, lass den Jungen! Er ist gut in der Schule. Das zählt. Wenn er da mal eine Nacht durchzockt ... Und heute ist sowieso letzter Schultag! Wen stört es denn da?« Der Vater sah auf, erkannte, dass er zu weit gegangen war mit dieser Aussage, raffte seine Sachen zusammen und verschwand schnell aus der Tür.

Torbjörns Mutter atmete tief ein und aus. Mehrfach. Ihre Kiefer mahlten, aber anstatt jetzt ihren Sohn anzuschreien, begann sie, die Spülmaschine einzuräumen.

Torbjörn entging nicht, dass seine Mutter am Ende ihrer Kräfte war. Die Pflege des Großvaters nahm sie ganz in Anspruch.

»Mama, ich habe nicht gezockt. Ich habe im Internet gesucht. Nach dem blauen Pferd ...«

Sie drehte sich um und fauchte: »Ach, hör mir doch auf mit dem blauen Pferd von Großvater! Er hatte kein blaues Pferd. Das findet nur in seinen Gedanken statt. Demenz bringt einen nicht nur dazu, sich nicht zu erinnern, man erinnert sich auch verkehrt! Hör auf damit!«

»Aber ich habe etwas gefunden!« Stolz holte er sein Tablet und legte es vor sie auf den Tisch. »Schau, bei Ebay! Eine Figur, die ein blaues Pferd darstellt. Vielleicht ist sie es. Der Verkäufer behauptet, sie sei seit etwa achtzig Jahren in seiner Familie!«

»Ach was! Das glaube ich nicht. Warum auch? Das wäre ein erstaunlicher Zufall!«

Torbjörn gab nicht auf. »Mama, das Beste kommt noch! Die Figur ist hier in der Stadt zu verkaufen! Aus der Erbmasse eines Großvaters!«

»Das ist erstaunlich.« Die Mutter war wirklich überrascht. »Was soll die denn kosten?«

»Er möchte dreißig Euro dafür. Ich würde dafür mein Taschengeld hergeben.«

Da machte seine Mutter große Augen, winkte aber gleichzeitig ab. »Nein, das übernehme ich. Aber bitte, steigere dich da nicht zu sehr hinein, denn ich glaube, dass Großvater nie ein blaues Pferd hatte.«

»Danke, Mama!« Torbjörn umarmte sie stürmisch. »Aber jetzt muss ich los.« Er grinste, während er seine Schultasche nahm. »Bis nachher.«

Erika lächelte leise in sich hinein. Er war ein guter Junge. Dann bereitete sie das Frühstück für Großvater Heinrich zu.

Torbjörn kam am Nachmittag wie ein Wirbelwind durch die Tür gefegt. »Mama, ich bin da!«

Seine Mutter eilte gerade die Treppe herunter und zischte: »Nicht so laut, der Großvater ist gerade eingeschlafen!« Aber sie konnte ein Lächeln nicht verbergen, wusste sie doch, wie wichtig ihrem Sohn diese Sache mit Großvater war. »Zeig mir erst einmal dein Zeugnis, mein Sohn!« Sie hob spielerisch streng den Finger. »Und wehe dir, es sind nur Dreien!« Doch sie lächelte.

Der Junge salutierte zum Spaß, dann reichte er seiner Mutter das Papier. »Es ist super, sagt die Lehrerin. Ich habe sogar eine Zwei in Religion!«

Erika sah es sich genau an, nickte und strich ihrem Sohn über das Haar. »Ich bin stolz auf dich. Da werden wir uns etwas Besonderes ausdenken, um das zu feiern, was?«

»Ach nein«, winkte Torbjörn ab, »aber hast du schon bei dem Ebay Verkäufer angerufen?«

»Ja, habe ich. Wenn der Papa von der Arbeit nach Hause kommt, können wir gleich hinfahren und die Figur abholen. Wer weiß, was Opa dazu sagen wird?«

»Vielleicht ist es ja wirklich seine Figur?« Torbjörn hoffte das so sehr, damit der Opa endlich Frieden fände.

»Wir schauen mal. Aber ich kann dir nichts versprechen, Torbjörn. Jetzt musst du erstmal etwas essen. Der Opa schläft, du kannst nachher hoch.«

Nach dem Essen half der Junge seiner Mutter beim Abwasch und hüpfte dann die Treppe hinauf, wie das nur ein Vierzehnjähriger kann. Leise öffnete er die Tür und fand den Opa auf dem Boden liegend. Torbjörn rief die Mutter herauf, damit sie den Großvater wieder in sein Bett legen konnten.

Er war ganz ausgekühlt und total durcheinander.

»Walter, du musst das Pferd verstecken! Der Doktor war da und wollte es haben!« Er packte mit einer ungeahnten Kraft nach Torbjörns Ärmel. »Und sag um Gottes Willen nichts zu Mutter! Wir werden alle abgeholt!«

»Opa, ich bin es, Torbjörn! Und die Mama ist auch hier! Niemand wird dich holen. Bitte, komm doch wieder zu uns zurück!«

Großvater brabbelte unverständliches Zeug, man verstand nur wenige Worte: Doktor, Pferd, Walter.

Torbjörns Augen füllten sich mit Tränen. Er konnte es nicht ertragen, seinen Opa so zu sehen.

Erika sah das und schickte ihn nach unten. »Hol dem Opa etwas zu trinken, Junge! Er braucht seine Tabletten.« Als ihr Sohn aus dem Zimmer war, packte sie ihren Vater in die Decken ein und streichelte seine Wange. »Ach, Papa! Wenn ich doch nur mehr tun könnte …« Dann holte sie die Beruhigungstabletten aus dem Nachttisch, die der Arzt beim letzten Mal dagelassen hatte.

Am Abend, als der Vater nach Hause kam, herrschte gedrückte Stimmung. Opa schlief, das Beruhigungsmittel schlug an.

Torbjörn las ein Buch oder tat zumindest so. Als er aber den Vater hörte, sprang er auf. »Mama, können wir jetzt los?«

»Moment, mein Sohn«, sein Vater fing Torbjörn ab, »ich will erstmal dein Zeugnis sehen! Danach kannst du machen, was du willst!« Der Junge holte sein Zeugnis, und Vater sah es sich genau an. Er machte sich einen Spaß daraus, seinen Sohn zappeln zu lassen, bevor er nickte, er wusste, dass Torbjörn und seine Mutter noch etwas vorhatten. »Ab mit euch! Holt das blaue Pferd vom Opa nach Hause!«

Als die beiden nach einer Stunde zurückkehrten, rannte Torbjörn sofort mit einem Paket die Treppe hinauf, während seine Eltern sich unterhielten.

»Und?« Peter, Torbjörns Vater, zog die Augenbrauen hoch.

»Nun ja, es ist eine äußerst hässliche Figur, die ein blaues Pferd darstellt. Und der Besitzer sagt, sie hat seinem Großvater gehört. Dieser hat sie im Krieg gegen ein Pfund Butter eingetauscht. Und seitdem stand die Figur bei dem alten Herrn.« Sie zuckte die Schultern. »Ich glaube nicht, dass es Großvaters Pferd ist. Aber der Junge ist so sensibel. Heute Nachmittag war es schlimm. Beinahe hätte er geweint.«

Ein lautes Scheppern ertönte.

»Ich glaube, dein Vater ist wach, Erika«, keuchte Peter, als sie die Treppe hinaufliefen.

Torbjörn stand mitten im Raum, und Heinrich schrie ihn an: »Das ist nicht mein Pferd! Du willst mir das andrehen, damit ich dir das andere gebe! Niemals! Nur Walter weiß, wo es ist! Du bist der Doktor, und ich sage dir nichts!«

Die Statue lag zerbrochen in einer Ecke und Torbjörn weinte. »Sie ist es nicht!« Er sah seine Mutter an, der es fast das Herz brach, ihren Sohn so zu sehen. Doch jetzt musste sie ihren Vater beruhigen, der aufrecht in seinem Bett saß und vor Zorn zitterte. »Papa, du bist hier. bei uns. Bitte komm zurück. Der Doktor ist nicht da. Er ist fort!«

Ganz langsam, vielleicht auch, weil Torbjörn trotz seiner Tränen zu ihm ging und seine Hand nahm, kehrte Großvater zurück in diese Welt. »Er ist weg? Gut!« Doch dann zitterte er erneut: »Er geht jetzt zu Walter und versucht ihn zu erpressen! Mein Pferd! Er soll es nicht bekommen!«

»Opa, Walter ist doch schon lange gestorben. Er ist während des Krieges …« Weiter kam der Junge nicht, denn Peter gestikulierte wild, um ihn zum Schweigen zu bringen. Doch es war zu spät.

»Walter! Die Bomben! Wir müssen in den Bunker! Schnell!« Opa war wieder in seiner Vergangenheit, und jetzt war es unmöglich, ihn da hinauszuholen. Er durchlebte die schlimmsten Momente erneut.

Peter nahm Torbjörn am Arm und führte ihn aus dem Zimmer, auch wenn der Junge sich wehrte. »Opa!«

Mama schloss die Tür hinter ihnen. »Vater, du musst jetzt deine Medikamente nehmen. Komm, ich gebe dir die Tabletten.« Sie sprach mit einer sanften Stimme, und langsam beruhigte sich der alte Mann, er nickte, Tränen strömten über sein Gesicht, doch er schluckte herunter, was sie ihm gab. Erika seufzte. Manchmal war es nicht leicht.

Unten im Wohnzimmer versuchte Peter, seinem Sohn die Lage zu erklären.

Torbjörn winkte ab. »Papa, ich weiß das alles. Aber wie bekommen wir das Pferd zurück? Nur Walter wusste, wo es ist. Was wissen wir über Walter?«

Sein Vater zuckte die Schultern, war jedoch beeindruckt, dass Torbjörn dem Großvater so sehr helfen wollte. »Warum steigerst du dich da so hinein? Wir werden dieses Pferd niemals finden. Es ist weg, oder es gab es nie. Damit müssen wir leben. Großvater wird bald nicht mehr wissen, dass er es jemals besessen hat.«

»Aber ich weiß es. Und er soll es wiederhaben, bevor er alles vergisst. Ich will es finden. Für ihn. Das ist wichtig!«

»Na gut. Dann fragen wir gleich Mama, wenn sie herunter kommt.«

Die beiden hatten ein paar Schnittchen gemacht, und nun saßen alle drei im Wohnzimmer. »Mama, was genau ist mit Walter passiert?

Ich weiß, er ist gestorben, aber woran? Und was wissen wir sonst noch?«

Erika zuckte mit den Schultern. »Torbjörn, ich weiß es nicht. Bei uns wurde nie viel über Walter geredet. Er starb im Krieg. Vermutlich hat er einen Granatensplitter abbekommen. So haben wir uns das zusammengereimt. Er war zwei Jahre älter als Großvater. Mehr weiß ich nicht.«

Man konnte dem Jungen seine Enttäuschung ansehen. »Und wo haben sie früher gewohnt? Hier?«

Mama nickte. »Das Haus war früher viel kleiner. Im Laufe der Jahre haben Mama und Papa viel an- und umgebaut. Da gab es noch ein altes Backhaus, wie es früher viele Leute hatten. Das ist der alte Schuppen, wo wir die Gartengeräte lagern. Der ganze Garten ist mindestens zweimal komplett umgegraben worden, bis tief in den Boden hinein. Erinnerst du dich, vor fünf Jahren, als wir den Gartendesigner hier hatten?«

Torbjörn nickte, und sein Vater lachte auf. »Ja, der Typ, dem wir zwanzigtausend Euro in den Rachen gestopft haben, damit er ein paar Büsche pflanzt, die dann im Winter eingegangen sind!« Papa pustete die Backen auf und brummelte dann in einem dunklen Tonfall: »Wissen Sie, wir sind doch Freunde, oder? Diese Büsche hier müssen weg!« Die sind so alt und holzig, teilweise innen hohl gewachsen, das ist total aus der Mode!«

Alle mussten lachen.

Doch damals hatte sich Mama durchgesetzt. Die Rhododendron Büsche mussten bleiben. Torbjörn hatte eine Höhle inmitten dieses Busches, wo er sich im Sommer gerne aufhielt und las.

»Kann es sein, dass Opa etwas anderes meint? Keine Figur, sondern ein Lied, oder etwas anderes? Ein Spielzeug? Ich kann ja noch mal googeln ...« Torbjörn sprang auf und holte das Tablet. Einige wenige Klicks – seine Eltern staunten immer wieder darüber, wie gut ihr Sohn mit dem Computer umgehen konnte – und ein Lied tönte durch das Zimmer. Es war *Mi Unicornio azul* von Silvio Rodriguez. »Hört mal«, meinte er, »sowas vielleicht?«

Peter schüttelte den Kopf. »Nein, Torbjörn. Das Lied kenne ich. Es ist aus den sechziger Jahren, da hatte Großvater sein Pferd schon lange nicht mehr. Wenn es ein blaues Pferd gab, dann muss es etwas gewesen sein, was man anfassen kann. Schließlich kann man dem Opa ja kein Lied stehlen.«

Der Junge nickte, er wirkte kurz enttäuscht, doch dann hellten sich seine Züge wieder auf. »Und ein Spielzeug? Kann das sein?«

Seine Mutter zuckte mit den Schultern. »Klar, möglich wäre es. Spielzeug, welches vor dem zweiten Weltkrieg hergestellt wurde - das wird nicht leicht. Autos bekommt man bestimmt noch, aber blaue Pferde?«

Peter nahm sich das Tablet herüber. »Ich suche mal.«

Als er anfing, umständlich etwas einzutippen, nahm ihm Torbjörn das Gerät aus der Hand. »Gib her, Papa, ich bin doch viel schneller!«

Erika sah ihre beiden Männer und freute sich darüber, dass sie sich so gut verstanden. Dann sah sie auf die Uhr, es war Zeit, sich um Großvater zu kümmern. Sie nahm ein Tablett, bestückte es mit einem Glas Milch und Keksen und ging die Treppen hinauf zu seinem Zimmer. Heinrich schlief. Ganz ruhig lag er da, sodass sie fast Angst bekam, er würde nicht atmen. Erika stellte das Tablett ab und berührte Heinrich leicht am Arm. Nur um sich selbst zu vergewissern, fühlte sie nach seinem Puls, es war alles in Ordnung.

***

Heute war der erste Ferientag! Torbjörn sprang aus seinem Bett und sah aus dem Fenster. Der Sommer war schöner als noch letzte Woche, und es lagen sechs wunderbare Wochen vor ihm. Fröhlich pfeifend hüpfte er die Stufen hinunter und sah gerade noch, wie die Mutter die Tür hinter dem Hausarzt schloss. »Mama! Ist alles in Ordnung mit Opa?«

Erika nickte. »Ja, Junge, es war eine Routineuntersuchung. Komm erstmal frühstücken, dann darfst du hinauf!« Maulend fügte

Torbjörn sich, wäre er doch am liebsten gleich zum Großvater hochgelaufen.

Erika gab ihm sein Müsli. »Du hast doch Ferien! Triffst du dich mit Freunden oder hast du heute sonst etwas vor?«

Torbjörn schüttelte den Kopf. »Sie sind alle im Urlaub oder im Ferienlager. Aber ich will lieber Opa helfen!«

Erika wunderte sich darüber nicht. Ihr Junge hatte schon immer eine sehr intensive Beziehung zu Heinrich gehabt.

»Guten Morgen Opa! Wie geht es dir heute?« Torbjörn gab ihm die Hand, das machten sie schon sehr lange so, denn Heinrich war so zerbrechlich geworden, dass der Junge Angst hatte, ihm weh zu tun. Der alte Mann war heute ganz wie früher, stellte Torbjörn fest, er wirkte gar nicht krank.

»Danke, mein Junge, mir geht es heute gut. Sag, wie ist das Wetter draußen? Durch das Fenster sieht es warm aus.«

»Es ist herrlich. Die Sonne scheint und es ist ganz warm, ohne Wind. Soll ich Mama fragen, ob wir dich nach unten in den Garten bringen können? Ein wenig Sonne täte dir auch gut!«

Heinrich nickte. »Wenn es nicht zu viele Umstände macht, würde ich gerne mal wieder in den Garten gehen.«

»Warte, ich hole Mama. Wir schaffen das schon!« Torbjörn stand schon in der Tür, als ihm etwas einfiel. »Ich freue mich!« Dann war er fort. Der Großvater lächelte.

Innerhalb kürzester Zeit hatte Torbjörn seine Mutter überreden können, den Großvater in den Garten zu bringen. Zuerst war sie skeptisch, doch sie konnte dem Jungen einfach nichts abschlagen, und für ihren Vater wäre es bestimmt sehr schön. So brachten sie es zusammen fertig, den Opa aus dem Bett zu bekommen, warm anzuziehen und die Treppe hinunterzuführen. Der Sommer zeigte sich von seiner besten Seite, es war windstill, sodass man nicht um Großvaters labile Gesundheit fürchten musste.

Eingepackt saß er nun da, in einem Gartenstuhl, und genoss die Sonne im Gesicht. Torbjörn spielte um ihn herum, und Erika versuchte, den Garten von Unkraut zu befreien. Sie hörte immer wieder, wie ihr Sohn und ihr Vater sich unterhielten, der alte Mann hatte einen außergewöhnlich guten Tag. Er erkannte seinen Enkel, fragte ihn nach der Schule, nach seinen Hobbies, und als Torbjörn ihm auf seinem Tablet das Musikvideo zeigte, welches sie neulich gesehen hatten, zeigte er sich sehr begeistert.

»Eine schöne Musik hast du da, mein Junge. Ich verstehe zwar nicht, was gesungen wird, aber es ist eine wunderbare Musik.«

Torbjörn freute sich. »Der Mann singt von einem blauen Einhorn, welches nicht mehr da ist. Er hat es verloren und nun ist es fort.«

Großvaters Gesicht verdunkelte sich. »Na sowas. Das ist ja fast wie mein blaues Pferd. Und? Hat er es wieder bekommen?«

Sein Enkel schüttelte den Kopf. »Ich glaube nicht. Das Lied endet einfach damit, dass der Mann es sucht.«

Opa nickte. »Ich würde das ja auch tun, aber ich bin zu alt. Und ich kann nicht mehr suchen.« Dann schloss er die Augen, als wolle er sich ausruhen. Torbjörn beschäftigte sich mit seiner Wasserpistole, und Erika hängte mittlerweile Wäsche auf. Beide achteten sie eine Weile nicht auf den alten Herrn, der sich langsam aus dem Stuhl erhob und zu dem Rhododendron Busch hinüberging. Langsam, vorsichtig, als würde er beobachtet. Das Gebüsch war tiefgrün, einige späte Blüten strahlten heraus. Heinrich schaute sich mehrmals um, bevor er sich auf die Knie niederließ und versuchte, in den Busch zu kriechen.

Erika sah herüber und fand den Stuhl leer, ließ die Wäsche fallen und gab einen kurzen Schrei von sich.

Auch Torbjörn hatte mittlerweile festgestellt, dass etwas nicht stimmte. »Opa?«

»Vater? Wo bist du?« Beide machten sich auf die Suche und erkannten gerade noch die schwarzen Hausschuhe des Großvaters, der sich in das Loch im Rhododendron gequält hatte.

Seine dumpfe Stimme klang heraus. »Ihr werdet mein Pferd nicht bekommen! Wir haben es gut versteckt! Nur Walter weiß, wo es ist!«

»Aber das wissen wir doch, Vater! Komm da heraus, bitte! Wir wollen einen Tee trinken!« Erika war das erste Mal seit langer Zeit ein wenig überfordert.

»Lass mich es versuchen!«, bat Torbjörn und kroch, ohne eine Antwort abzuwarten, in das Gebüsch.

Erika war sich nicht sicher: Sollte sie warten, oder den Jungen machen lassen? Sie atmete tief ein und aus und beschloss nach einigen Sekunden, in das Haus zu gehen, um Tee zu machen. Ihr Sohn würde sie rufen, wenn etwas wäre.

»Opa? Ist alles gut?«

»Walter! Da bist du ja! Du musst mir sagen, wo das Pferd ist. Ich bin jetzt alt und ich hätte es so gerne noch einmal gesehen.«

Der Junge seufzte. »Ich weiß doch nicht, wo es ist.«

»Aber du hast es doch versteckt! Warum weißt du das denn nicht?« Opas Augen waren glasig, fiebrig. In der winzigen Höhle rückte er noch näher an Torbjörn heran und sein flüsternder Tonfall wurde eindringlich. »Du kannst es mir sagen. Der Doktor ist nicht da. Er wird es nicht erfahren!« Torbjörn wusste nicht recht, was er machen sollte. Der alte Mann redete weiter. »Ich würde das Pferd so gerne meinem Enkel zeigen. Er versucht alles, um mir zu helfen. Aber nur du weißt, wo es ist. Hast du denn keine Karte gezeichnet? So, wie wir es immer gemacht haben?« Er begann, im Boden zu graben. »Hier haben wir doch immer unsere Schätze versteckt!« Seine Bewegungen wurden schneller, aber die Hände wollten nicht mehr so wie früher, und deshalb half Torbjörn ohne ein weiteres Wort mit. Nach einer Weile stieß der Junge auf etwas Festes, und Heinrich, der es ebenfalls spürte, lachte auf. »Walter, da ist sie! Unsere Kiste!«

Der Junge staunte. Seit er laufen konnte, hatte er immer in dieser Höhle gespielt, und niemals darüber nachgedacht, ob hier etwas vergraben sein könnte. Nun war er genauso aufgeregt wie sein Großvater, und gemeinsam holten sie aus dem sehr tiefen Loch eine Metallkiste heraus. Sie war alt und rostig, man konnte die alte Lackierung mehr ahnen als sehen. Heinrich nahm sie, stellte sie in die Mitte und betrachtete sie eine Weile. »Schau, da ist sie! Aber irgendetwas ist damit passiert. Sie sieht komisch aus.« Die Kiste war ungefähr so groß wie ein Blatt aus Torbjörns Schulheft, und eine Handbreit hoch.

»Sah sie sonst anders aus?« Torbjörn sah seinen Opa an.

Der nickte. »Ja, sie war bunt. Dass eine Kiste so schnell verrotten kann?«

»Wollen wir hineinsehen?« In dem Jungen war die Neugier geweckt.

Heinrich nickte und öffnete langsam die Kiste. Darin befand sich eine große grüne Glasscherbe, ein gelber Stofffetzen in Sternform, einige leere Patronenhülsen und drei kleine, gefaltete Zettel. Großvater griff zuerst nach der Scherbe. »Die gehörte meinem Vater. Er hatte einen Glaskrug, der mir hinuntergefallen ist. Ich habe alles eingesammelt und ihm nie etwas verraten. Sonst hätte er mich verhauen.«

»Echt?« Der Junge staunte.

»Klar. Ich habe dauernd Schläge bekommen. Du doch auch, Walter!« Nun nahm er die Papierchen und faltete sie auseinander. »Sieh nur, die Adresse von Rebecca. Die mochtest du sehr, oder Walter? Den Stern hier hast du von ihrer Jacke geschnitten, mit deinem Taschenmesser, sie braucht ihn nicht mehr, hat sie gesagt.«

Torbjörn grinste. Er hatte noch keine Freundin, aber diese ganzen Peinlichkeiten waren ihm von seinen Freunden bekannt.

»Und das andere?«, versuchte er den Großvater abzulenken.

»Hier, schau selbst!«, der alte Mann gab ihm das Papier, und Torbjörn faltete es auseinander. Einige Strichlinien, einige Zahlen, er konnte damit nichts anfangen.

»Was ist das, Groß…« Ihm fiel ein, dass er ja gerade Walter war und sprach weiter: »Heinrich. Was bedeutet das?«

Großvater dachte nach. Er legte den Kopf schief. »Ich kann es nicht erkennen. Es ist zu dunkel.«

»Wollen wir hinausgehen? Ich erkunde, ob keiner da ist, und dann schauen wir draußen, ok?«

Der alte Mann nickte. Torbjörn krabbelte also rücklings wieder aus der Höhle heraus und der Großvater, alt und zerbrechlich wie er war, folgte ihm. Sie versteckten sich hinter dem Busch, damit sie niemand überraschen konnte, und starrten erneut auf den Zettel. Der Junge kam sich langsam vor wie in einem Krimi.

»Und? Heinrich, kannst du es lesen?«

Opa schüttelte den Kopf. »Nein. Es ist zu klein geschrieben. Hier, schau du mal!«

Auch Torbjörn hatte Mühe beim Entziffern. Er vermutete, dass die Schrift schon an die achtzig Jahre alt sein müsse. Und es war mit Bleistift geschrieben. Eine dünne Linie führte von einem Kreis mit einem Kreuz bis zu einem anderen Kreuz in einem Viereck. Dazwischen lagen mehrere andere geometrische Zeichen mit Kreuzen, die aber keinen Sinn ergaben. »Kann das eine Karte sein?« Torbjörn sah Großvater an.

Der zuckte die Schultern. »Ich weiß es nicht. Du hast sie doch gezeichnet!«

»Ok. Sehen wir doch erstmal nach, was auf dem dritten Zettel steht.« Der Junge faltete das dritte Blatt auseinander und staunte. Es handelte sich um ein offizielles Schriftstück, unterschrieben von einem Doktor Hagemann, das den Großvater, seinen Bruder Walter und deren Eltern zu einem Polizeirevier befahl, um den Verbleib von Diebesgut aus einem Zug zu klären. »Das müssen wir Mama zeigen!« Torbjörn nahm den Großvater, der mittlerweile sichtlich ermüdet war, an die Hand und ging mit ihm zurück auf die Terrasse, wo seine Mutter schon mit dem Tee wartete.

Opa ließ sich mitführen. Sein Elan war erloschen, genauso schnell wie er gekommen war.

Torbjörn half dem alten Mann, sich zu setzen, dann erklärte er seiner Mutter, was sie gefunden hatten. »Opa hat einen Brief in einer Schachtel aufgehoben, der ihn, seinen Bruder und die Eltern zur Polizei bestellt«, schloss er seine Erzählung.

Erika hatte Tee eingeschenkt und den Kuchen verteilt, so war Großvater beschäftigt, während Torbjörn und seine Mutter sich unterhielten. Immer wieder versuchten sie, den Großvater einzubeziehen, aber der alte Mann war müde. Schließlich ließ er die Gabel sinken, lehnte sich zurück und schloss die Augen. Erika dachte nach. »Diebesgut aus einem Zug. Das klingt irgendwie seltsam. Und ein Doktor bestellt sie zum Polizeirevier. Ob das der Doktor ist, von dem Vater immer spricht? Und sollten mein Vater und Walter etwas gestohlen haben? Das kann ich mir gar nicht vorstellen!«

Ihr Sohn nickte. »Das blaue Pferd? Haben sie das blaue Pferd gestohlen und irgendwo versteckt? Kannst du diese Karte lesen?«

Sie sah noch einmal auf die beiden Zettel. »Die Linien sehen tatsächlich aus wie eine Schatzkarte. Solche, wie die Piraten sie früher hatten, in den Büchern. Aber ich verstehe nicht, wo sie anfangen und wo sie enden sollen. Wollen wir warten, bis dein Vater kommt, und ihn dann fragen?« Sie erkannte die Enttäuschung, die über das Gesicht Torbjörns zog, und entschied sich anders. »Ok, machen wir es so: Wir bringen jetzt den Großvater in sein Zimmer, er schläft ja schon im Sitzen, und dann machen wir uns auf die Suche. Besser?«

Der Junge strahlte.

Gemeinsam weckten sie den Großvater und brachten ihn in das Haus, die Treppen hinauf in sein Zimmer, wo Erika ihn gut zudeckte und ihm seine Medikamente gab. Als er nach einer Weile eingeschlafen war, gingen sie gemeinsam hinunter und stellten sich in den Garten.

»Es hat sich so vieles verändert«, sagte Erika schließlich. »Ich bin mir nicht sicher, ob es diese Plätze überhaupt noch gibt. Wenn das hier eine Karte dieses Gartens sein soll, was ich mal annehme, aber wie gesagt – es ist Spekulation – dann waren hier früher Bäume und Sträucher. Wie schon gesagt, es ist vieles umgepflügt worden, da hätten wir bestimmt etwas gefunden.«

Torbjörn überlegte. »Das einzige, was nicht verändert wurde, ist also der Rhododendron, oder?«

Sie nickte. »Und der Schuppen. Aber den hat dein Vater erst vor einigen Jahren umgebaut, damit er wetterfest ist.«

»Darf ich?« Der Junge schaute sie bittend an.

»Klar, lauf! Aber bring nichts durcheinander! Du weißt, dein Vater hasst es, wenn das Werkzeug durcheinander liegt.«

Schon lief der Junge los. Nur Minuten später hörte Erika Geräusche wie das Klopfen gegen Holzwände; ihr Sohn suchte nach Hohlräumen. Kopfschüttelnd ging Erika hinein, um nach ihrem Vater zu sehen.

Torbjörn war vom Jagdfieber gepackt. Erst einmal wurde jede Wand abgeklopft, und als er nichts fand, stand er in der Mitte des Raumes und ließ seinen Blick umherschweifen. Alles war umgebaut worden. Er dachte nach, was sein Lieblingsdetektiv Sherlock Holmes jetzt tun würde. Im Inneren des alten Häuschens hatte sein Vater alles umgebaut. Also blieben nur der Boden und die Außenwände. Torbjörn ging hinaus in das Sonnenlicht und sah sich dort jede einzelne Wand an. Kein verborgenes Fach, keine losen Steine, nichts. Torbjörn ging wieder hinein.

»Sohnemann! Vater ist da, und das Essen ist fertig!« Erika rief, einmal, zweimal. Das war sie von ihrem Jungen nicht gewohnt, meist war er einer der ersten am Tisch.

Peter saß schon an seinem Platz. »Meinst du, er gräbt irgendwo herum?« Er grinste. Natürlich hatte sie ihm von der Kiste erzählt, von den Papieren und allem. Aber auch Peter konnte nur mit den Schultern zucken. »Ich weiß von gar nichts. Das wäre mir beim Umbau bestimmt aufgefallen.«

Erika rief noch einmal. »Wenn du nicht bald kommst, wird der Nudelauflauf kalt!« Das zog eigentlich immer.

Und da kam Torbjörn auch schon angerannt. »Papa! Gut, dass du da bist! Hilfst du mir gleich?«

Peter nickte. »Na klar. Aber erst wollen wir essen, nachdem du dich gewaschen hast. Du siehst ja aus wie ein Schwein!«

Nach dem Essen gingen beide hinaus, um noch einmal nach verborgenen Löchern oder Spalten zu suchen, doch die Wände erwiesen sich als alt, aber stabil.

»Mein Junge, ich will dich nicht enttäuschen, aber hier ist rein ...«, Peter schrie auf. Er hatte sich in die Büsche geschlagen, die dicht an der Mauer wuchsen, und plötzlich schien er nur noch halb so groß zu sein wie vorher. Torbjörn lachte. Es sah zu komisch aus, wie sein Vater da stand.

»Lach nicht! Hilf mir lieber wieder hinaus!« Doch dann musste Peter auch lachen. Als er versuchte, sich selbst aus dem Loch zu befreien, in dem er stand, kam Torbjörn schon, um ihm zu helfen.

»Worin stehst du da, Papa?«

»Ich bin nicht sicher. In einem gemauerten Loch. Ein Brunnenloch vielleicht.« Peter stampfte vorsichtig mit einem Fuß auf, und es klang hohl. »Es scheint ein Deckel zu sein. Aus Holz. Warte, ich komme da heraus und wir schauen mal nach.«

Gemeinsam hockten sie nun mitten in den Büschen und hoben den Holzdeckel aus seinem gemauerten Bett, nachdem sie Erde und Unkraut entfernt hatten.

»Das hat der Gärtner damals wohl irgendwie übersehen«, grinste Torbjörn mit seinem dreckverklebten Gesicht. Endlich hatten sie es geschafft, und der Deckel hob sich. Darunter war ein etwa ein Meter tiefes Loch, dessen Boden man sehen konnte. Und dort stand, in Wachspapier verpackt, ein rechteckiges Ding. Torbjörn schrie auf. »Was ist es, Papa? Hol es heraus!«

Der Vater beugte sich vor und musste sich sehr strecken, bis er das Paket erreichen konnte. »Nach einem Pferd sieht das aber mal nicht aus«, murmelte er.

Sie trugen ihre Beute gemeinsam auf die Terrasse, um sie vorsichtig auszupacken. Vorher holte Torbjörn noch die Mutter, damit sie es gemeinsam erleben konnten, und zu dritt öffneten sie das Paket. Das Ölpapier umhüllte in mehreren Schichten ein Bild, das sie alle drei zum Staunen brachte. Es war ein recht schlichter Rahmen, aber das Bild selber stellte Pferde da. Blaue Pferde. Es waren mehrere.

Peter sog die Luft durch die Zähne ein und holte das Tablet aus der Küche.

»Mama, es ist wunderschön!« Torbjörn hatte große Augen und seine Mutter nicht minder. »Peter, was hast du?«

»Gleich, Liebes!« Er betrachtete das Bild, sah auf den Bildschirm und wieder auf das Bild. Dann räusperte er sich.

Erika sah ihn an, betrachtete seine Gesicht, wie es jeden Ausdruck verlor. »Peter, was ist mit dir? Sprich!«

Er nahm seine Frau in den Arm und umfasste mit einer Hand Torbjörns Schulter. »Meine Lieben, wir haben hier vor uns einen der seltsamsten Zufälle seit dem Krieg. Das hier, Großvaters blaues Pferd, ist der *Turm der blauen Pferde*. Ein Bild von Franz Marc. Es verschwand gegen Ende des Krieges und gilt als verschollen.«

Sie alle drei starrten auf das Bild. Es war so wunderschön gemalt, dass sie eine Weile nichts sagen konnten.

»Und was machen wir jetzt?« Erika sah ihren Mann an.

Torbjörn lachte. »Na was schon? Wir geben Opa sein Pferd zurück!«

Erika und Peter sahen sich an.

»Ja, warum eigentlich nicht? Komm, Peter, bringen wir Vater sein Bild zurück!«

Und so gingen sie alle hinauf zu Großvater, um ihm sein lange gesuchtes Pferd zu bringen.

Das kleine Pflänzchen Hoffnung

In meinem Herzen wohlbewahrt
ein kleines Pflänzchen schlummert.
Es ist noch schwach und allzu zart,
verdaut es doch den Kummer.

Den Kummer und die Traurigkeit,
die mich schon lang begleiten.
Das kleine Pflänzchen ist bereit
ins Licht mich nun zu leiten.

Das Licht vertreibt die Dunkelheit.
Die Schatten müssen weichen.
Die Zukunft hat jetzt ihre Zeit,
sie setzt schon ihre Zeichen.

Die Zeichen weisen mir den Weg,
das Pflänzchen nun gedeiht.
Es täglich etwas größer wird,
denn ich bin nun bereit.

Und meine Seele atmet auf,
die Fessel nun zerreißt.
Und langsam komm auch ich darauf:
das Pflänzchen Hoffnung heißt.

Das dritte Chromosom

Verdammt nochmal!

Mit der Faust schlug Liz auf das Armaturenbrett des Wagens, der sie auf, *verdammt nochmal*, ihr Grundstück kutschierte. Nur unter Protest bildete der Pulk aus Demonstranten eine Gasse für sie und das Architektenteam.

»Hatte ich mich nicht deutlich ausgedrückt?«, schnauzte sie ihren Assistenten Torben an. »Keine Negativpresse!«

Durch den Rückspiegel beobachtete sie, wie er seine Hornbrille höher auf die Nase schob. »Doch Frau Wegner, Sie waren mehr als deutlich.«

Mit dem manikürten Finger deutete sie auf die wütenden Mienen der Demonstranten. »Sieht das nach positiven Schlagzeilen aus?«

Eine rhetorische Frage, denn wer würde positiv über eine Bauherrin berichten, die für ihren Gebäudekomplex ein Behindertenheim platt machte. Aber so war nun mal das Leben. Wenn sie das Grundstück nicht gekauft hätte, wäre es an den nächsten Interessenten gegangen. Und was hätte der getan? Richtig – seinen Traum von Architektur verwirklicht.

Plötzlich zog sich Liz Magen zusammen. *Nicht schon wieder.* Sie schaffte es gerade noch rechtzeitig das Fenster herunterzufahren, dann würgte sie die drei Bissen von ihrem Käsesandwich hervor.

»War das Ihr schlechtes Gewissen, das sich da gemeldet hat?«, rief eine Frau durch die bereits wieder hochfahrende Scheibe. In ihrer Hand hielt sie ein Plakat, auf dem Liz ein behindertes Kind mit dem traurigsten Dackelblick entgegenblickte, den es in seinem Repertoire hatte.

Kopfschüttelnd vergrub sie ihr Gesicht in ihren Händen. *Wie peinlich!* Sie konnte schon die Schlagzeilen lesen: *Liz Wegner kotzt Demonstranten auf die Schuhe.* Seit Wochen zwang sie diese Übelkeit in den unpassendsten Momenten zum Erbrechen.

»Frau Wegner, nehmen Sie den hier«, wisperte Torben und reckte ihr einen Kaugummi entgegen.

Wortlos nahm sie sein Angebot an, doch wenig später überrollte sie eine weitere Übelkeitswelle. Jeder normale Mensch wäre längst beim Arzt gewesen. Liz jedoch hatte in den letzten Wochen so viel telefoniert, in Gedanken konstruiert und danach wieder verworfen. Sie konnte sich nicht einmal erinnern, wann sie zuletzt mit ihrem Ehemann über etwas Privates gesprochen hatte.

Wenn der letzte Stein dieses Schrotthaufens plattgewalzt worden war, würde sie sich am Nachmittag ein halbes Stündchen freischaufeln, um sich von Dr. Weidenmüller gründlich untersuchen zu lassen.

Nasskalter Schweiß perlte von ihrer Stirn ab und ihr Sichtfeld verschwamm. *Oh nein!*

»Soll ich die Pläne mit den Bauarbeitern besprechen?« Torben schien richtig besorgt zu sein. »Sie sehen wirklich nicht besonders gut aus.«

Liz lehnte ihren brummenden Kopf gegen die B-Säule des Wagens. Gedämpft drangen die Forderungen der Passanten durch die Scheiben. *Stoppt den Bau! Stoppt den Bau!*

Bevor sie sich noch einmal die Blöße vor ihren Gegnern geben musste, sollte sie womöglich auf Torben hören. Die Anweisungen hatte sie ja unmissverständlich zu Papier gebracht. *Eigentlich kann er es nicht vermasseln!*

Sie krallte die rotlackierten Nägel in ihre Designerhandtasche. »In Ordnung…«

»Fahren sie Frau Wegner in die Willibaldstraße«, wies Torben den Chauffeur an. Kurz darauf fiel die Tür zu und die wütenden Demonstranten stürzten sich auf den jungen Bürohengst, wie Aasgeier auf einen Tierkadaver.

Torben, mental bin ich bei dir, dachte sie und schloss die Augen. Auf dem Weg zum Arzt driftete ihr Bewusstsein immer wieder ab, bis sie endlich das Metallschild der Allgemeinpraxis von Dr. Weidenmüller entdeckte.

Mit Knien, so weich wie gekochte Spagetti, kämpfte sie sich auf Sechs-Zentimeter-Absätzen die Stufen des Treppenhauses hinauf. Die wenigen Minuten, die Dr. Weidenmüller sie warten ließ, zogen sich wie der Kaugummi in ihrem Mund, der seinen Menthol Geschmack schon längst verloren hatte.

Gedanklich klapperte sie eine Krankheit nach der anderen nach ihren Symptomen ab. Sie erinnerte sich neulich von einer Noroviren Epidemie gelesen zu haben. Ungeduldig tippte sie mit den Fingern auf der Armlehne herum. Immerhin hatte das Übelkeitsgefühl seinen eisernen Griff ein wenig gelockert. So konnte sie zur Ruhe kommen.

Mit der gewohnten Sorgfältigkeit checkte der attraktive Arzt Liz gründlich durch. »Wenn es ein bakterieller Infekt ist, werden wir es anhand der Blutergebnisse erfahren«, erklärte er, während er ihre Armbeuge desinfizierte.

»Eine Infektion?« Sie packte seinen muskulösen Unterarm. »Ist das ihre Vermutung?« Vor ihrem inneren Auge erschien das Titelblatt der morgigen Tageszeitung: *Gefühlloses Miststück bekommt, was sie verdient.* Sie drängte den Gedanken weg. »Oder könnte es auch etwas anderes sein?«

Behutsam umfasste er ihre Hand und lockerte ihren Griff. »Ich will nur auf Nummer sicher gehen.«

Liz sog die Luft ein, als sich die Nadel in ihren Arm bohrte.

Einige Augenblicke später presste Dr. Weidenmüller einen Tupfer auf die Einstichstelle und legte das randvolle Röhrchen in die Zentrifuge. »Es muss nichts so Ernstes sein, aber sie sagten ja, diese Übelkeit hält schon mehrere Tage an und ein Virus ist selten so hartnäckig.«

Liz schnalzte mit der Zunge, denn schon zum dritten Mal in den letzten fünf Minuten schallte die Titelmelodie von *Sex and the City* aus ihrer Handtasche. »Wann bekomme ich die Ergebnisse?«

»Noch heute Nachmittag. Ich werde Sie anrufen.« Seine dunkelbraunen Augen wurden ganz ernst, als er sich für einen Moment zu ihr hinabbeugte. »Ich weiß, dass Sie wahnsinnig unter Druck stehen, aber bis dahin sollten Sie sich ausruhen.«

»Aber ...«

»Keine Widerrede und trinken Sie viel Wasser«, schnitt er ihr das Wort ab und schob sie aus dem Behandlungszimmer.

Glücklicherweise hielt sich das Schwächegefühl auf dem Weg nach Hause zurück. Kaum hatte sie sich von ihrem Fahrer verabschiedet, fuhr sie den Laptop hoch und arbeitete die Liste an unbeantworteten Emails ab, die ihr fettgedruckt entgegensprang. Zeitgleich klemmte sie sich das Telefon zwischen Schulter und Ohr. »Torben?«

»Ja, Frau Wegner?«

Wie immer, wenn sie telefonierte, wickelte sie die Schnur des Hörers um ihren Finger. »Wie ist es gelaufen?«

»Die Polizei hat das Grundstück geräumt und die Bulldozer erledigen den Rest. Hören Sie den Lärm?«

Motorgeräusche, gefolgt von einem lauten Knall, drangen durch den Hörer. Verheißungsvoll rieb sie sich die Hände. »Das klingt wie Musik in meinen Ohren, danke.«

Mehr brachte sie nicht heraus, denn da war sie wieder – die Übelkeit – und schlug mit ihrer Eisenfaust in ihre Magengrube. »Ich melde mich später bei Ihnen«, presste sie hervor und knallte den Hörer auf die Tischplatte. Mit letzter Kraft zog sie den Mülleimer zwischen ihre Beine und würgte nur noch Galle hervor.

Ihr Blick ging zur Uhr. *Wie soll ich die nächsten Stunden überstehen? Und gibt es ein wirksames Mittel dagegen?*

Sie beschloss nun doch Dr. Weidenmüllers Bitte zu folgen und sich auf die Couch zu legen. Schon wenige Minuten später ließ sie sich in die ausgebreiteten Arme des Schlafes sinken.

Plötzlich drang das Klingeln des Telefons durch die stumme Leichtigkeit, die sie umgab. Automatisch hetzte ihr Blick zur Uhr.

Scheiße, schon so spät! Sie sprang auf und rannte zum Schreibtisch.

»Ja!«

»Hallo Frau Wegner«, tönte die maskuline Stimme ihres Leibarztes durch den Hörer. »Hier ist Herr Dr. Weidenmüller, wegen ihren Blutergebnissen.«

Ihr Augenlid begann vor Aufregung zu zucken. »Und? Ist es sehr schlimm? Gibt es ein Medikament dagegen?«

Nach einer kurzen Pause antwortete er gedämpft. »Das muss ich beides mit nein beantworten.«

Die Hysterie in ihr schwoll an. Nur unter großer Anstrengung hielt sie sich im Zaum. »Wie darf ich das verstehen? Ich bin nicht in Stimmung für Rätsel. Was ist mit mir los?«

»Nein, es ist nichts Besorgniserregendes, und nein, dagegen gibt es kein Medikament.«

Von solch einer Krankheit hatte sie ja noch nie gehört. »Wann wird das Spektakel dann enden?«

»Im schlimmsten Fall flauen die Symptome in sieben bis acht Monaten, im besten Fall schon in drei bis vier Wochen ab.«

Bisher hatte sie Dr. Weidenmüller immer größtes Vertrauen entgegengebracht, aber im Moment hatte sie das Gefühl, er würde Scherze mit ihr treiben. »Ich verstehe nur Bahnhof.«

»Frau Wegner, Sie sind schwanger und das mit 43 Jahren. Nicht viele Frauen werden damit gesegnet.«

»Danke, Herr Dr. Weidenmüller.« Mit zittrigen Fingern legte sie den Hörer auf. *Schwanger? Das ist doch ein schlechter Scherz.*

Als würde ihr Körper ihr widersprechen wollen, jagte die nächste Übelkeitswelle durch ihren Magen, und als wäre das nicht genug, holte sie eine längst verdrängte Erinnerung aus der Vergangenheit ein.

Vor fünfzehn Jahren hatte sie alles dran gesetzt schwanger zu werden und auf dem Weg zum Wunschkind war ihre erste Ehe zerbrochen. Mit jedem Zyklus war der Druck gewachsen, der auf ihr lastete und den sie an ihren Exmann übertragen hatte. Sex gab es nur noch auf Abruf und mit jeder einsetzenden Periode brach für sie eine Welt zusammen. *Ich brauche Klarheit.*

Mechanisch hämmerte sie auf die Tastatur ein. Kurz darauf tutete es aus dem Hörer.

»Gynäkologische Praxis Dr. Schild, was kann ich für Sie tun?«

»Wegner hier, ich brauche sofort einen Termin.« Für den Austausch von Nettigkeiten hatte sie jetzt keine Zeit. Sie brauchte Gewissheit.

»Hallo, um was geht es denn?«, fragte die Sprechstundenhilfe im gewohnt genervten Ton.

»Ich möchte …« Kurz haderte sie. »… eine Schwangerschaft ausschließen. Also wann kann ich vorbeikommen?«

Das Klicken der Maus drang leise durch den Hörer. »Ich fürchte …« *Jetzt kommt die mir tatsächlich mit der Standardabspeisung.* Liz wurde bereits Zeugin eines ähnlich verlaufenden Telefonats und konnte sich das nicht bieten lassen. »Hören Sie, ich weiß, was Sie mir jetzt sagen möchten, aber ich bin Privatpatientin, also …«

Die Sprechstundenhilfe schnalzte mit ihrer Zunge. »In einer halben Stunde.«

»Geht doch! Auf Wiederhören.«

In der Praxis wurde der nüchterne Begriff Schwangerschaft zu etwas Greifbarem. Bei jedem Schritt musste sie aufpassen, nicht gegen einen der zahlreichen Kugelbäuche zu stoßen, die bedrohlich nah an ihr vorbei watschelten.

Nachdem sie Urin abgegeben hatte, wurde sie in ein leeres Behandlungszimmer gebracht und allein gelassen mit ihren widersprüchlichen Gefühlen. Die Vorstellung an ein Baby in ihrem Haus hatte sie schon am Tag ihrer Scheidung zusammen mit ihrer Ehe begraben. Ja, sie hatte sogar Orte, an denen sich vermehrt Kinder aufhielten, vermieden, um diesen Schmerz nicht noch einmal spüren zu müssen.

Und jetzt nach fünfzehn Jahren saß sie in einer Frauenarztpraxis, um eventuell doch mit dem hellblauen Heftchen herauszugehen.

Endlich hörte sie Schritte, die auf die Tür zusteuerten, und Dr. Schild betrat den afrikanisch angehauchten Behandlungsraum. »So Frau Wegner.« Beherzt packte er ihre schmale Hand und schüttelte sie. »Der Urinschnelltest hat ihre Vermutung bestätigt.«

Liz schluckte den Kloß in ihrem Hals herunter. *Ich bin wirklich schwanger.* Ihr Magen kribbelte vor Freude und ihr Blick klebte auf seinen geschwungenen Lippen.

Dr. Schild überflog ihre Patientenakte kurz und zeigte anschließend auf die Pritsche, neben der ein Ultraschallgerät stand. »Nun wollen wir uns den kleinen Racker mal ansehen.«

Ihr Herz schlug so stark gegen ihre Rippen, dass es schon schmerzte. Nicht einmal während der Verhandlungen zu ihrem Bauprojekt war sie so aufgeregt gewesen. Zaghaft entblößte sie ihren Bauch.

Ein großer Klecks des eiskalten Gels landete auf ihrer Haut. Dann setzte Dr. Schild den Ultraschallkopf auf ihren Unterbauch. Auf dem Schwarzweißmonitor konnte sie nichts erkennen, doch dann zeichnete der Arzt die Umrisse nach. »Sehen Sie, das ist das Köpfchen.«

Sie erkannte sogar das kleine Stupsnäschen.

Dr. Schild bewegte den Mauszeiger. »Ganz wichtig, das ist das Herz. Und wie Sie sehen, schlägt das wunderbar.«

Gebannt beobachtete sie das Pulsieren auf dem Monitor. Das ist tatsächlich ein kleiner Mensch, der da in ihr heranwuchs!

»Laut meinen Messungen müssten sie ziemlich genau in der zwölften Woche sein.« Als er nach einigen Messungen und Klicks nichts mehr sagte, löste sie ihren Blick vom Monitor. Seine Mundwinkel gingen nach unten und eine Sorgenfalte grub sich in seine Stirn.

»Stimmt etwas nicht?«

»Ich will Sie nicht voreilig beunruhigen, aber bezüglich ihres Alters und der Breite der Nackenfalte des Fötus, liegt der Verdacht bei Trisomie 21.«

Endlos hallten die letzten Worte des Arztes in ihrem Kopf nach. Nach dem winzigen Moment des Freudenrausches, in dem der Fluch der Unfruchtbarkeit von ihr gewichen war, folgte nun die Ernüchterung.

Ein Stich jagte durch ihre Brust, als sie an das Kind auf dem Plakat der Demonstrantin zurückdachte. Es hatte genau diese Behinderung. Warum durfte das einzige Kind, das sich dafür entschieden hatte, in ihrem Bauch heranzuwachsen, nicht gesund sein?

Liz sah, wie Dr. Schilds Mund sich öffnete und schloss, wie er mit den Händen gestikulierte. Aber kein Wort, das über seine Lippen kam, drang durch das Rauschen in ihren Ohren. Und selbst wenn sie ihn hören könnte, was könnten Mitleidsbekundungen an ihrer Situation ändern? Einst wäre ein eigenes Kind der größte Schatz für sie gewesen.

Und jetzt … Jetzt würde es zu ihrer Strafe werden, so nah an die Erfüllung ihres Lebenstraums zu kommen und ihn dann aus sich herausschneiden zu müssen. *Aber es muss keine Strafe sein,* drang es durch ihr Bewusstsein und lockerte den Knoten aus ihren Gedanken.

Mach dir nichts vor, meldete sich die Realistin in ihr zu Wort. *Es wird eine furchtbare Last.*

Liz musste ihr Recht geben. Sie würde ihren Job aufgeben müssen, um für dieses kleine Wesen sorgen zu können. Aber würde es das wert sein? Wer konnte schon sagen, wie lange dieses Kind leben würde?

Dr. Schilds kräftiger Händedruck holte sie kurz aus dem Gefängnis der innerlichen Zerrissenheit. Beim Verlassen des Behandlungszimmers drückte er ihr den Ausdruck des Ultraschallbilds in die Hand.

Sofort zerknüllte Liz das Stück Papier zwischen ihren Fingern und schwor sich ihre Faust nicht wieder zu öffnen.

Im Aufzug überrollte sie erneut das Gefühl der Machtlosigkeit und drohte sie umzureißen. Eine innere Kraft zwang sie dazu einen Blick auf ihr Kind zu werfen. Obwohl sie dagegen ankämpfte, zog das Schwarzweißbild ihren Blick an. Sie konnte schon ganz deutlich die Hände und Füße erkennen und spürte, wie ihr Herz von einer wohligen Wärme eingehüllt wurde.

Woher sollte sie die Kraft für diese Entscheidung nehmen?

Eine Woche und eine Zusatzuntersuchung später hatte sie Gewissheit: Der kleine Wurm in ihrem Bauch trug diesen Gendefekt in sich. Doch obwohl sie die Schwangerschaft allein schon aus der Bahn geworfen hatte, stand sie immer noch unter dem Zauber dieses kleinen Stupsnäschens. Eine Abtreibung war schon in diesem Moment in weite Ferne gerückt.

Sie wählte Torbens Nummer. »Na, wie fühlt man sich als frisch gebackener Geschäftsführer?«, begrüßte sie den vor zwei Wochen noch so schüchternen Assistenten.

»Wie der König der Welt«, witzelte er. »Was kann ich für Sie tun?«

»Ich wollte mich nur erkundigen, wie es auf der Baustelle läuft?«

»Wenn wir weiter so vorankommen, können sich die Behinderten schon bald hier austoben. Die Vorsitzende des Vereins war vom Modell der Schwimmhalle und der Physioabteilung schwer beeindruckt.«

»Na dann bin ich ja beruhigt. Ich melde mich morgen wieder bei dir.«

Ein Lächeln stahl sich in ihr Gesicht. *Ein weiteres Wellnesscenter braucht diese Stadt bei weitem nicht.*

Sie blätterte einen Katalog mit Kinderzimmermöbeln durch. Die Fruchtwasseruntersuchung hatte ihr eröffnet, dass sie vorwiegend rosa Kleidung bestellen würde.

Sie rieb sich ihren Bauch und schlug eine neue Seite auf. *Ja, ich werde die Prinzessinnenbordüre bestellen, was meinst du, mein kleines Wunder?*

Verzweiflung

Tausend Tränen, die ich leise weine
Keiner sieht sie, denn es sind nur meine
Spürt mein Zittern, hört mein Flehen
Muss ich denn erst von Euch gehen?

Stark wirke ich auf Euch, unendlich klug
Seht Ihr genau hin, bemerkt Ihr den Selbstbetrug
Doch Eure Augen sind verschlossen, bleiben leer
Seht Ihr denn nicht, das Leben ist nicht fair?

Dunkle Nächte, kalte Winter – sie umhüllen mich
Kein Funke Hoffnung sprüht, ich seh ihn nicht
Ein Schrei nach Hilfe wurde nicht erhört
Denn Eure Münder sind wie zugeteert!

Hundert Träume, doch nicht einer davon gut
Stillschweigen schenkt mir hier doch keinen Mut
Drum schwimm ich mich durch die Erinnerung
Doch ertrink auch dort im Meer der Verzweiflung!

Vielleicht muss erst ich mir selbst verzeihen
Bevor es für mich hier endlich weitergeht
Denn aus Vergebung erst wird Glück gedeihen
Auf dass daraus meine Welt doch fortbesteht!

Die Weihnachtsschlacht von Altenoythe

Altenoythe, 19. Dezember 1623

Hans stürmte ins Haus, rannte zu seiner Mutter und griff nach ihrer Hand. »Du musst sofort mitkommen. Es sind Soldaten im Dorf.«

»Du bleibst hier«, sagte Johanna Haller. Sie hielt ihren zehnjährigen Sohn am Arm fest, als dieser wieder nach draußen stürmen wollte. »Das gilt auch für dich«, fuhr sie den drei Jahre jüngeren Karl an, der ebenfalls aufgesprungen war, um nachzusehen, was los war.

»Aber willst du denn nicht wissen, welches Heer in unseren Ort gekommen ist?«, fragte Hans mit aufgeregter Stimme.

»Das werden wir noch früh genug erfahren.«

»Vielleicht ist Vater ja bei den Soldaten«, sagte Karl hoffnungsvoll.

»Wenn es so ist, wird er sicher zu uns kommen.« Johanna sah ihren Sohn traurig an. Bereits vor zwei Jahren hatte sich ihr Mann den Truppen von Graf Mansfeld angeschlossen, um Geld für seine Familie zu beschaffen. Seitdem hatte sie nie wieder etwas von ihm gehört. Mit jedem Tag, der verstrichen war, wurde ihre Hoffnung geringer und sie glaubte schon lange nicht mehr an ein Wunder. Als Schneiderin verdiente sie gerade so viel, dass sie ihre kleine Familie ernähren konnte.

»Wir könnten einen der Soldaten fragen, ob er Vater gesehen hat«, schlug Hans vor.

»Vorher müssen wir wissen, zu wem das Heer gehört. Wenn es die katholische Liga ist, die auf unser Dorf zumarschiert, erwähnen wir besser nicht, dass ein Mitglied unserer Familie für den Feind gekämpft hat.«

Johanna ließ Hans los, der sofort zum Fenster rannte, um nach draußen zu sehen. Auch Karl konnte seine Neugierde nicht mehr zügeln und stellte sich neben seinen Bruder. Während die beiden Jungen die Ankunft der Soldaten als spannendes Abenteuer ansahen, wuchs die Sorge ihrer Mutter. Sie wusste genau, dass es für die Menschen in Altenoythe schlimme Folgen haben konnte, falls sich das Heer längere Zeit in dem Ort einquartierte. Es gab jetzt schon wenig zu essen und die Eindringlinge würden sicher keine Rücksicht auf die Einheimischen nehmen. Johanna rechnete nicht damit, dass es im Dorf zu Kämpfen kommen würde. Doch die bloße Anwesenheit der Soldaten reichte aus, um die Menschen hier in eine Hungersnot zu stürzen. Und das kurz vor Weihnachten.

In den fünf Jahren, in denen der Krieg mittlerweile weite Teile des Reiches in tiefe Not gestürzt hatte, war Johannas Heimat bisher weitestgehend verschont geblieben. Sie hatte große Angst davor, dass sich dies nun änderte. Sie dachte kurz daran, mit ihren Söhnen den Ort zu verlassen. Wo aber hätten sie hingehen sollen?

Auch ihre Nachbarn würden ihr sicher keine Hilfe sein. Nachdem ihr Mann sich Mansfelds Heer angeschlossen hatte, waren die Menschen in Altenoythe immer mehr von Johanna zurückgewichen und auch ihre Söhne hatten es nicht leicht im Dorf.

»Es kommen fünf Soldaten auf unser Haus zu«, berichtete Karl aufgeregt.

»Nebenan sind auch welche«, sagte Hans.

Johanna erschrak. Natürlich hatte sie damit rechnen müssen, dass sie ebenso zu ihnen kamen. Als es jetzt aber so weit war, schnürte ihr die Angst fast die Kehle zu. Es war zu spät dafür, das Haus zu verlassen oder sich mit den Jungen zu verstecken. Sie konnte nur noch beten, dass die Fremden ihr und ihren Söhnen nichts antun würden.

Ein forderndes Klopfen riss Johanna aus ihren Gedanken. Bevor sie etwas unternehmen konnte, öffnete Karl den Soldaten die Tür und ließ sie herein.

Die fünf Männer, die den bescheidenen Wohnraum der Familie Haller betraten, schienen kurz vor dem Erfrieren zu stehen und sahen aus, als hätten sie Furchtbares hinter sich. Ihre Gesichter waren mit einer Mischung aus Dreck und getrocknetem Blut überzogen, auch die Kleidung war schmutzig und an einigen Stellen gerissen. Einer der Eindringlinge hob sich alleine dadurch von den anderen ab, dass seine Uniform in einem wesentlich besseren Zustand war als bei den anderen Soldaten. Johanna vermutete, dass es sich um einen Offizier handelte, und bekam dies bestätigt, als der Mann sie ansprach.

»Ich bin Johann Albrecht Graf Solms und Hauptmann in Mansfelds Heer. Wenn du tust, was wir von dir verlangen, Weib, haben du und deine Bälger nichts zu befürchten. Bring warmes Wasser und Tücher, damit wir uns säubern können. Danach Bier und etwas zu essen.«

»Ich habe kein Bier.«

»Dann besorge welches. Wenn du mir noch einmal widersprichst, wird dich das teuer zu stehen kommen.«

Johanna nickte stumm. Sie wagte es nicht, den Fremden zu reizen, und wollte die Wünsche der Männer erfüllen, egal was sie von ihr verlangten. Auf keinen Fall durfte sie ihre Söhne in Gefahr bringen, nachdem sie schon ihren Ehemann an den Krieg verloren hatte.

Mit einem knappen Wink befahl sie Hans und Karl, ihr zu folgen. Die Gesichter der Jungen zeigten eine Mischung aus Angst und Neugierde. Johanna war froh, dass die beiden bisher geschwiegen hatten, und würde ihnen einbläuen, auch weiterhin den Mund zu halten.

In der Küche holte sie eine Blechdose, in der sie ihr Geld aufbewahrte, aus ihrem Versteck, nahm zwei Taler heraus und drückte sie Hans in die Hand. »Du gehst in die Schenke und holst zwei große Krüge mit Bier. Karl, du holst einen Eimer Wasser aus dem Brunnen.« Johannas Ersparnisse würden nicht lange ausreichen, den Durst der Soldaten zu stillen. Sie musste eine Lösung finden, die Männer zu versorgen, ohne selbst mittellos dazustehen, wenn das Heer Altenoythe wieder verließ.

Als sie zurück in den Wohnraum kamen, saßen die Soldaten vor dem Ofen, der von der Küche aus befeuert wurde, auf dem Boden und wärmten sich auf. Lediglich Graf von Solms hatte auf einem der beiden Stühle im Raum Platz genommen und die Beine auf dem zweiten abgelegt. Johanna legte Tücher bereit und stellte einen Topf auf der Ofenplatte ab, in dem sie, wenn Karl zurückkam, das Wasser erhitzen wollte. Danach ging sie ohne ein Wort zu sagen zurück in die Küche, um eine Gemüsesuppe zuzubereiten. Fleisch hatte sie nicht im Haus, hoffte aber, den Hunger der Männer stillen zu können, wenn sie einen Laib Brot zu der warmen Mahlzeit reichte. Sie selbst würde heute nichts essen. Nur ihren Söhnen wollte sie jeweils eine kleine Portion zur Seite stellen.

***

Zwei Stunden später saß Johanna Haller in der Ecke ihres Wohnraumes auf dem Boden. Die Soldaten hatten nichts von der Suppe übrig gelassen und das Bier bis auf den letzten Tropfen leer getrunken. Hans hatte ihnen sogar noch zwei weitere Krüge holen müssen. Jetzt schienen die Männer zufrieden zu sein. Sie lagen auf dem Boden und ruhten sich aus.

Der Schneiderin brannten eine Menge Fragen auf der Zunge. Sie traute sich jedoch nicht, auch nur eine davon zu stellen. Von Hans hatte sie erfahren, dass sich die Soldaten auch in der Schenke einquartiert hatten. Wie viele insgesamt nach Altenoythe gekommen waren, wusste sie nicht. Trotz ihres rüpelhaften Auftretens hatten die Männer Johanna und die Jungen bisher in Ruhe gelassen. Sicherheitshalber hatte sie ihre Söhne allerdings in ihre Betten geschickt, nachdem alle Wünsche der Fremden erfüllt worden waren.

»Wo ist eigentlich der Herr des Hauses?«, fragte Graf von Solms die völlig überraschte Johanna und sah sie herausfordernd an.

»Vermutlich geflohen, als wir ins Dorf einmarschiert sind«, lallte einer der Männer.

»Das ist nicht wahr«, sagte die Schneiderin, schärfer, als sie es beabsichtigt hatte. Auf keinen Fall wollte sie den Zorn der Soldaten auf sich ziehen, nachdem zumindest ein paar von ihnen offensichtlich mehr als genug Bier zu sich genommen hatten.

»Hier ist er aber auch nicht«, stellte der Offizier amüsiert fest.

»Mein Ehemann hat den Ort vor zwei Jahren verlassen und ist mit dem Heer von Graf Mansfeld in den Krieg gezogen«, erklärte Johanna. Sie würde ihren Mann vor den Soldaten nicht als Feigling dastehen lassen.

»Wie ist sein Name?«, fragte der Offizier.

»Otto Haller.«

»Dann habe ich ihn nie kennengelernt. Leider kann ich dir nichts über den Verbleib deines Gemahls sagen.«

»Der ist entweder tot oder hat die Fronten gewechselt.« Der Soldat, der sich bereits vorher zu Wort gemeldet hatte, stand auf und schwankte auf Johanna zu. »Vielleicht kann ich dich über den tragischen Verlust hinwegtrösten.«

»Setz dich wieder hin«, sagte Graf Solms mit schneidender Stimme. »Wenn Haller tatsächlich gefallen ist, dann hat er sein Leben im Namen von Graf Mansfeld gelassen. Somit steht sein Weib auf unserer Seite und ihr werdet sie in Frieden lassen.«

Johanna nickte dem Hauptmann dankbar zu. Sie hatte befürchtet, dass die Soldaten irgendwann auf den Gedanken kommen würden, sich an ihr zu vergreifen, und nicht damit gerechnet, von dem Offizier Hilfe zu bekommen. Zum ersten Mal betrachtete sie sich Graf Solms genauer. Er schien noch recht jung zu sein. Dennoch war sein Gesicht vom Krieg gezeichnet. Eine Narbe zog sich vom rechten Ohr zu seinem Auge und endete erst kurz davor.

»Es wird dir nichts geschehen«, sagte der Hauptmann. »Ich verbürge mich für meine Männer. Solange du uns weiterhin gut bewirtest, wird keiner von ihnen dir oder deinen Söhnen auch nur ein Haar krümmen.«

»Ich danke Euch! Ist Graf Mansfeld ebenfalls in Altenoythe? Vielleicht kann er mir etwas über das Schicksal meines Mannes sagen.«

»Nein. Wir stehen unter dem Oberkommando von Oberst Limbach. Aber selbst wenn der Graf hier wäre; er kann nicht jeden kennen, der einmal für ihn gekämpft hat.«

»Natürlich kann er das nicht«, sagte Johanna enttäuscht.

***

Hermann Scheidt war so müde, dass er sich kaum noch auf den Beinen halten konnte. Aber auch wenn es ihm vorkam, als könne er alle Knochen und Muskeln einzeln spüren, würde ihm nichts anderes übrig bleiben, als seine Wache so lange fortzuführen, bis man ihn ablöste. Noch am Vormittag hatte er vor Cloppenburg im Heer des kaisertreuen Oberst von Erwitte gegen die Mansfelder Truppen von Hauptmann Schilder gekämpft. Nachdem sie ihre Feinde besiegt und die Überlebenden gefangen genommen hatten, kam die Nachricht, dass Friesoythe von einem weiteren Mansfelder Heer belagert wurde.

Sofort hatte sich Oberst von Erwitte mit den unverletzten Soldaten auf den Weg gemacht, um Oberst Blancart zur Hilfe zu kommen. Gemeinsam gelang es den Kaisertreuen, die Stadt zu verteidigen. Insgesamt drei Mal waren die Mansfelder gegen Friesoythe gestürmt, ohne einen Erfolg erzielen zu können. Den Truppen von Oberst Limbach war nichts anderes übrig geblieben, als die Flucht zu ergreifen.

Nun berieten die beiden führenden Offiziere der katholischen Liga, wie sie ihre Feinde endgültig besiegen und aus dem Land jagen konnten. Sie standen an einem Tisch, auf dem Karten ausgebreitet waren, und diskutierten den wahrscheinlichsten Aufenthaltsort von Oberst Limbach und seinen Truppen. Hermanns Aufgabe war es, an der Tür Wache zu halten und niemanden hinein zu lassen. Viel lieber wäre er sofort zurück nach Cloppenburg geritten, wo er seine Frau mit der dreijährigen Tochter hatte zurücklassen müssen. Viele Familien zogen dem Heer hinterher, damit die Frauen ihre Männer wenigstens ab und an zu Gesicht bekamen. Außerdem schlossen sich mehrere Händler und Handwerker den Soldaten an. Dieser Tross war nicht mit nach

Friesoythe gereist, weil von Erwitte überraschend schnell zum Abzug aus Cloppenburg aufgerufen hatte.

»Ich glaube nicht, dass es die Mansfelder heute noch weit geschafft haben«, sagte Blancart und deutete mit dem Finger auf die Karte. »Bis Altenoythe ist es nicht weit. Wenn sich Limbach mit seinem Heer dort verschanzt hat, ist das unsere Chance, den Feind vernichtend zu schlagen.«

»Sollten wir nicht eher Graf Tilly verständigen und seine Befehle abwarten?«, gab von Erwitte zu bedenken.

»Er ist zu weit entfernt. Die Mansfelder werden über alle Berge sein, bis ein Bote den Weg nach Warendorf und zurück geritten ist.«

Hermann hielt die Luft an und betete, dass von Erwitte nicht doch jemanden entsandte und er derjenige sein würde, den man ins Winterquartier von General Graf Tilly schickte. Er würde mehrere Wochen fort sein und hätte sich vorher noch nicht einmal von seiner Familie verabschieden können.

»Wir werden niemanden nach Warendorf schicken müssen«, erklärte Oberst von Erwitte zu Hermanns Erleichterung. »Es sind von dort aus weitere Soldaten zu uns unterwegs. Die Truppen werden auch Kanonen und weitere Munition mitbringen. Wir sollten zumindest so lange abwarten, bis uns diese Verstärkung erreicht.«

»Was machen wir, wenn Limbach vorher die Flucht ergreift?« Oberst Blancart schlug mit der Faust auf den Tisch. »Wir dürfen uns die Gelegenheit, die Mansfelder zu besiegen, nicht nehmen lassen. Wer weiß, wann wir jemals wieder so günstige Aussichten dazu haben.«

»Limbach wird nicht fliehen«, sagte von Erwitte ruhig. »Wenn er seine Stellung aufgibt, öffnet er uns den Weg nach Ostfriesland. Damit kämen wir sehr dicht an Graf Mansfeld selbst heran. Dieses Risiko werden beide nicht eingehen. Ich denke allerdings auch nicht, dass er so schnell einen weiteren Angriff auf Friesoythe unternehmen wird.«

»Wir sollen also tatenlos hier herumsitzen?«

»Nur bis die Verstärkung da ist. Im Moment sind wir nicht mehr Männer als die Mansfelder. Mit dem anrückenden Heer werden wir dem Feind aber überlegen sein. Wir schicken Späher aus, die überprüfen, ob sich Limbach tatsächlich in Altenoythe aufhält. Wenn dies der Fall ist, lassen wir den Ort von ein paar unserer Soldaten bewachen. Die Mansfelder werden also nicht fliehen können, ohne dass wir es mitbekommen.«

»Mit diesem Kompromiss kann ich leben«, stimmte Blancart zu.

»Dann machen wir es so. Unsere Soldaten brauchen eine Pause. Sie haben einen harten Tag hinter sich. Gönnen wir ihnen etwas Ruhe, bevor sie erneut in die Schlacht ziehen müssen.«

Hermanns Erleichterung war groß, als die beiden hochrangigsten Offiziere, die sich derzeit in Friesoythe aufhielten, beschlossen, dass es für diesen Tag genug sei. Sie verließen das Amtszimmer und dadurch konnte auch der Wachmann endlich seine Schlafstätte aufsuchen. Auf dem Weg zu den Unterkünften der Soldaten dachte er über das Gehörte nach. Wie die Dinge standen, würde sich seine Familie wohl damit abfinden müssen, Weihnachten ohne ihn zu feiern. Selbst wenn Blancart und von Erwitte sich doch noch auf einen schnellen Angriff auf Altenoythe einigten, würde dies bei einem Sieg bedeuten, dass das Heer weiter bis nach Ostfriesland vordrang. So oder so: An eine zügige Rückkehr nach Cloppenburg war nicht zu denken.

Als Hermann die Unterkunft betrat, schliefen dort bereits alle und er zog sich so leise wie möglich auf sein Lager zurück. Die Gedanken an die Zukunft quälten den Soldaten noch lange, bis ihn seine Müdigkeit nach einer Stunde schließlich besiegte und er in einen unruhigen Schlaf fiel.

**

Altenoythe, 24. Dezember 1623

Johanna Haller war am Ende ihrer Kräfte. In den vergangenen fünf Nächten hatte sie nie länger als drei Stunden geschlafen. Aus Angst, den Soldaten ihre vielen Wünsche nicht erfüllen zu können und somit in Ungnade zu fallen, hatte sie sich nicht in ihr Bett gelegt, sondern ihr Lager in der Küche aufgeschlagen. Bei jedem kleinsten Geräusch war sie wach geworden und hochgeschreckt. Ihre größte Sorge galt den beiden Jungen. Bisher war es ihr gelungen, zu verhindern, dass einer der beiden alleine mit den ungebetenen Gästen in einem Raum war. Die Frage war nun, wie lange sie dazu noch die Kraft fand.

Im Grunde genommen konnte sich Johanna nicht einmal beschweren. Johann Albrecht Graf Solms hatte sein Wort gehalten. Zwar hatten die Soldaten der Schneiderin mehr als nur einen lüsternen Blick zugeworfen, angerührt hatte sie allerdings keiner von ihnen. Auch Hans und Karl war bisher nichts passiert. Sie übernahmen die Besorgungsgänge und überbrachten Nachrichten an die anderen Offiziere in Limbachs Heer. Selbst von ihren Ersparnissen konnte sie einen Teil zurückhalten. Da auch die Schenke von Soldaten besetzt war, mussten ihre Söhne das Bier nicht bezahlen, das sie dort holten. Johanna konnte nur hoffen, dass ihr der Wirt nicht später doch noch die Rechnung dafür präsentierte, wenn die Mansfelder abgezogen waren.

Von ihren Söhnen wusste die Schneiderin, dass es anderen Familien deutlich schlechter ergangen war. Mehr als die Hälfte der jungen Frauen im Dorf waren vergewaltigt worden. Ihre Ehemänner hatte man verprügelt oder mit gezogenen Waffen zum Zusehen gezwungen. Der fünfzehnjährige Siegfried Treutlein hatte seiner ein Jahr jüngeren Schwester zur Hilfe kommen wollen und war rücksichtslos erstochen worden. Die Nachricht dieser abscheulichen Tat war wie ein Lauffeuer durch den Ort gegangen und hatte die Gegenwehr der anderen Bürger im Keim erstickt.

Es war früh am Tag und die Soldaten schienen noch zu schlafen. Johanna stand in der Küche und bereitete eine Mahlzeit für die Männer vor. Karl und Hans waren wach. Die Schneiderin konnte hören, wie sie in ihrem Zimmer leise miteinander sprachen. Am heutigen Weihnachtsabend hatte sie ihren Söhnen nach dem Kirchgang ein besonderes Mahl zubereiten wollen. Dies würde nun entfallen müssen, weil Graf Solms und seine Untergebenen annähernd die gesamten Vorräte der kleinen Familie aufgezehrt hatten. Johanna hoffte, dass sie wenigstens die Zeit finden würde, mit ihren Jungen ein Gebet zu sprechen und den Herrn zu bitten, den beiden ihren Vater zurückzuschicken.

»Was machst du für einen Lärm, Weib?«, rief Graf Solms aus dem Wohnraum und lenkte Johannas Aufmerksamkeit damit wieder auf die ungebetenen Gäste. »Wie sollen wir bei dem Krach Ruhe finden?«

Um weiteren Ärger zu vermeiden, eilte die Schneiderin in den Wohnraum und hob entschuldigend die Hände. »Ich war gerade dabei, euch eine Mahlzeit zuzubereiten«, sagte sie kleinlaut. »Es war nicht meine Absicht, euch zu stören.«

»Rede nicht so dumm daher und mach dich wieder an die Arbeit. Aber dieses Mal ein bisschen leiser.«

Johanna verbeugte sich schuldbewusst und beeilte sich, wieder in die Küche zu kommen. Graf Solms schien an diesem Tag ausgesprochen schlechte Laune zu haben. Sie musste vorsichtig sein, wenn sie vermeiden wollte, dass er diese dauerhaft an ihr ausließ. Die drei Soldaten im Raum hatten ihre Gastgeberin nur mürrisch angesehen und ansonsten keine Notiz von ihr genommen. Der Vierte von ihnen war anscheinend im Ort unterwegs. Johanna spürte, dass irgendetwas anders war als an den Tagen zuvor, konnte sich aber keinen Reim daraus machen.

Plötzlich wurde es laut im Wohnraum. Die Tür wurde aufgerissen und, nachdem jemand durch den Eingang gestürmt war, wieder wuchtig zugeworfen.

»Bist du völlig von Sinnen?«, schrie Graf Solms wütend. »Warum polterst du hier so herein?«

Johanna hielt den Atem an. Gerne wäre sie nach nebenan gegangen, um zu sehen, was los war, wagte es aber nicht, die Mansfelder erneut zu stören.

»Tillys Heer ist auf dem Weg nach Altenoythe«, antwortete der Soldat atemlos. »Ihr sollt Euch sofort bei Oberst Limbach melden.«

»Was sagst du da?«

»Die katholische Liga …«

»Das habe ich verstanden«, herrschte Graf Solms seinen Untergebenen an. »Steht auf. Ihr werdet mich begleiten.«

Die Schneiderin konnte hören, wie die Männer das Haus verließen, wagte es aber immer noch nicht, ihren Platz zu verlassen. Erst als sich nach zwei Minuten nichts getan hatte, atmete sie tief durch und betrat ihren Wohnraum. Die Soldaten hatten ein wahres Schlachtfeld hinterlassen. Die Stühle lagen auf dem Boden und die Decken waren überall im Raum verteilt. Lediglich ihre Waffen hatten die Soldaten mitgenommen.

Johannas Gedanken überschlugen sich, während sie begann, wieder Ordnung im Raum zu schaffen. Es konnte nichts Gutes bedeuten, wenn Altenoythe von Tillys Heer belagert wurde. Die Mansfelder würden keine Rücksicht auf die Dorfbewohner nehmen und auch von den Kaisertreuen war keine Befreiung zu erwarten. Kam es aber zu einer Schlacht, konnte dies den Untergang des kleinen Ortes bedeuten.

Sie trat zum Fenster und schaute hinaus auf die Straße. Sehen konnte sie nichts, ging aber davon aus, dass es nicht überall so ruhig war wie vor ihrem Haus. In diesem Moment kamen ihre Söhne die Treppe herunter in den Wohnraum.

»Was ist denn los, Mama?«, wollte Hans wissen. »Verlassen die Soldaten unser Dorf?«

»Ich wünschte, es wäre so, mein Junge.«

»Was ist dann passiert?«

»Wir werden von einem anderen Heer belagert.«

»Wird es Krieg geben?«, wollte Karl aufgeregt wissen.

»Den haben wir doch schon längst, du Dummkopf«, wies Hans seinen Bruder zurecht.

»Streitet euch nicht«, sagte Johanna energisch und bereute den rauen Ton sofort. Ihre Söhne konnten schließlich nichts dafür, dass die Situation in Altenoythe von Tag zu Tag schlechter wurde. »Es wird uns nichts geschehen«, sagte sie ruhig. »Solange wir im Haus bleiben, sind wir in Sicherheit.« Wie albern diese Aussage war, wusste die Schneiderin selbst. Sollten Tillys Soldaten ihre Kanonen auf den

Ort richten, würden auch die Dorfbewohner nicht ungeschoren davonkommen. Sie wollte ihre Söhne aber nicht weiter beunruhigen, sondern ihnen Mut machen. Deshalb nahm sie die beiden mit in die Küche, um sie dort zu beschäftigen.

In den nächsten Stunden blieb es still. Johanna betete, dass dies nicht die Ruhe vor einem alles zerstörenden Sturm war.

***

Belagerungsring vor Altenoythe, 24. Dezember 1623
Gemeinsam mit seinem Freund Walter lag Hermann zwischen zwei Bäumen etwa hundert Meter von Altenoythe entfernt und wartete auf den Angriffsbefehl. Nachdem die Truppen in Friesoythe von zwei Heeren verstärkt worden waren, hatten von Erwitte und Blancart den Befehl gegeben, Altenoythe zu umzingeln. Die Sonne war bereits vor mehreren Stunden untergegangen. Die Nacht war sternenklar und eiskalt. Der volle Mond spendete genug Licht, damit die kaisertreuen Soldaten der katholischen Liga ihre Feinde sehen konnten, wenn sie durch den Ort liefen.

»Es wird Zeit, dass es endlich losgeht«, stellte Hermann mürrisch fest, ohne mit einer Antwort zu rechnen. Er wusste, dass sein Kamerad nicht der gesprächigste war, und hatte sich mittlerweile daran gewöhnt. Es war jetzt etwa fünfzehn Monate her, dass er Walter nach der Belagerung von Heidelberg gefangen genommen hatte. Damals war der Mansfelder zur katholischen Liga übergelaufen und kämpfte seitdem mit Hermann Seite an Seite. Obwohl der nicht einmal wusste, woher sein Freund genau kam, konnten die beiden sich voll aufeinander verlassen. Wenn es hart auf hart gekommen war, hatten sie sich gegenseitig bereits mehrfach das Leben gerettet.

»Ich wüsste zu gerne, worauf der Oberst wartet«, versuchte Hermann erneut ein Gespräch zu beginnen. »Im Dorf wissen die ohnehin, dass wir hier sind und eine Schlacht unausweichlich ist. Wie lange sollen wir noch in der Kälte liegen?«

»Es wird sicher bald losgehen«, ließ sich Walter nun doch zu einer Antwort bewegen.

»Bis dahin sind unsere Glieder so eingefroren, dass wir nicht mehr kämpfen können«, murrte Hermann. In den vergangenen Tagen waren die Temperaturen deutlich gesunken und es fehlte nur noch der Schnee. Warum konnten sie nicht, wie die meisten Soldaten der katholischen Liga, mit ihren Familien im warmen Winterquartier liegen? Warum musste es ausgerechnet ihre Einheit sein, die an Weihnachten gegen die Mansfelder in die Schlacht ziehen sollte?

»Macht dir diese Warterei denn gar nichts aus?«

»Wir können nichts dagegen tun.«

»Trotzdem wäre ich jetzt lieber bei Agnes und der Kleinen.«

Walter zuckte nur mit den Schultern und starrte weiter in Richtung Altenoythe.

»Hast du eigentlich auch eine Frau und Kinder?«

»Ja.«

»Du hast mir bisher nie von ihnen erzählt. Wo leben sie? Warum bist du nie in deine Heimat zurückgekehrt?«

»Das ist eine längere Geschichte.«

»Wir haben gerade viel Zeit«, sagte Hermann, der endlich mehr über seinen schweigsamen Freund erfahren wollte.

»Ich werde dir von meiner Familie erzählen«, sagte Walter. »Aber nicht heute.«

In den nächsten zwei Stunden sprachen die beiden nicht. Hermann hatte das Gefühl, dass sein Freund noch schweigsamer war als sonst. Er saß annähernd regungslos da und starrte auf das Dorf. Die Tageswende war bereits überschritten, als endlich das herbeigesehnte Kriegshorn ertönte und das Signal zum Angriff gab. Die beiden nahmen Piken und Musketen in die Hände, verließen ihre Deckung und rannten gemeinsam mit den anderen Soldaten in einer breiten Reihe auf den Ort zu.

Walter und Hermann gehörten zu den Ersten, die bei den Häusern des Dorfes ankamen. Sofort gerieten sie unter Beschuss, warfen sich auf den Boden und erwiderten das Feuer. Die gegnerischen Soldaten waren für einen gezielten Schuss noch zu weit entfernt. Zum Glück für die beiden Freunde verhielt es sich anders herum genauso. Sie luden die Waffen nach und robbten weiter auf den Ort zu. Überall um sie herum entluden sich jetzt die Musketen. Erste Schreie von Getroffenen schallten auf beiden Seiten des Schlachtfeldes durch die Nacht.

Plötzlich tauchte einer der Mansfelder direkt vor Hermann auf und richtete seine Pike auf ihn. Walter reagierte schneller. Sein treuer Freund feuerte dem Angreifer die Kugel aus der Muskete direkt in die Brust und bewahrte ihn so vor einer Attacke.

Der Kampf verlagerte sich nun immer mehr in Richtung Dorf. Laute Befehle mischten sich mit den Schmerzensschreien der Verwundeten. Ein plötzlicher Knall übertönte alles.

»Von Erwitte setzt die Kanone ein«, sagte Hermann und deutete auf eine im oberen Bereich völlig zerstörte Hauswand, von der Steine auf den Boden fielen, die beinahe einen ihrer Kameraden erschlagen hätten.

»Das sehe ich auch«, gab Walter zurück. »Komm weiter. Hier geben wir ein zu leichtes Ziel ab.«

Sie erreichten das erste Gebäude und konnten nun vor den feindlichen Musketen in Deckung gehen. Eine Möglichkeit, in die Straße zu gelangen, sahen sie allerdings dennoch nicht. Dort hatten sich mittlerweile mindestens fünf Mansfelder verschanzt, die nur darauf warteten, die Angreifer mit ihren Kugeln zu empfangen. Wieder ertönte die Kanone. Diesmal lag das Ziel des Geschosses aber weiter von Hermann und seinem Freund entfernt, sodass sie keine Angst haben mussten, von herumfliegenden Teilen getroffen zu werden.

»Wir gehen zur anderen Seite«, sagte Walter und ging mit vorgehaltener Pike die Hauswand entlang.

Hermann blieb nichts anderes übrig, als seinem Freund zu folgen. Sie mussten drei dicht aneinander stehende Gebäude passieren und gelangten dann in einen Hof.

»Hier versuchen wir es.« Walter lief in geduckter Haltung bis zu einer Scheune und wartete dort auf den Kameraden.

»Seit wann hast du es denn so eilig?«

»Wir müssen in den Ort und die Mansfelder daraus vertreiben. Hier können wir nicht viel ausrichten.«

Nach wie vor war es so laut um sie herum, dass sie sich an den verschiedenen Geräuschen nicht orientieren konnten. Die beiden Soldaten gingen zur Ecke der Scheune und spähten vorsichtig zu den dahinterliegenden Häusern. Auch dort wurde gekämpft. Sie sahen vier ihrer eigenen Kameraden, die mit ihren Piken auf drei Verteidiger eindrangen.

»Wir müssen dort vorbei.« Wieder war es Walter, der die Initiative übernahm. Er passierte die Soldaten, die keine Notiz von ihnen nahmen, und gelangten zur Straße. Jetzt befanden sie sich im Rücken der Mansfelder, die Minuten zuvor noch auf sie geschossen hatten und sich nun gegen weitere Angreifer der Kaisertreuen wehren mussten.

***

Altenoythe, 25 Dezember 1623

Der Lärm, der trotz der geschlossenen Fenster überall im Haus zu hören war, zerrte an Johannas Nerven. Ihre beiden Söhne dicht an sich gedrückt, saß sie zitternd auf ihrem Bett und wartete darauf, dass der Schrecken ein Ende nahm. Den ganzen Tag hatte sie in der Angst verbracht, die Schlacht würde auch ihr Haus betreffen.

Graf Solms war nicht mehr aufgetaucht, aber einer seiner Männer war gekommen und hatte Johanna und den Jungen mitgeteilt, keiner der Bürger dürfe sein Haus verlassen. So war ihnen nichts anderes übrig geblieben, als zu beten und zu warten. Den Großteil des Tages hatten ihre Söhne am Fenster verbracht, um zu sehen, ob sich etwas tat. Bis zur Tageswende war es ruhig geblieben. Dann brach der Tumult los. Während Hans sehr aufgeregt war und am liebsten nach draußen gerannt wäre, lag Karl zitternd in den Armen seiner Mutter, die sich am liebsten selbst in einer dunklen Ecke verkrochen hätte.

»Werden uns die Soldaten vor der Stadt denn jetzt von der Belagerung befreien?«, fragte Hans aufgeregt.

»Vielleicht«, antwortete Johanna. »Es kann auch sein, dass sie den Ort selbst besetzen.«

»Aber dann würde sich ja gar nichts ändern.«

»Da hast du recht, mein Junge.« Die Schneiderin würde ihrem Sohn gerne etwas Erfreulicheres sagen, hatte aber mittlerweile selbst den Mut verloren. Sie wusste nur zu gut, dass das Schicksal von Altenoythe besiegelt war. Der Krieg hatte den Ort erreicht und würde nichts als Tod und Zerstörung zurücklassen.

Plötzlich war von draußen ein lauter Schlag zu hören, dem ein gewaltiges Krachen und Poltern folgte.

»Was war das?«, fragte Karl weinerlich und selbst Hans stand der Schrecken ins Gesicht geschrieben.

»Ich weiß es nicht«, antwortete Johanna leise. Sie befürchtete, dass die katholische Liga das Dorf nun mit Kanonen beschoss, wollte das ihren Söhnen aber nicht sagen. Sie zweifelte mittlerweile daran, dass es eine gute Idee gewesen war, im Haus abwarten zu wollen, bis alles vorbei war. Vielleicht sollte sie doch lieber mit den Jungen in die Kirche gehen, wo sie wenigstens nicht alleine sein würden.

»Es brennt«, rief Hans aufgeregt und deutete aus dem Fenster.

Johanna sprang auf und lief zu ihrem Sohn. Tatsächlich standen zwei Straßen weiter mindestens drei Häuser in Flammen. Die Schneiderin starrte auf das Feuer und traf eine Entscheidung.

»Wir müssen hier raus.«

Während Hans sich nicht schnell genug seine dicke Weste anziehen konnte, sah Karl seine Mutter entsetzt an.

»Du hast doch gesagt, dass wir im Haus sicher sind.«

»Da hat es aber noch nicht gebrannt«, entgegnete Johanna um eine ruhige Stimme bemüht. »Wenn niemand das Feuer löscht, wird es nicht lange dauern, bis unser Zuhause ebenfalls in Flammen steht. Wir müssen ins Freie.«

»Ich will nicht zu den Soldaten.«

»Jetzt stell dich nicht so an«, wies Hans seinen Bruder zurecht.

»Vielleicht können wir helfen, das Dorf zu beschützen.«

»Ihr werdet dicht bei mir bleiben«, sagte Johanna energisch. »Und jetzt beeilt euch.« Es brach ihr fast das Herz, als sie ihren Jüngsten, dem die Angst deutlich ins Gesicht geschrieben stand, ansah. Darauf konnte die Schneiderin aber keine Rücksicht nehmen. Alles war besser, als bei lebendigem Leib zu verbrennen.

Karl begriff endlich, dass es seine Mutter ernst meinte. Der Junge stand auf, zog sich an und lief dicht hinter Johanna die Treppe hinunter. Die Kälte traf sie wie ein Schock, als sie ins Freie traten. Der Brand war mittlerweile nur noch eine Straße entfernt und hatte sich bereits auf etwa ein Viertel des Dorfes ausgebreitet.

»Wir müssen in die Kirche«, schrie Johanna ihren Söhnen zu und versuchte dabei, den Lärm um sie herum zu übertönen. So schnell sie konnten, rannten sie die Straße entlang. Überall lagen Tote. Bürger des Dorfes taumelten verzweifelt durch die Straßen und suchten nach ihren Angehörigen.

Vor ihnen tauchten Soldaten auf, die aber zu schnell wieder zwischen den Häusern verschwanden, als dass Johanna hätte sagen können, zu welchem Heer sie gehörten. Auf dem Weg zur Kirche schlossen sich ihnen weitere Menschen an, die ihre Löschversuche aufgegeben hatten und nur noch das Nötigste bei sich trugen. Der Schneiderin fiel ein, dass sie sich nicht die Zeit genommen hatte, ihre letzten Ersparnisse einzupacken, so gering diese auch waren. Nun war es zu spät, um noch einmal umzukehren.

Als sie die Kirche erreichten, hatte sich dort bereits das halbe Dorf versammelt. Die Bürger standen vor dem Tor zum Innenhof und wurden dort von den Mansfeldern aufgehalten, die sich hinter der Mauer verschanzten. Zwischen den Häusern waren weitere Soldaten in Kämpfe mit den Kaiserlichen verwickelt.

»Ihr könnt uns nicht aus unserer eigenen Kirche aussperren«, schrie der Dorfwirt und hob die geballte Faust. Die Wachen schien das aber nicht sonderlich zu beeindrucken.

Johanna nahm ihre Söhne an die Hände und zog sie hinter sich her.

»Wo willst du hin?«, fragte Hans und versuchte, sich gegen den Griff zu wehren.

»In die Kirche.«

»Aber da können wir nicht rein.«

»Das werden wir ja sehen.« Johanna erkannte, dass die beiden Soldaten, die den Weg in den Innenhof versperrten, zu den Männern gehörten, die sie in den letzten fünf Tagen bewirtet hatte. Sie konnte sich nicht vorstellen, dass die sie nun einfach so abweisen würden. Leider geschah genau das. Beide schüttelten nur den Kopf, als die Schneiderin vor ihnen stand und um Einlass bat.

»Wollt ihr die Menschen des Dorfes wirklich ihrem Schicksal überlassen?«, fragte Johanna ungläubig.

»Die Kirche ist zu klein für uns alle«, antwortete einer der beiden. »Wenn wir jetzt das Tor öffnen, werden wir von den Bauern überrannt.«

»So sieht also eure Dankbarkeit aus?«

»Verschwinde Weib. Wir führen Krieg. Da können wir unmöglich auf jeden Rücksicht nehmen.«

Während des kurzen Disputes mit dem Soldaten war Johanna von ihren Mitbürgern umringt. Diese schoben die Mutter mit ihren zwei Söhnen jetzt vor und versuchten das Tor aufzudrücken. Die dahinterstehenden Mansfelder hatten es aber so fest verriegelt, dass es sich keinen Millimeter bewegte. Im Dorf tobte weiterhin das Feuer und es versammelten sich immer mehr Menschen vor der Kirchenmauer.

Plötzlich ertönte eine Musketensalve. Die Bürger von Altenoythe schraken zusammen und drängten sich nun vom Tor weg, um dem erwarteten Kugelhagel zu entgehen. Johanna konnte das Gleichgewicht nicht mehr halten und fiel zu Boden. Dabei zog sie ihre Söhne, die sie nach wie vor fest an den Händen hielt, einfach mit. Die Schneiderin hatte jetzt keine Kraft mehr, sich aufzuraffen, und schickte ein stummes Gebet zum Himmel. Wenn es ihr vorherbestimmt war, am ersten Weihnachtstag ihr Leben zu verlieren, dann sollte sie Gott nun zu sich holen.

Es waren Hans und Karl, die ihrer Mutter wieder auf die Beine halfen. Als Johanna in die verzweifelten Gesichter der beiden sah, entflammte dies ihren Lebenswillen neu. Wenn sie schon nicht für sich selbst kämpfte, dann für ihre Söhne. In diesem Moment hörte sie eine ihr bekannte Stimme.

»Öffnet das Tor und holt das Weib mit ihren Bälgern in die Kirche«, befahl Graf Solms mit energischer Stimme. »Aber nur die Drei.«

Johanna konnte es nicht fassen, dass sie nun doch noch zu den wenigen gehörten, die in den Innenhof geholt wurden. Sie ließ sich bereitwillig von den Soldaten führen und setzte sich erleichtert und am Ende ihrer Kräfte auf eine der Bänke vor dem Altar.

***

Belagerungsring vor Altenoythe, 25. Dezember 1623

Hermann und Walter saßen inmitten ihres Heers und wärmten sich an einem der Feuer. Die Schlacht in den Straßen von Altenoythe hatte bis zum Morgen gedauert. Nach einer anfänglichen Überlegenheit der Kaiserlichen konnten sich die Mansfelder verschanzen und sich trotz ihrer Unterzahl erfolgreich gegen die Angreifer verteidigen. Denen war dann schließlich nichts anderes übrig geblieben, als sich bis zu ihrem Belagerungsring zurückzuziehen. Dort erholten sich die Soldaten nun und warteten auf weitere Befehle.

»Glaubst du, dass die Mansfelder den Brand selbst gelegt haben?«, fragte Hermann seinen Freund. Wie so oft bekam er aber auch jetzt keine Antwort.

Walter saß einfach nur da und starrte auf die Ruinen des in weiten Teilen zerstörten Ortes. Ab und an zuckte sein rechter Augenwinkel. Ansonsten blieb er absolut regungslos. Hermann dachte über seinen

Kameraden nach. Heute war er anders als sonst. In den bisherigen Gefechten hatte sich Walter immer so weit zurückgehalten wie möglich und diese so sicher überstanden. In Altenoythe hatte er zwischen den Mansfeldern gewütet wie ein Berserker. Als die Gefahr durch das Feuer zu groß geworden war, musste Hermann seinen Freund sogar aufhalten und regelrecht zurück in den Belagerungsring drängen. Woher kam so plötzlich dieser Hass auf ihre Gegner, auf deren Seite er ja selbst einmal gekämpft hatte?

»Da kommt jemand«, meldete sich Walter unerwartet doch zu Wort und sprang auf.

»Wo willst du hin?«

»Die Mistkerle schicken einen ihrer Männer. Offensichtlich wollen sie verhandeln.«

»Das ist nicht unsere Sache«, sagte Hermann. »Setz dich wieder hin.«

»Nein.«

»Was?«

»Ich will hören, was der Kerl zu sagen hat.«

»Oberst von Erwitte wird mit ihm sprechen.«

Walter ließ sich nicht beirren und ging auf das Offizierszelt zu, das auch der Mansfelder mittlerweile fast erreicht hatte. Hermann stieß einen Fluch aus, folgte seinem Freund aber dann. Was war heute bloß in den Kerl gefahren? Der Bote erreichte den Eingang vor den beiden Freunden, wurde dort jedoch von den Wachen aufgehalten. Nach einer kurzen Diskussion führte man ihn hinein.

Hermann befürchtete, dass sein Freund einfach in das Zelt hineinstürmen würde, doch zu seiner Erleichterung blieb Walter an der Seite stehen.

»Bist du völlig von Sinnen?«

»Der Kerl wird ein Angebot machen. Ich muss wissen, ob die Mansfelder abziehen.«

»Warum ist das so wichtig? Früher oder später werden wir das Pack besiegen.«

»Bis dahin kann es für die Dorfbewohner zu spät sein.«

Hermann sah seinen Freund verwundert an. »Seit wann kümmert dich das einfache Volk?«

»Das erkläre ich dir später«, antwortete Walter und ging dichter an die Zeltplane heran. »Sei jetzt leise. Sonst hören wir nicht, was da drin gesprochen wird.«

»Du kannst deinem Oberst ausrichten, dass wir sein Heer auf keinen Fall unter vollständiger Bewaffnung abziehen lassen werden«, fuhr Oberst von Erwitte den Boten an.

Hermann und Walter konnten leider nicht verstehen, was der Mansfelder antwortete. Dafür ertönte wenige Augenblicke später wieder die Stimme ihres Vorgesetzten.

»Wenn Limbach seine Waffen streckt und sie uns mitsamt der Feldzeichen übergibt, gewähren wir ihm freien Abzug. Das ist mein letztes Wort. Geh zurück und richte das dem Oberst aus.«

Gerade noch rechtzeitig, bevor der Mansfelder von den Wachen wieder nach draußen geführt wurde, gelang es den Freunden, sich ein Stück von dem Zelt zu entfernen.

»Bist du jetzt zufrieden?«, fragte Hermann ärgerlich. Der Gesprächsverlauf war keine große Überraschung gewesen. Keiner konnte damit rechnen, dass die Mansfelder so einfach die Waffen strecken würden.

»Nein. Die Belagerung kann Wochen dauern. Altenoythe ist jetzt schon stark verwüstet. Ich fürchte, dass hier bald kein Stein mehr auf dem anderen steht.«

Den restlichen Tag sprach Walter kaum noch ein Wort. Die Kaiserlichen versuchten, einen Graben auszuheben, den sie als Deckung nehmen konnten, mussten aber schnell einsehen, dass dieser Plan zum Scheitern verurteilt war. Es zeigte sich als unmöglich, den Spaten auch nur einen Zentimeter in den festgefrorenen Boden zu stechen. Während sich die Offiziere den restlichen Tag in ihrem Zelt berieten, hielten die Soldaten ihre Körper an den zahlreichen Feuern warm. Hermann wusste, dass sich die Belagerung bis ins nächste

Jahr ziehen konnte. Der einsame Soldat betete für seine Familie, die er in diesen Tagen so schmerzlich vermisste. Wie lange würde es wohl noch dauern, bis er sie endlich wieder in seine Arme schließen konnte?

***

Altenoythe, 26. Dezember 1623
»Ich habe Hunger«, jammerte Karl, befreite sich aus der Umarmung seiner Mutter und sah sie herausfordernd an.

»Ich weiß, mein Junge. Du wirst dich aber, genau wie alle anderen, noch einen Moment gedulden müssen.«

»Warum geben uns die Soldaten nichts zu essen?«

»Ich fürchte, sie haben selbst nicht genug. Setz dich wieder hin.«

Murrend kam Karl der Aufforderung seiner Mutter nach und hockte sich zurück auf seinen Platz. Hans hatte währenddessen nicht einmal aufgesehen und war stumm auf der Kirchenbank liegen geblieben. Nacheinander schaute Johanna traurig zu ihren Söhnen. Gerade ihr ältester hatte in der Nacht viel von seiner Lebenslust verloren und schien sich seinem Schicksal ergeben zu haben. Die Schneiderin ließ ihren Blick durch die Kirche schweifen.

Es war sehr ruhig geworden. Insgesamt war es etwa sechzig Dorfbewohnern gelungen, in dem Gebäude Schutz zu finden. Als der Andrang zu groß geworden war, hatten die Mansfelder die Tore geschlossen. Johanna konnte froh sein, dass Graf Solms sie und die Jungen als letzte hatte passieren lassen. Die Bürger von Altenoythe saßen oder lagen stumm auf ihren Plätzen. Einige beteten lautlos, andere starrten einfach nur vor sich hin.

Gemeinsam mit den Dorfbewohnern hielten sich etwa einhundertfünfzig Soldaten in der Kirche auf. Das restliche Heer befand sich im Freien und bewachte den Innenhof. Johanna glaubte nicht, dass die Mansfelder der Belagerung durch die katholische Liga lange standhalten konnten. Sie hoffte auf ein schnelles Ende, fürchtete sich aber gleichzeitig vor dem, was danach kommen konnte. Sie sah Graf Solms, der nahe des Einganges saß und sich mit Oberst Limbach besprach. Gerne hätte sie gehört, was die beiden zu besprechen hatten. Wollten sie es wirklich auf ein weiteres Gefecht ankommen lassen?

Plötzlich öffnete sich die Kirchentür und ein Soldat stürmte herein. »Es ist so weit«, meldete er aufgeregt und deutete mit der Hand nach draußen. »Die Kaisertreuen greifen an.«

***

»Wir müssen die Sache heute beenden«, sprach Walter die ersten Worte für diesen Tag.

»Das werden wir auch.« Hermann schlug seinem Freund aufmunternd auf die Schulter. Gemeinsam liefen sie neben einem Mistkarren her, der sie vor den Musketen der Mansfelder schützen sollte und der von deren gefangen genommenen Kameraden gezogen wurde. Über zweihundert Kaisertreue bewegten sich in gleicher Deckung auf die Kirchmauer zu. Als sie sich in Höhe des Tores befanden, gab Oberst von Erwitte den Befehl zum Feuern. Die Salve aus den Musketen schlug in das Holz ein, riss es regelrecht in Stücke und vernichtete so die Deckung der dahinter lauernden Mansfelder, die im Kugelhagel fielen. Noch bevor Hermann und die anderen mit dem Nachladen fertig waren, öffnete sich die Kirchentür und ein Bote trat ins Freie.

»Wir sind bereit, unsere Waffen gegen freies Geleit niederzulegen«, rief er den anrückenden Soldaten zu.

»Dafür ist es jetzt zu spät«, gab Oberst von Erwitte zurück. »Lasst eure Waffen fallen und begebt euch in unsere Gefangenschaft. So rettet ihr euer Leben.«

Der Mansfelder verschwand wieder in die Kirche. Als nach zehn Minuten nichts passierte, war klar, dass Limbach nicht bereit war, das Angebot der Kaisertreuen anzunehmen.

»Bringt die Kanone in Stellung«, befahl Oberst Blancart. »Zielt auf das Tor.«

Während der Großteil des Heers hinter den Mistwagen in Deckung blieb, bereiteten zwölf der Soldaten das schwere Geschütz vor.

»Feuer«, schrie Blancart und die Kriegsmaschine donnerte los.

Die Kugel zerfetzte das Tor in der Kirchmauer, als wäre es aus Papier. Sofort machten sich die Männer daran, die Kanone nachzuladen. Die Mansfelder schienen nun einzusehen, dass sie der Belagerung nicht ewig standhalten konnten und letztlich von dem Heer der katholischen Liga besiegt werden würden. Wieder öffnete sich die Tür zur Kirche. Dieses Mal trat aber kein Bote, sondern Oberst Limbach persönlich nach draußen.

»Wir ergeben uns«, sagte er laut und legte seine Waffen nieder.

Dann ging alles sehr schnell. Nacheinander kamen die Mansfelder ins Freie und legten ihre Waffen am Eingang ab. Ohne Gegenwehr ließen sie sich von den Kaiserlichen abführen.

Auch die Bürger aus Altenoythe verließen die Häuser und traten auf den Platz vor der Kirchmauer.

»Was ist los?«, fragte Hermann seinen Freund, der sich suchend in der Menge umsah.

»Es sind so wenige«, antwortete Walter abwesend.

»Was meinst du?«

»Die Menschen aus dem Dorf. Es müssten viel mehr sein.«

»Vielleicht haben sie sich in den Feldern versteckt.«

»Bei der Kälte?«

»Kann ja sein. Warum ist das überhaupt so wichtig?«

»Otto, bist du das?« Der Schrei kam vom Eingang der Kirche. Hermann drehte sich um und sah eine Frau, die zwei Jungen hinter sich herzog und direkt auf die kaiserlichen Soldaten zustürmte. Walter, der eigentlich richtig Otto hieß, ließ seine Waffen fallen und stürmte der Fremden entgegen.

Drum lächle doch!

Ein Lächeln ist gar leicht vollbracht
Erhellt im Nu die tiefste Nacht
Ist kürzeste Verbindung eines Ich und Du
Schenkt dem Herzen Friede und der Seele Ruh

Drum lächle doch!

Ein Lächeln passt doch allen
Und heilt die Wunden, tief
Darum könnt es Dir gefallen
Dass das Glück auch Deinen Namen rief

Drum lächle doch!

Ein Lächeln steht noch jedem Gesicht
Erzählt ohne Worte von Deiner Geschicht
Tröstet Dich und begleitet Deinen Weg
Macht jede neue Hürde zu Deinem Laufsteg

Drum lächle doch!

Ein Blick schenkt Dir ein Lächeln
Dass Dich zum Strahlen bringt
Erhebt Dich über Deine Schwächen
Sodass Dein Inneres kraftvoll singt:

Drum lächle doch!

Ein Lächeln zeigt, Du bist doch da
Und so wird mir durch Deine Liebe klar:
Auch ich lebe und ich liebe noch
Drum lächle doch!

Blutsbrüder

Noch *zehn Sekunden*, dachte Oskar und legte nervös die Hand bereit auf die Türklinke. Er zählte laut rückwärts: »Noch fünf, vier, drei, zwei, eins und los!«, und stieß die Tür zum Hausflur auf. »Hahaaa! Erster! Morgen Kalli, gehen wir? Hey, du hast die Schuhe ja noch gar nicht zugebunden. Soll ich dir helfen?« Oskar kostete seinen Triumph am frühen Montagmorgen so richtig aus. Es kam nicht oft vor, dass er beim Türklinkensprint, wie sie es nannten, der Erste war. Oskar vertrödelte gern die Zeit im Bad oder beim Frühstück. Dann wurden aus seinen Broten plötzlich Büffelherden, die er einfangen musste, oder beim Zähneputzen im Bad fielen Heerscharen von Borstenindianern über Zahnplanwagen her.

Seine Mutter rief dann oft »Oskar, träum nicht!« oder »Oskar, hör auf zu spielen, putz dir lieber ordentlich die Zähne!«

Von klein auf waren Oskar und Kalli die dicksten Freunde. Ihre Familien wohnten Tür an Tür in einem dreistöckigen Miethaus am Rande einer Kleinstadt.

Oskar war ein zarter Junge, eher zu klein für sein Alter. Auf seinem Kopf strahlte strohblondes Haar und auf der kleinen Nasenspitze trug er eine viel zu große runde Brille.

Oskar und Kalli gingen gemeinsam in die 5b. Punkt Sieben war Treffpunkt im Hausflur; fertig angezogen, Schulsachen und Sonstiges – alles parat zum Abmarsch. Der Schulweg dauerte bei den beiden Jungs zwanzig Minuten, obwohl die Schule nur zwei Straßenkreuzungen weit entfernt lag. Sie hatten sich viel zu erzählen, was sie in der Zeit von der Verabschiedung am Vortag bis zum Wiedersehen um sieben Uhr morgens alles erlebt hatten.

Oskar erzählte von den glorreichen Siegen seiner Helden Winnetou und Old Shatterhand.

Kalli dagegen berichtete vom Training mit seinem Vater. Er war eher das Gegenteil von Oskar; fast zwei Köpfe größer und mit braunen Stoppelhaaren über dem pausbäckigen, sommersprossigen Gesicht. Seine Hosen hielten stets Hosenträger. »Das ist modern, das trägt man heute so«, seine Erklärung zu Lästerern. Aber Kraft hatte er. Jeden Tag wurden im eigens dafür umgebauten Keller Gewichte gestemmt. Morgens gab Kalli den aktuellen Stand bekannt, auf das Gramm genau. Mit Stolz erzählte er, dass sein Vater, ein etwas untersetzter Finanzbeamter, mit 16 Jahren schon Kreismeister im Gewichtheben war und ihn nun höchstpersönlich trainierte.

»Kalli, mein Junge«, dabei klopfte Kalli, wie es sein Vater bei ihm tat, Oskar kräftig auf die Schulter, »du wirst sehen, das harte Training wird dich eines Tages belohnen, wenn du wie ich Erster bei den Jugendkreismeisterschaften wirst. Wer weiß, vielleicht hast du das Glück und kannst weiter trainieren und noch größere Siege erringen.« Kalli, wie er dastand, die Daumen in die Hosenträger eingehakt und mit verstellter Stimme gesprochen – das war sehr überzeugend.

Oskar rutschte vor Lachen die Brille von der Nase. »Ach, Kalli, Mensch, du hast es gut! Meine Mutter ist immer noch so übervorsichtig. Nichts darf ich, weil ich mir wehtun könnte.« Oskar spitzte den Mund und äffte seine Mutter nach: »Aber sie wissen doch. Der Oskar ist immer so kränklich. Als Baby hatte er viel Fieber. Das hat die ganze Energie des Jungen aufgebraucht. Das braucht nun mal seine Zeit, bis er das wieder aufgeholt hat.«

»Hör auf! Hör auf! Mir platzt gleich die Hose.« Kalli musste tief Luft holen. »Bleibt es heute Nachmittag bei unserer Verabredung?«

»Na klar! Ehrenwort, Kalli!«

Es war ungefähr zwei Monate her.

Normalerweise wagte keiner in der Schule, sich mit Kalli anzulegen, nicht einmal die Jungs aus der Oberstufe. Oskar war schwach und wurde deswegen ständig gehänselt. Kalli beschützte seinen besten Freund, soweit er konnte, außer in der Zeit, in der er trainieren musste. Da das fast jeden Nachmittag geschah, war Oskar nach der Schule auf sich allein gestellt. Meist verschwand er in die Bibliothek, denn dort konnte er Held sein. Im Wilden Westen kämpfte er Seite an Seite von Winnetou und Old Shatterhand und bestand mit ihnen jedes Abenteuer. In seiner Vorstellung halfen sie ihm sogar, die Kerle aus der 5a in die Flucht zu jagen.

Aber an einem Mittwoch vor zwei Monaten, da bekamen sie Oskar wieder einmal zu greifen. Die Jungs aus der 5a warteten, bis er die Bibliothek verließ, und schlichen ihm hinterher. Auf dem Weg durch den Stadtwald, außerhalb der Reichweite von Erwachsenen, fingen sie an, Oskar mit Steinen zu bewerfen und ihm hinterherzulaufen. »Muttersöhnchen! Heulsuse!« Alle Schimpfwörter, die sie kannten, riefen sie ihm nach. »Mädchen!«

»Autsch!« Das hatte gesessen. Oskar blieb weinend stehen. Ein Stein hatte ihn am Ohr getroffen und die Brille von der Nase geschossen.

Triumphierend kreisten die elf Jungs der 5a Oskar ein und fingen an, ihn zu verprügeln. Fünf Jungs gegen einen. Die anderen schauten zu und feuerten an.

»Fünf gegen Einen! Das ist gemein!«, schrie Oskar verzweifelt, während er versuchte, sich zu verteidigen.

»Huwää! Aua! Au! Huwää! Huä!«, johlten seine Peiniger und taten so, als ob sie weinende Mädchen wären.

Eine Schmach für Oskar. Er weinte nun einmal sehr schnell, weil er ängstlich, mutlos und kraftlos war. Er schämte sich dafür, vor allem, da ihm das in der Schule den Spitznamen *Mädchen* eingebracht hatte.

Auch an diesem Nachmittag schämte er sich wieder gewaltig, so sehr, dass er sich nicht traute, irgendetwas zu erwidern. Wortlos schaute er zu, wie sie auch noch seine Schulsachen durch den Matsch zogen.

Als die Jungs endlich weg waren, sammelte Oskar seine Sachen zusammen und setzte sich auf eine Parkbank. Dicke Tränen kullerten über die dreckverschmierten Wangen. »So kann ich nicht nach Hause gehen. Mama wird wieder in die Schule gehen, und ich krieg dann Haue.« Es wurde schon bald dunkel. Oskar konnte sich noch nicht entschließen zu gehen. Ihm war bisher keine gute Ausrede dafür eingefallen, warum er und seine Sachen so dreckig und blutig waren.

»Oskar! Da bist du ja! Ich suche dich die ganze Zeit!« Nach Luft ringend, ließ sich Kalli neben Oskar auf die Bank plumpsen. »Mann, ich bin ganz außer Puste. Dabei trainiere ich doch? Die Jungs aus der a?«

Oskar nickte.

Kalli ballte eine Faust und stieß sie in die Luft. »Morgen gibt's Klassenkeile, 5a! Oskar komm, wir gehen zu meinem Vater, der kann mit deiner Mutter reden!«

Und tatsächlich, Kallis Vater erfand eine Geschichte. Nachdem sie gemeinsam Oskar samt seinen Schulsachen von Schmutz und Blut befreit hatten, tischten sie Oskars Mutter eine Notlüge auf. Die Jungs hätten allein versucht, Oskar zu trainieren. Oskars Mutter war misstrauisch, aber da Kallis Vater dabei war, glaubte sie die Geschichte. Bei dieser Gelegenheit fragte Kallis Vater, ob Oskar bei Kalli mit üben dürfte.

»Oh, nein! Sie wissen doch, mein Junge ist doch so schwach. Und was beim Training passieren kann, das sehen wir ja.« Oskars Mutter deutete dabei auf seine ramponierten Sachen. Mit erhobener Hand unterdrückte sie Oskars Versuch zu widersprechen. Oskar und Kalli tauschten genervt Blicke und verabschiedeten sich.

Die Jungs beschlossen tags darauf, heimlich zu trainieren, damit Oskar stärker wurde. Sie wussten auch schon wo, und welche Gegenleistung Kalli dafür bekam. Einen Namen hatten sie ebenfalls schon: Geheimsache Winnetou.

So kam es, dass die beiden Freunde einmal in der Woche gleich hinter dem Stadtwald auf dem Gelände des alten Steinbruchs trainierten. Hier gab es viele Verstecke hinter großen Gesteinsbrocken oder in den halb zerfallenen Baubuden. Hierher kam nur, wer das Loch im Schutzzaun kannte. Oskar und Kalli wussten, wo sie den Einstieg fanden. Sie spielten oft hier. Kalli schmuggelte kleine Hanteln aus dem Übungskeller, die Oskar dann in die Luft stemmen musste. Bei Kalli sah das leicht und locker aus; keine Schweißperle war zu sehen. Aber Oskar, mit seinen dünnen Armen, mühte sich schwer, war jedoch fest entschlossen, die Hanteln wenigstens bis über die Ohren zu stemmen.

Kalli benutzte die Motivationssprüche seines Vaters und betete sie Oskar vor: »Du musst an dich glauben, wenn du Gewichtheber werden willst!«

»Aber ... Kalli ..., ich will ...« Oskar musste erst die Gewichte ablegen, bevor er ohne Atemnot sprechen konnte. »Ich will doch kein Gewichtheber werden.«

»Ähm, also, du musst an dich glauben, wenn du die Jungs aus der 5a umhauen willst! Besser?«

»Ja!« Beide lachten und widmeten sich erst einmal Kallis Übungen. Versprochen war versprochen.

Noch zehn Sekunden. Oskar legte die Hand bereit auf die Türklinke. *Noch fünf, vier, drei, zwei, eins und los!*

»Hahaaa! Erster!« Die Tür gegenüber blieb verschlossen. »Kalli!« Oskar klingelte und hämmerte an die Tür. *Was war los? Kalli war doch sonst der erste beim Türklinkensprint. Hatte er verschlafen?* In den Ferien, letzte Woche, besuchten Kalli und seine Eltern irgendeinen Onkel in einer Spezialklinik. *Dabei hat Kalli doch gar keinen Onkel, das weiß ich genau*, dachte Oskar. Und heute wollten sie sich doch alle Ferienerlebnisse erzählen. *Komisch!*

Auch am nächsten Morgen war Kalli nicht da, und am übernächsten nicht, und am folgenden Montag auch nicht. Oskar versuchte, bei Kallis Eltern etwas zu erfahren, aber auch diese waren wie vom Erdboden verschluckt. Der Übungskeller wurde seit Wochen nicht mehr benutzt. Die Hanteln fingen an einzustauben.

»Mama, was ist mit Kalli?« Oskar hielt es nicht mehr aus. Er musste wissen, was mit seinem besten Freund passiert war. Er wusste, dass die Erwachsenen immer irgendetwas wissen, besonders Mütter.

»Oskar, dafür bist du noch zu klein. Kalli ist nicht da. Er ist bei seinem Onkel.«

Ein Unglück für Oskar: Sein bester Freund ist nicht mehr da. Es ärgerte ihn, dass seine Mutter ihn immer noch wie einen kleinen Jungen behandelte. Dabei ging er schon in die fünfte Klasse. *Da stimmt doch was nicht.*

Oh weh, und wenn er erst an die Schule dachte. Kalli war doch sein Beschützer. Die Jungs trieben mit ihm, was sie wollten. Fast jeden Nachmittag bekam er Hänseleien zu hören oder Prügel, wenn er es nicht schnell genug in die schützende Bibliothek schaffte.

Als es ihm zu viel wurde, ging er einfach nicht mehr in die Schule, sondern direkt auf den geheimen Übungsplatz und trainierte allein. Er tat es für sich und Kalli – Geheimsache Winnetou war noch nicht beendet. Sein Schulschwänzen blieb natürlich nicht unbemerkt. Oskar musste in die Schule, ob er wollte oder nicht.

Doch er fühlte sich gestärkt. Das waren bestimmt Kallis Motivationssprüche. Die hatte er sich gut eingeprägt.

Gleich am ersten Tag in der ersten Hofpause provozierten die Jungs aus der 5a eine Rangelei mit Oskar. Zunächst spielte er mit und tat so, als würde er heulen. Aber dann, als die Gelegenheit kam, nutzte er sie und schlug auf das erste Kinn, das sich ihm anbot, mit einer solchen Wucht, dass nicht nur der Geschlagene zu Boden fiel. Zwei andere Jungs riss dieser mit, als er das Gleichgewicht verlor. Oskars Hand pochte vor Schmerz. Jetzt liefen ihm echte Tränen übers Gesicht. Zum Glück fiel das niemandem auf. Oskar war der neue Held vom Schulhof. Keiner traute sich mehr, *Mädchen* nach ihm zu rufen.

Bestärkt von diesem Ereignis und voller Stolz raste Oskar nach Hause. Das musste er sofort seiner Mutter erzählen, vielleicht durfte er nun endlich mit ihrer Erlaubnis trainieren.

Als er in den Hausflur stürmte, hörte er oben im dritten Stock aufgeregte Stimmen. Er kannte sie nur zu gut: die seiner und Kallis Eltern. Sie erwähnten Kallis Namen. Oskar zuckte zusammen, und presste fest die Lippen aufeinander, nur um sich nicht zu verraten. Er wagte es nicht, sich zu bewegen, nicht einmal zu atmen, um ja kein Geräusch von sich zu geben. Er musste alles hören, was sie oben über Kalli sprachen. Hässliche Worte drangen an sein Ohr: Worte wie krank, schlimm, Krankenhaus. Am liebsten hätte er sich die Ohren zugehalten. Doch Oskar musste endlich wissen, was mit seinem Freund war. Mit feuchten Augen hörte er weiter: sieht nicht gut aus, Blutkrebs, und als seine Mutter noch: »… das arme Kind …«, fallen ließ, gab es kein Zurückhalten mehr.

Oskar stürmte die Treppe hinauf. »Was habt ihr mit Kalli gemacht? Wo ist er? Ihr verheimlicht mir was! Kalli ist mein bester Freund! Ich will wissen, was mit ihm ist!«

Die völlig verdutzten Eltern rangen nach Erklärungen.

»Oskar, komm, wir gehen ein paar Hanteln stemmen!« Kallis Vater fand als erster seine Sprache zurück. Oskars Mutter nickte zustimmend. Im Übungskeller erfuhr Oskar alles über Kalli. Er lag im Städtischen Krankenhaus, denn er war an Leukämie erkrankt. Kallis Vater erklärte ihm alles ganz genau, als sei er ein ganz großer Junge.

Dank seiner neu gewonnen Kraft, traute sich Oskar zu fragen, ob er Kalli besuchen dürfe. Die Eltern gaben ihr Einverständnis, denn auch Kalli hielt es ohne Oskar kaum noch aus. Oskar war erleichtert, denn nun wusste er, wo er seinen besten Freund finden konnte.

Kalli freute sich riesig über Oskars ersten Besuch. Die Eltern hatten Kalli darüber nichts erzählt. Er sollte eine Überraschung werden, und die gelang. Seit diesem Besuch waren die beiden wieder unzertrennlich. Jeden Tag kam Oskar nach der Schule zu Kalli und erzählte alle Neuigkeiten; die wichtigen und die unwichtigen. Die beiden lernten sogar zusammen.

Irgendwann wurde Kalli trauriger. Er erzählte Oskar Neuigkeiten über seine Krankheit. Er brauche neues Blut. Das sei aber gar nicht so leicht zu bekommen.

Es wurde nach einem Spender gesucht. Die beiden Jungs waren nicht mehr fröhlich, sondern sehr betrübt. Sie wussten, was passieren könnte, wenn kein Spender gefunden wurde. Sie steckten ihre Köpfe zusammen und überlegten, wie Kalli ganz schnell geholfen werden konnte.

»Mensch, Oskar, das ist toll! Die ganze Schule macht mit?«

»Ja, auch die Lehrer und die Eltern von allen.«

»Stark!«

»Du, Kalli, da musst du aufpassen. Nicht, dass du dann einen aus der 5a erwischst.«

»Wumm!« Ein Kissen landete mitten in Oskars Gesicht. »Hey! Ich hab ne Idee! Dass ich da nicht eher drauf gekommen bin?«

»Lass hören!«

»Pass auf! Der Winnetou und Old Shatterhand, die beiden sind Blutsbrüder …« Noch dichter als sonst rutschten die beiden zusammen, und Oskar erzählte Kalli mit verschwörerischer Stimme die Geschichte, wie Winnetou und Old Shatterhand Blutsbruderschaft schlossen, indem sie ihr Blut tauschten.

Beim nächsten Besuch zog Oskar wie verabredet ein Taschenmesser aus seiner Hose. Kalli und er wollten es tun. Was bei Winnetou und Old Shatterhand funktionierte, das sollte auch bei ihnen klappen. Sie führten zunächst einige Proben durch. Es ging alles gut.

»Arm vor, einritzen, Arme mit der Wunde übereinanderlegen, pressen, etwas warten, fertig! Hm, das ist leicht. Oskar, sag mal! Welchen Arm nimmt man denn, rechts oder links?«

»Ähm. Das … weiß ich nicht mehr so genau. Aber ich kann eh nur mit Rechts schneiden. Also, wir nehmen den linken Arm vor. Alles klar? Fertig?«

»Fertig! Du, Oskar, ich hab bisschen Schiss.«

»Ich auch. Sollen wir?«

»Ja!«, riefen beide zugleich. Gesagt, getan.

Kalli durfte zuerst schneiden, er war schließlich der Kranke. Er biss sich fest auf die Lippen, laut schreien ging nicht, das hätte sie verraten.

Jetzt war Oskar an der Reihe. Mit zitternden Fingern übernahm er das Messer. Er konnte den Anblick seines Freundes fast nicht ertragen, so bleich, mit weit aufgerissenen Augen. Ein Zurück gab es nicht mehr. Oskar streckte seinen linken Arm aus, setzte das Messer an, drehte den Kopf mit geschlossenen Augen zur rechten Seite und schnitt sich mit aller Kraft, die er noch aufbringen konnte, selbst ins Handgelenk. Sofort schoss ein unbeschreiblicher Schmerz in seinen Arm, das Messer fiel ihm aus der Hand. Ihm wurde heiß und kalt zugleich, das Bett und das Zimmer, alles drehte sich im Kreis.

Kalli! Wo war Kalli?, seine Gedanken wollten ihm nicht mehr gehorchen.

Blut, überall war Blut und mittendrin lag ein bleicher Junge: Kalli.

Dann übermannte auch Oskar eine schwere Müdigkeit, gegen die er sich nicht wehren konnte.

Oskar kam langsam zu sich. Ihn überkam das Gefühl, geschlafen zu haben, aber irgendwie doch nicht. Eine seltsame Geräuschkulisse drang an seine Ohren. Das war nicht sein Wecker. Als er die Augen aufschlug, schrie ihn eine bestens bekannte Stimme von der Seite an.

»Erster!«

»Kalli!«

Sein bester Freund saß freudestrahlend in einem Krankenhausbett und grinste ihn breit an.

»War leider schief gelaufen. Ich kann doch kein Blut sehen. Schwester Uschi hat dich gehört. Oskar, du hast wohl geschrien wie am Spieß.«

»Ich weiß gar nichts mehr. Kalli, was tuscheln die denn da?«

In einer Zimmerecke standen Ärzte und ihre Eltern aufgeregt und erfreut in ein Gespräch vertieft. Sie bemerkten gar nicht, dass es den beiden Blutsbrüdern wieder besser ging. Bei Oskars Untersuchungen wurde herausgefunden, dass er der optimale Spender für Kalli sei. Nur Oskars Mutter hatte wie immer Bedenken.

»Kalli hat immer auf mich aufgepasst, jetzt passe ich auf Kalli auf.« Oskar ließ es nicht zu, dass er so kurz vor dem Ziel Kalli nicht helfen dürfe.

Kallis Vater, der bis dahin ganz still gewesen war, trat an dessen Bett. Da erst bemerkte Kalli, dass sein Vater weinte. Es war das erste Mal, dass Kalli seinen Vater mit Tränen sah.

»Kalli, ich bin so froh, dass du diesen Dummenjungenstreich überstanden hast. Ich bin froh, dass dein bester Freund dir helfen wird. Du kannst zwar jetzt kein Gewichthebermeister mehr werden …«

»Papa! Ich muss dir was sagen. Eigentlich mag ich Gewichtheben gar nicht. Ich trainiere gern mit dir, aber bitte keine Meisterschaft. Ich singe viel lieber. Hör mal!« Kalli sprang aus seinem Bett, stellte sich in Sängerpose und schmetterte fehlerfrei ein fröhliches Lied.

»Junge! Wo hast du das gelernt?«

»Oskar. Papa, Oskar hat es mit mir geübt. Heimlich. Dafür hatte ich mit ihm Hanteltraining gemacht.«

»Kalli, dein Vater kann doch uns beide trainieren. Ich brauche Muskeln, und du, du brauchst wieder neue. Ach, Mama bitte!«

Die Köpfe der Eltern wanderten von Oskar zu Kalli und von Kalli zu Oskar. Sie waren überwältigt, mit welcher Energie ihre Söhne ihre Pläne verfolgten. Kallis Vater nahm Oskars Vorschlag an. Sogar Oskars Mutter gestand sich ein, dass ihr Sohn kein kleiner Junge mehr war.

Limit, Schritt & Defizit

Der Schmerz – er packt mich
Doch ich halte Schritt
Dein Wort – es trifft mich
Doch es wirft mich nicht zurück

Die Trauer – sie umhüllt mich
Doch füllt sie mich nicht aus
Eine Träne – sie ergreift mich
Doch ich lass sie hinaus

Der Zorn – er ruft mich
Ich weiß, was er verspricht
Der Hass – er erfasst mich
Doch er zerfrisst mich nicht

Die Angst – sie wiegt mich
Doch überschreit ich ihr Limit
Die Sorge – sie umschließt mich
Doch ich sprenge sie wie Dynamit

Die Pein – sie fesselt mich
Doch ich entfliehe ihr geschickt
Die Ruhe – sie erdrückt mich
Doch macht sie mich nicht verrückt

Meine Krankheit – sie durchfährt mich
Doch bin ich weit mehr als das
Meine Not – sie unterwirft mich
Doch in meinen Händen zerbricht sie wie Glas

Alles Dunkle in meinem kurzen Leben
Macht mich doch nicht wirklich aus
Ich hab noch so viel mehr zu geben
Drum wandle ich mein Defizit
und mache Hoffnung draus

Bewegung ist die Seele aller Dinge

»Joe, sieh mich an«, sage ich.

Sie blickt zu mir auf und ich kann die Angst in ihren Augen sehen. Ich weiß, sie will nicht sterben, ich weiß, sie wird kämpfen, doch im Moment ist alles, was sie fühlt, die gleiche Panik wie ich, wie wir. Brad neben mir ist blass wie eine Wand, er sieht aus, als müsste er gleich kotzen.

»Wir schaffen das, Joe!«

Sie erhebt sich, tritt vor den Spiegel und betastet noch einmal ihre rechte Brust. Sie untersucht sie sorgfältig und ich betrachte ihr angespanntes Gesicht über die Oberfläche des Spiegels hinweg. Ich weiß, sie hofft darauf, den Knoten nicht zu finden, doch nachdem sie uns ins Schlafzimmer gerufen hat und uns die Stelle gezeigt hat, haben sowohl Brad als auch ich ihn gespürt. Er ist da. Ich gebe mir einen Ruck, trete hinter sie und umfasse die betroffene Brust. Mit der Rechten stütze ich sie von unten und mit der Linken streiche ich das Gewebe vom Brustbein weg und zur Brustwarze hin. Ich entdecke ihn quasi sofort. Joes Finger schieben sich unter meine und während sie endlich die Tatsache akzeptiert, dass er da ist, laufen ihr Tränen übers Gesicht.

Brad hebt das Top, das auf unserem Bett liegt, auf, tritt zu uns und reicht es Joe. Nachdem sie sich angezogen hat, halten wir sie beide in den Armen.

Brad atmet einmal tief durch und ich sehe an seinem Gesichtsausdruck, wie er sich einen Schlachtplan zurechtlegt. Er löst sich von Joe und verlässt das Zimmer, ein paar Minuten später kehrt er mit ihrem Terminplaner und dem Telefon zurück. »Willst du anrufen oder soll ich?«, fragt er sie, woraufhin sie lediglich die rechte Hand nach dem Telefon ausstreckt. Sie sucht die Nummer ihrer Frauenärztin heraus und ruft an. Während Joe die Situation schildert und erklärt, dass sie heute Morgen einen Knoten ertastet hat, nehme ich Brad beiseite.

»Fuck!«, sagt er und dann noch einmal: »Fuck!«

»Es ist bestimmt nichts«, spreche ich uns beiden Mut zu.

»Da ist ein verdammter Knoten in ihrer Brust. Das Scheißding fühlt sich an wie eine Murmel.« Ich nicke. Ja, das tut es und es hat auch ungefähr diese Größe. »Fuck!«, flucht Brad erneut.

Mit den Worten »Vielen Dank und bis später« beendet Joe das Telefonat. Sie gibt Brad das Telefon, der es achtlos auf dem hübschen Schminktisch, den Sam unserer Frau zum Geburtstag geschenkt hat, ablegt. »Ich habe noch heute einen Termin.«

»Wir kommen mit«, lässt Brad sie wissen und Joe ist die Erleichterung deutlich anzusehen. Einen Moment lang stehen wir unschlüssig beisammen. Keiner weiß, was er sagen soll und Brad ist es, der die Stille schließlich nicht mehr erträgt. »Ein Knoten heißt nicht, dass es Krebs ist. Der kann doch auch gutartig sein«, sagt er und ich höre die Angst und Verzweiflung deutlich aus seiner Stimme raus.

Joe und ich werfen uns einen vielsagenden Blick zu. Ihre Mum ist an Brustkrebs gestorben, als sie und Russel sechs Jahre alt waren, Dean war damals elf. Er hat das sehr viel bewusster wahrgenommen als die Zwillinge. Dennoch kann Joe sich an gewisse Dinge erinnern und sie hat immer gesagt, dass sie nicht so sterben möchte. Wortwörtlich sagt Joe, die Mutter meiner Kinder: »Ich will nicht so erbärmlich verrecken. Dann lieber wie Rus aus dem Leben scheiden, mit Pauken und Trompeten und einem großen Knall die Bühne verlassen.«

Jedes Mal, wenn sie damit um die Ecke kommt, dann erwidere ich: »Du hast diese zwei kleinen Jungs, die absolut keine Ahnung haben, wie sie ohne dich weiterleben sollen, weil du der Mittelpunkt ihres Lebens bist.«

Ich senke meine Stirn gegen ihre Schläfe und atme Joes Duft ein. Sie riecht göttlich. Auch Brad rückt näher und umarmt sie von der anderen Seite.

»So ist es doch, oder?«, fragt er hoffnungsvoll.

»Ja«, wispert Joe, aber ich kann hören, dass sie es bloß erwidert, weil sie ihn beruhigen möchte.

»Kann ich dir was bringen, Joe. Ein Wasser?« Brad ist nicht der Typ, der untätig rumsitzen kann. War er nie und wird er auch nie sein.

»Gerne«, antwortet sie. Er ist schon fast an der Tür, als er sich plötzlich umdreht und zu uns zurückkommt. Er zieht Joe in seine Arme und küsst sie hart und leidenschaftlich, doch ich merke deutlich, dass er sich immer noch zurückhält und nicht all seinen Gefühlen freien Lauf lässt. Joe hebt ihre Hand an seine Wange und streichelt sie zärtlich, nachdem er sich von ihr gelöst hat.

»Jetzt braucht sie erst recht ein Wasser«, erinnere ich ihn, woraufhin er sagt »Kommt sofort!« und ihr zuzwinkert. Er ist immer superlieb zu ihr und trägt sie auf Händen. Brad betet sie förmlich an. Ich bin da … nun ja, ich kenne sie eben mein ganzes Leben lang und glorifiziere sie nicht. Ich kenne wirklich all ihre Fehler und sie ist bei Weitem nicht so perfekt, wie Brad immer behauptet. Vielleicht wiederhole ich mich, aber: Wenn sie perfekt wäre, dann könnte sie kochen und als Frau in einem Haushalt mit vier Männern ist das wirklich ein gravierendes Manko. Nein, ich scherze bloß. Joe ist toll. Sie ist schließlich die Mutter meiner Kinder.

Kaum ist die Tür geschlossen, fragt Joe flüsternd: »Wie sagen wir das den Jungs?«

Ich drehe sie in meinem Arm um, umfasse ihre Schultern und antworte eindringlich: »Was, Joe, willst du ihnen sagen? Es gibt zum jetzigen Zeitpunkt nichts, worüber sie Bescheid wissen müssten. Brad könnte recht haben, weißt du? Es könnte wirklich sein, dass es ein gutartiger Tumor ist.«

»Glaubst du das, Babe? Ich meine, glaubst du das ernsthaft?«

»Gib mir einen Moment«, bitte ich sie, schließe die Augen und horche in mich hinein. Ich schaue mir die Panik an und erkenne sie als das, was sie ist. Meine Urangst vor dem Verlust. Ich atme tief ein und aus und versuche dieses wogende Meer aus Emotionen zu besänftigen. Ich suche nach diesem erdrückenden Gefühl, welches ich hatte, bevor meine Mum und Rus starben und das ich auch bei Joes Fehlgeburt gespürt habe, doch da ist nichts und dann höre ich Russels Stimme: »Keine Angst. Alles ist gut.« Und ich weiß, dass alles gut ist. Auch nach all der Zeit rede ich immer noch oft mit Joes verstorbenem Zwillingsbruder, nach dem wir unseren Erstgeborenen benannt haben.

Ich öffne die Augen, schaue in Joes und sage: »Ja, ich bin sicher. Was auch immer passiert. Wir stehen das durch. Das weiß ich einfach.«

»Ich werde nicht elendig vor die Hunde gehen wie meine Mum?«, will sie wissen, doch ehe ich antworten kann, fügt sie hinzu: »Du weißt, ich will so nicht sterben.«

»Jaja, dieses Lied hast du in den vergangenen Jahren oft genug gesungen, Joe. Ich kenne die Leier. Dann lieber mit lautem Knall die Bühne verlassen und vorher noch eine fette Party schmeißen. Aber denk daran, …«

»Ich erinnere mich. Warte!« Und dann imitiert sie meinen Tonfall erschreckend perfekt, als sie sagt: »Du hast diese zwei kleinen Jungs, die absolut keine Ahnung haben, wie sie ohne dich weiterleben sollen, denn du bist der Mittelpunkt ihres Lebens.«

Ich nicke, nehme ihr Gesicht in beide Hände und küsse sie. »Genau und abgesehen davon, sind da noch deine beiden Söhne. Nicht nur Brad und ich wären ohne dich haltlos verloren, Joe, auch Rus und Ash.« Sie gluckst belustigt und schüttelt den Kopf über meinen schrägen Humor, der dieser Situation absolut nicht angemessen ist. Auch nach all den Jahren kann ich Joe noch zum Lachen bringen und ich gebe mir redliche Mühe, denn schließlich liebe ich dieses Geräusch.

»Wirst du das durchstehen, ohne auszuticken und ohne Dummheiten zu machen oder wird es sein wie damals?« Ich verziehe mein Gesicht und der Ärger, der sich darauf spiegelt, gilt nicht Joe. Damals

– mit zweiundzwanzig – wäre sie fast bei dieser Fehlgeburt gestorben. Ein Ereignis, von dem ich auch heute noch hin und wieder Albträume habe. Zu diesem Zeitpunkt war ich nicht mehr als ein dummer, verängstigter Junge, der gerade die Liebe seines Lebens gefunden und beinahe verloren hätte. Ich habe denkbar bescheuert reagiert – etwas, das ich mir bis heute nicht verzeihen kann, obwohl Joe so großzügig war, mich trotz all dem Kummer, den ich ihr bereitet habe, zurückzunehmen.

Ehrlich, meine einzige Entschuldigung ist, dass ich damals noch kein richtiger Mann gewesen war, sondern mich auf dem Weg dahin befand und vielleicht habe ich Joes Beinahe-Tod auch deshalb nicht verkraftet, weil Russel – mein bester Freund und Joes Zwillingsbruder – erst wenige Monate zuvor bei einem Autounfall ums Leben gekommen war. Nein, heute, fast fünfzehn Jahre später, weiß ich beim besten Willen nicht, was mich damals geritten hat. Ich weiß, ich habe mich ähnlich gefühlt wie jetzt. Ich hatte Angst und war panisch, doch damals bin ich einfach vor meinen Gefühlen davongelaufen.

»Joe ...«, beginne ich.

Sie seufzt. »Es tut mir leid, Rory. Ich möchte bloß wissen, worauf ich mich einstellen muss.«

»Joe, du und ich werden das durchstehen. Ich werde nicht von deiner Seite weichen. Du bist nicht allein und wir werden das schaffen. Ich verspreche es. Habe keine Angst, ich bin nicht mehr so.«

»Das will ich dir auch geraten haben«, dröhnt es von der Tür her. Ich habe gar nicht mitbekommen, dass Brad wieder das Zimmer betreten hat. »Noch mal würde ich dich mit so einer Nummer nicht durchkommen lassen.« Ich weiß nicht, was bedrohlicher ist, sein grollender Tonfall oder sein eiskalter Blick.

»Reg dich ab, Bro«, meine ich und schenke ihm ein Lächeln, was unter den gegebenen Umständen jedoch reichlich lahm wirkt. Brad und ich, wir kommen wirklich gut miteinander zurecht. Man müsste meinen, weil wir Joe beide lieben und sie wiederum uns beide liebt, wären wir eifersüchtig aufeinander – dem ist aber nicht so. Wir geraten immer nur dann aneinander, wenn wir der Überzeugung sind, dass der andere etwas tut, was Joe schaden könnte. Dabei würde das keiner von uns absichtlich oder vorsätzlich tun, denn wie gesagt: Wir lieben sie beide. Brad ist ihr Mann und ich bin der Vater ihrer Kinder. Unsere Beziehung ist außergewöhnlich, aber bei Weitem nicht so selten, wie man vermutlich meinen würde.

Joe nippt an dem Wasserglas, während Brad sie beobachtet. Sein Blick ruht liebevoll auf ihr. »Gut, dass die Jungs in der Schule sind«, meint er. Ich nicke. Ja, das ist wirklich gut. Sie sind zwar erst neun und elf Jahre alt, aber sie sind nicht auf den Kopf gefallen. Den beiden kann man nichts vormachen. Sie wüssten genau, dass etwas im Busch ist. »Ich rufe Dad an, er soll mit den Jungs nach der Schule was unternehmen«, sage ich, greife zum Hörer und verlasse unser Schlafzimmer. Ja, es ist besser, die beiden Monster aus dem Haus zu schaffen.

»Hey, Dad!«, melde ich mich, als er ein knackiges »Eric Johnson!« in den Hörer bellt.

Ich kann förmlich hören, wie sich seine Stirn in Falten legt. Es dauert einen Moment, dann fragte er: »Was ist los?«

»Nichts, Dad, ich wollte dich nur um einen kleinen Gefallen bitten«, erwidere ich und bemühe mich um einen entspannten Tonfall, doch meinen Dad kann ich nicht täuschen.

»Du kannst mich bitten, worum immer du willst, mein Sohn, aber verkauf mich nicht für dumm, hörst du? Ich bin vielleicht inzwischen alt, aber entgegen der landläufigen Meinung wird man dabei nicht automatisch senil.« Ich lächle unwillkürlich. Einen Teil meines Charmes und Humors habe ich eindeutig von ihm geerbt. »Also, Rory, was ist los?«, fragt er sehr ernst.

Ich seufze und in dem Moment, in dem mein Atem entweicht, wird mir klar, wie heftig die Anspannung, die sich dadurch ein wenig löst, war. »Okay, Dad, hör zu. Du musst dich heute Mittag um die Jungs kümmern. Sei so gut und sorg dafür, dass es ihnen gut geht. Unternimm was Schönes mit ihnen. Fahrt mit dem Boot raus, geht zum Angeln oder Surfen. Macht einfach irgendwas.« Bevor er noch einmal nachhaken kann, sage ich: »Joe hat einen Arzttermin und wir beide möchten sie begleiten. Ich sage dir Bescheid, wenn wir wissen, was los ist, Dad.«

»Okay«, erwidert er, denn er weiß, mehr bekommt er aus mir nicht raus. Ich denke wirklich, er belässt es dabei, doch dann fragt er: »Meinem Herzensmädchen geht es doch gut, oder?«

»Das hoffen wir, Dad.«

Es wird still am anderen Ende der Leitung. Dad kannte Linda und er weiß, woran sie gestorben ist. Ich schätze, er reimt sich bereits eins und eins zusammen. »Gib meiner Lieblingsschwiegertochter …« Er nennt sie immer so, obwohl wir nicht verheiratet sind. »… einen dicken Kuss und sag ihr, dass sie sich auf mich verlassen kann.«

»Das werde ich, Dad.«

»Rory?«

»Ja, Dad?«

»Kann sie sich auch auf dich verlassen?«

Ich lächle matt und seufze erneut. »Dad, das damals, das ist fünfzehn Jahre her.«

»Ja, Rory, ich weiß und ich weiß auch, dass du inzwischen erwachsen bist. Dennoch ist diese Sache etwas … Du weißt nicht, wie stolz ich auf dich und auf das, was du erreicht hast bin, mein Sohn, aber diese Sache damals … ich habe mich nie mehr für dich geschämt als in dem Augenblick, als ich davon erfahren habe«, gesteht er mir.

»Geht mir ähnlich, Dad. Ich weiß wirklich nicht, wie ich mich damals so kopflos verhalten konnte. Ich bereue, dass ich Joe mit dieser unbedachten Dummheit verletzt habe und auch heute kann ich mein Glück, dass sie mir verziehen hat, manchmal nicht fassen. Keine Sorge also, ich werde alles in meiner Macht Stehende tun, um sie zu beschützen.« Auch wenn das, sollte sie wirklich Brustkrebs haben, nicht viel sein wird.

Sechs Stunden später stehen Brad und ich neben der Untersuchungsliege, auf der Joe nun liegt. Die Ärztin hat die Brust zuerst abgetastet und auch den Knoten gefunden, den wir alle drei heute Morgen gespürt haben. Nun will sie sich das Ganze mit Ultraschall anschauen. »Das sieht per se erst einmal nicht sehr beunruhigend aus, Mrs. Hoover«, sagt die Ärztin nach einer Weile und dafür würde ich sie am liebsten küssen. »Das Ganze schaut mir nach einem Fibroadenom aus. Es gibt nur eine Stelle, die ich genauer untersucht haben möchte, weshalb ich eine Mammografie veranlassen möchte.« Sie klingt zuversichtlich. Ich studiere ihr Gesicht, während sie Joe einige Tücher reicht, damit diese das Gel von ihrer Brust entfernen kann. »Ich schaue mal, ob wir das gleich machen können«, sagt sie und verlässt den Raum. Kaum fällt die Tür ins Schloss, bestürmen wir Joe. »Siehst du, kein Grund zur Sorge«, murmle ich in ihre Haare, während ich sie in den Armen halte. Brad küsst sie und die Erleichterung steht ihm buchstäblich ins Gesicht geschrieben. Sie schiebt uns von sich weg und beginnt sich anzuziehen.

»Das hier ist noch nicht vorbei«, sagt sie und klingt gereizt. Ich kann ihre Angst nahezu spüren, weiß jedoch nicht, ob es die Untersuchung ist, vor der sie sich fürchtet oder das Ergebnis.

»Was wird da jetzt gemacht?«, will ich wissen.

»Es ist eine unangenehme Untersuchungsmethode, bei der man jedoch schon kleinste Knötchen und Veränderungen sehen kann«, beantwortet sie meine Frage.

»Inwiefern unangenehm? Wird es wehtun?«

Joe richtet ihren Blick auf Brad. »Ja, vermutlich schon. Die Brust wird ziemlich gequetscht werden und ihr wisst ja, ich bin da etwas empfindlich.«

Die Tür zum Behandlungszimmer wird geöffnet und die Ärztin erscheint. »Mister Hoover, Mister Johnson, Sie dürfen gerne noch mal im Wartezimmer Platz nehmen. Mrs. Hoover, wenn Sie mir bitte folgen würden.« Joe atmet tief durch, strafft ihre Schultern und geht an uns vorbei. »Sie brauchen keine Angst zu haben«, beruhigt die Ärztin sie, als sie Joes besorgte Miene sieht.

Im Wartezimmer sind außer uns noch drei andere Leute. Ein Paar und eine Hochschwangere, die aussieht, als würde sie jeden Moment entbinden. Brad beugt sich zu mir und fragt mich flüsternd: »Wie geht es dir?«

»Ich schätze besser als dir, Bro«, entgegne ich. »Du wirkst ziemlich mitgenommen.«

»Als ich das Ding in ihrer Brust gefühlt habe, ist mir richtig schlecht geworden. Ich dachte wirklich, ich muss mich gleich übergeben. Ich hoffe so sehr, dass es nur dieses Fibrodings ist«, meint er und knatscht hektisch auf seinem Kaugummi herum.

»Fibroadenom«, verbessere ich ihn und ernte einen seiner typischen Blicke, die mir raten, lieber den Mund zu halten, was ich dann auch tue.

»Kannst du dir ein Leben ohne Joe vorstellen?« Seine Stimme ist nur noch ein schwaches, kaum hörbares Wispern.

»Brad, sie stirbt nicht. Im Moment ist doch noch nicht mal klar, ob dieser Knoten wirklich bösartig ist. Im Gegenteil, alles deutet darauf hin, dass er es nicht ist.«

Er nickt bedächtig. »Ja, ich weiß. Es ist nur, ich wünschte, wir hätten schon Gewissheit.«

Kurze Zeit darauf wird jedoch klar, dass die Mammografie keine eindeutigen Erkenntnisse bringt, weshalb Gewebeproben entnommen werden müssen. Ich halte während der Biopsie Joes Hand. Dabei zuzusehen, wie Nadeln – und seien sie noch so dünn – von dieser Länge in ihre Brust gesteckt werden, verursacht mir Gänsehaut. Ich versuche mich gelassen zu geben und bin mir sicher, dass Joe mir die Show keine Sekunde lang abnimmt. Brad hingegen mimt problemlos den Coolen. Er schenkt Joe sein gefaktes Sonnyboy-Grinsen, während er sie anschaut und ihr zuzwinkert.

Als wir später zu Hause ankommen, ist die Stimmung gedrückt, denn auf die Ergebnisse der Biopsie müssen wir eine knappe Woche warten.

Joe verkrümelt sich mit einem Buch aufs Sofa, während ich die Hausaufgaben der Jungs kontrolliere. Ich muss mir alle nur erdenkliche Mühe geben, nicht laut zu werden, denn die beiden wollen es heute echt wissen. »Rus, hör damit auf, Ash zu ärgern, und Ash, du strengst dich jetzt gefälligst an!«, fahre ich sie irgendwann an und glaube, dass das der Moment ist, in dem meine Jungs checken, dass etwas nicht in Ordnung ist. Ash macht schmollend und ohne ein weiteres Wort seine Matheaufgaben zu Ende, ehe er mir das Heft rüberschiebt. Er wartet, bis ich seine Lösungen abnicke und geht dann zu seiner Mutter, die inzwischen mit Brad auf dem Sofa kuschelt. Er quetscht sich zu ihnen. Joe zerzaust seine blonden Locken, die er und sein Bruder von mir geerbt haben, und ich höre, wie sie sagt: »Nein, es ist alles okay. Wie kommst du drauf?«

Ich kann seine Antwort nicht verstehen, doch dafür Joes, die umso lauter erwidert: »Keine Ahnung, welche Laus ihm über die Leber gelaufen ist. Ich für meinen Teil glaube, dass dein Daddy seine Periode bekommen hat.« Wie gerne würde ich diesem frechen Stück jetzt ein paar Takte dazu sagen. Ash jedenfalls lacht und fordert seine Mutter dazu heraus, mit ihm auf der Xbox zu spielen. »Schwerer Fehler, Kleiner«, flüstere ich vor mich hin, denn Joe lässt selbst Brad und mich immer wieder alt aussehen.

Ich beobachte sie und versuche mir keine Sorgen zu machen, was mir allerdings nicht wirklich gelingt, denn Rus fragt mich: »Dad, was ist los? Habt ihr euch gestritten, du und Mummy?«

»Es ist nichts, worüber du dir Sorgen machen musst«, versuche ich ihn zu beruhigen.

»Sicher?«

Ich nicke und entgegne mit fester Stimme: »Ganz sicher!«

Die Woche, die wir ausharren müssen, bis das Ergebnis vorliegt, ist der reinste Albtraum. Brad und ich versuchen Joe in dieser Zeit jeden Wunsch von den Augen abzulesen, weshalb sie uns irgendwann beiseitenimmt und uns in unsere Schranken weist. »Ich weiß, ihr meint es nur gut, aber zum einen sollen die Kinder doch nichts mitbekommen und zum anderen fühle ich mich scheußlich, wenn ihr euch so um mich kümmert. Können wir bitte einfach so tun, als wäre nichts?«

»Ich bin ein Meister im Verdrängen und bekomme das hundertprozentig hin«, meint Brad zuversichtlich. Joe lächelt ihn schwach an. Obwohl er nie über das, was ihm in der Vergangenheit widerfahren ist, spricht, kann ich es mir zusammenreimen. Die Andeutungen, die er während eines Zusammenbruchs vor ein paar Jahren gemacht hat, waren doch recht eindeutig. Allerdings weigere ich mich tunlichst darüber nachzudenken, dass Brad als Kind missbraucht worden ist. Was diesen Punkt anbelangt, tue ich seit Jahren so, als wüsste ich es nicht, denn ich bin mir sicher, er kann sich an unsere Unterhaltung damals nicht mehr erinnern. Er war arg betrunken und hatte auch einen oder zwei Joints geraucht – ich schätze, sonst wäre ihm kein einziges verräterisches Wort rausgerutscht. Dennoch bin ich froh, dass er sich in dieser Nacht mehr oder weniger verplappert hat. Wie gesagt, ich kenne keine Details und ich will sie auch gar nicht wissen, aber ich kann Brad dadurch bedeutend besser verstehen. Und ich komme besser damit klar, dass er und Joe mich hin und wieder ausschließen. Ja, ich bin erleichtert, dass er sein schreckliches Geheimnis offensichtlich mit ihr geteilt hat und sie ihn dabei unterstützt, dieses Erlebnis zu verarbeiten.

Um ehrlich zu sein, sehe ich Brad dadurch mit anderen Augen. Er war immer eine Art Vorbild für mich. Als ich ein Teenager war, da wollte ich so ein guter Surfer werden wie er. Ich habe zu ihm aufgeschaut, mich an ihm orientiert und das Wissen darum, was ihm passiert ist, hat ihn irgendwie entthront. Erst in dieser Nacht ist mir bewusst geworden, dass Brad auch nur ein Mensch ist und noch dazu einer mit einer entsetzlichen Vergangenheit. Ich weiß, wie das klingt, zumal er mir in all den Jahren zuvor bereits ein wirklich guter und enger Freund war – der beste, den man sich wünschen kann, um genau zu sein. Ich wusste also um seine Fehler und um seine Schwachstellen. Mir war klar, dass Brad ein Mensch war und dennoch war er für mich auch immer noch dieser Typ, zu dem ich aufgeschaut habe. Eben Brad Hoover, die lebende Legende. Dabei war es völlig gleichgültig, dass ich zwischenzeitlich ebenfalls in diesen illustren Kreis aufgenommen worden war und auch, dass wir die besten Freunde waren. Ein Teil von mir war eben noch immer dieses Kind, das ihn völlig unreflektiert betrachtet hat.

Mein Respekt ihm gegenüber ist jedoch nicht weniger geworden. Er hat sich lediglich verlagert. Heute bewundere ich Brad auf eine andere Art und Weise. Er hat überlebt, was viele nicht überlebt hätten. Ich bin stolz darauf, sein Freund sein zu dürfen und ich weiß, dass Joe es ähnlich sieht. Ich kann den Stolz und die Bewunderung in ihren Augen sehen, wenn sie ihn anblickt. Sie ist auch nach all den Jahren völlig vernarrt in ihn.

»Ach, Engel«, murmelt Brad in diesem Moment und zieht sie an sich.

»Es ist alles gut, Brad«, versichert sie ihm, doch gar nichts ist gut. Dennoch respektieren wir ihren Wunsch. Wir versuchen uns in den nächsten Tagen normal zu benehmen – jedenfalls soweit uns das möglich ist.

Rus fragt mich noch einmal, was los sei. »Trennt ihr euch?«, will er wissen.

»Was?«, frage ich verwirrt, denn das ist das Letzte, was ich zu tun vorhabe. »Nein!«

»Aber irgendwas ist los. Du und Brad, ihr seid so seltsam zu Mummy. Habt ihr Mist gebaut? Ist sie sauer auf euch?«

»Nein. Es ist wirklich alles okay. Wir lieben sie nur einfach sehr.« Obwohl der letzte Satz nicht gelogen ist und ich selten etwas gesagt habe, was wahrer ist, kauft Russel mir nicht ab, dass alles in Ordnung ist.

Die wenigen Tage ziehen sich wie Kaugummi dahin und auch wenn wir die halbe Nacht nicht schlafen konnten, ist es doch eine große Erleichterung, als wir endlich erneut in der Praxis sitzen.

»Okay, Mrs. Hoover, dann die gute Nachricht zuerst. Es handelt sich, wie bereits vermutet, lediglich um ein Fibroadenom. Das heißt, dass der Knoten gutartig ist.«

Ich drücke Joes Hand, doch sie fragt ängstlich: »Und die schlechte Nachricht?«

»Sie hatten uns gebeten, einen Gentest in die Wege zu leiten, um auszuschließen, dass ein erhöhtes erblich bedingtes Risiko vorliegt. Leider müssen wir Ihnen mitteilen, dass dies nicht der Fall ist.«

»Das heißt, es liegt ein erhöhtes Risiko vor, ja?«, hakt Joe nach.

»Ja. Acht von zehn Frauen, die über diese genetische Veranlagung verfügen, erkranken im Laufe ihres Lebens an Brustkrebs. Außerdem ist auch das Risiko an Eierstockkrebs zu erkranken erhöht. In Ihrem Fall beträgt es rund sechzig Prozent.« Brad zieht hörbar die Luft ein. Ich umklammere Joes Hand fester. »Es gibt die Möglichkeit ...«

»Ja!«, sagt Joe entschlossen. »Ich habe mir das schon überlegt und ich will das Risiko so weit wie möglich minimieren.« Das ist gut, denke ich, allerdings bin ich mir bei den nächsten Worten, die aus dem Mund der Ärztin kommen, nicht mehr sicher, ob ich wirklich so empfinde.

»Das bedeutet, Sie wollen eine Amputation beider Brüste und eine Entfernung der Eierstöcke durchführen lassen?«

»Ja!«, erwidert Joe und diesmal klingt sie nicht mehr ganz so sicher.

»Ich halte das in Ihrem Fall auch für sinnvoll«, stimmt die Ärztin ihr zu. »Dennoch muss ich wissen, ob Sie sich das wirklich gut überlegt haben.«

Joe nickt. »Ich habe nicht das Gefühl, dass ich eine andere Wahl habe«, erklärt sie.

»Doch, natürlich haben Sie die. Wir könnten sehr engmaschige Kontrollen durchführen und bei der kleinsten Veränderung reagieren ...«

»Nein!«, platzt es aus Brad heraus. »Wir wollen kein Risiko eingehen.« Joe schaut ihn von der Seite her an. Ihr Blick ruht auf ihm und ich kenne sie gut genug, um zu wissen, was sie denkt. Das ist ihr

Körper und wir haben diese Entscheidung nicht zu treffen, allerdings bin ich erleichtert, dass er die Dinge ähnlich sieht wie ich. Auch ich möchte nichts riskieren. Brad bemerkt, dass er gerade übergriffig war, sucht Joes Blick und fragt unsicher: »Oder?« Sie nickt erneut und ich sehe, wie sie seine Hand drückt. Brad lächelt ihr schwach zu und ich bemerke, wie die Anspannung etwas von ihm abfällt.

In den nächsten Tagen laufen die Vorbereitungen für die OP, der sich Joe unterziehen wird. Ich bin gereizt und nervös und deshalb unglaublich überrascht und dankbar, als Brad uns übers Wochenende auf das Segelboot von Joes Vater entführt.

Die nächsten Tage lassen wir all den Stress hinter uns. Es gibt nur uns drei, den Wind und das Meer. Wir nehmen Abschied und bereiten uns innerlich auf das vor, was uns in den kommenden Wochen erwartet.

»Hast du Angst?«, höre ich Brad sie mitten in der Nacht fragen.

»Ja, wahnsinnig.«

»Ich auch«, gesteht er ihr. Früher hätte er ihr gesagt, dass sie keine Angst haben muss – so wie damals, als sie die Fehlgeburt erlitten hat. Ständig hat er etwas davon gefaselt, dass es lediglich ein Routine-Eingriff sei. Doch Joe wäre dabei beinahe gestorben und ich schätze, das hat Brad kuriert. Auch er nimmt die ganze Sache nicht auf die leichte Schulter. Ich für meinen Teil vermeide kategorisch jeden Gedanken daran, denn sonst würde ich durchdrehen. Ich schaue Brad zu, wie er seine Hand über Joes entblößten Rücken gleiten lässt. Er vergräbt sie in ihren langen blonden Haaren und zieht ihren Kopf zu sich, um sie hungrig zu küssen. An der Art, wie er es tut, erkenne ich, dass er genau wie ich Angst hat, sie zu verlieren. Er versichert sich auf diese Weise, dass sie da und alles okay ist.

Und es wird alles wieder gut. Die OP verläuft völlig problemlos und schon bald hat Joe sich rein körperlich gut erholt. Das nächste Vierteljahr versuchen wir uns an die Veränderung zu gewöhnen. Jedem von uns ist klar, dass Veränderungen zum Leben gehören. An unserem Kühlschrank hängt ein Zitat von Paul Klee, das lautet: »Bewegung ist die Seele aller Dinge.« Dennoch gibt es solche, die leichter zu akzeptieren sind als andere und Joe tut sich schwer damit, ihren veränderten Körper anzunehmen. Mehr als einmal erwische ich sie dabei, wie sie vor dem Spiegel steht und sich skeptisch betrachtet. Ja, auch ich vermisse das Echte, aber ich liebe Joe. Der Eingriff und die künstlichen Brüste ändern daran nicht das Geringste. »Ich hasse sie!«, lässt Joe uns nach etwa neun Wochen wissen.

»Ich liebe sie«, meint Brad und ich schaue ihn erschrocken an. »Ich finde die Dinger super!« Ich kann Joe ansehen, dass sie gekränkt ist und Brad lässt sie etwas schmoren, ehe er sehr sanft hinzufügt: »Ja, sie sind nicht wie deine eigenen Brüste, aber die Sache ist die: Ich verzichte sehr gerne auf das Original, wenn du mir dadurch erhalten bleibst. Ob du es glaubst oder nicht, Joe, deine Brüste sind letztendlich ziemlich unwichtig. Ja, sie sind ein Teil von dir gewesen, aber sie sind eben nicht der entscheidende Teil. Ohne dich bedeuten sie nichts, aber ohne sie bedeutest du uns noch immer alles.«

Joe beißt sich auf die Unterlippe und versucht die Tränen zu unterdrücken, doch es gelingt ihr nicht. Brad senkt seine Stirn gegen die ihre und ich muss schmunzeln. Dafür, dass Brad den Ruf als Bad Boy der Surfszene weg hat, ist er, wenn es um Joe geht, der reinste Softie. Nachdem sie sich etwas beruhigt hat, sage ich: »Brad hat recht. Der Gedanke, dich zu verlieren, ist unerträglich. Wir sind sehr stolz, dass du diese Entscheidung getroffen hast. Wir wissen, dass das nicht einfach für dich war. Im Nachhinein war es für dich offensichtlich schwerer, als ursprünglich gedacht, aber es war definitiv die richtige Wahl. Ich für meinen Teil bin sehr erleichtert, dass dieses Damoklesschwert nicht permanent über uns schwebt und ja, du bist so viel mehr als deine Brüste.«

Brad nickt zustimmend und fragt: »Wie sagst du immer zu mir? Ich sei mehr als nur mein gutes Aussehen, mein Vermögen, mein Erfolg und meine Art zu Surfen«, fragt Brad, woraufhin Joe nickt. »Siehst du, aber auch du, Engel, bist mehr als bloß dein Körper. Wenn das alles wäre, was mich an dir gereizt hätte, wären wir vermutlich schon lange nicht mehr zusammen, denn der Reiz des Neuen wäre irgendwann verblasst.«

»Das weiß ich doch«, behauptet Joe.

»Aber?«, hake ich nach.

»Ich fühle mich anders.«

»Das ist nur, weil es noch ungewohnt ist, Joe. Du bist immer noch du und wir lieben dich so, wie du bist. Du bist eine Seele von Mensch und alles, was wir uns jemals gewünscht haben.«

Brad schnaubt verächtlich. »Das mag ja auf dich zutreffen, Goldlöckchen, aber Joe ist weit mehr, als ich mir jemals zu erhoffen und zu erträumen gewagt habe. Ich konnte mir nicht im Ansatz vorstellen, dass ich einmal so für eine Frau empfinden würde und genau deshalb werde ich dir auf ewig dankbar sein, dass du diesen radikalen Schritt gewagt hast. Dich zu verlieren, würde mich umbringen«, gesteht er ihr und spricht mir damit aus der Seele.

Drei Wochen später befinden wir uns wieder auf dem Segelboot und versuchen etwas der verlorenen Zeit nachzuholen. Natürlich ist uns bewusst, dass das nicht geht, doch wir brauchen etwas Ruhe und ein paar Tage ohne den Alltag. Wir wollen das Beste aus unserer gemeinsamen Zeit machen, denn uns ist wieder einmal deutlich bewusst geworden, dass diese endlich ist. Joe sitzt in Brads Hoodie gekleidet vorne am Bug des Bootes und schaut auf das Meer hinaus. Die Jacht pflügt mit rund fünfundzwanzig Knoten durch das Wasser, der Wind bläht sich in den Segeln über uns, die Sonne scheint und wir leben einfach den Moment. Etwas, das man viel zu selten macht und doch viel öfter machen sollte.

›Life is good‹, höre ich Russels Stimme in meinem Kopf und erwidere, wie immer in Gedanken: ›Ja, Life is good!‹

Hoffnung

Fast sternenlos ist heut die Nacht,
Allein der Mond hält einsam Wacht.
In seinem blassen, fahlen Licht
Kannst du nur ahnen mein Gesicht.

Nach oben schau, und such den Stern,
Hab ihn gefunden, ach so fern!
Er sagte, dass er ihn ihr schenke,
Damit sie immer an ihn denke.

Doch ach, nun ist er weit, weit fort,
An einem mysteriösen Ort.
Er kämpft, er will zurück ins Licht,
Doch findet er den Ausgang nicht.

Gefangen in den Zwischenwelten,
Wo unsre Regeln nichts mehr gelten
Dort kann er jedes Wort verstehn,
Kann ihr gar in die Augen sehn!

Erkennt er sie? Vielleicht, wer weiß.
Sie wünscht es sich so fest, so heiß!
Zwei Engel flüstern ihr: »Nur Mut.
Zuletzt wird alles wieder gut.«

Voll Zuversicht ins Engelwort,
Scheucht sie nun alle Zweifel fort.
Legt täglich ihm die Hand aufs Herz,
Fühlt weder Kummer dort noch Schmerz.

Sein Herz, es spricht, und gibt ihr Halt.
Es flüstert: »Engel, ich komm bald.«

Sternenbrücke

Columbus im Jahre 1988
Olivia war wie so oft auf einem ihrer Rundgänge durch die Flure der geräumigen, alten, im viktorianischen Stil erbauten Villa. Dieses altehrwürdige Haus lag an einem malerischen See, umgeben von prachtvollen Weidenbäumen. Doch es war nicht immer so idyllisch und friedlich wie zu dieser Zeit. Es gab Momente, in denen hier großes Leid herrschte.

An diesem Abend endete ihr Rundgang in dem Gemeinschaftsraum des Hauses, in dem sich die Kinder versammelten, um die Geschichte, die tief verborgen hinter den Mauern dieser vier Wände steckte, zu hören.

Die gute Seele des Hauses, Mrs. Hattie, eine nette alte Dame, die immer für die Kinder da war, erzählte den kleinen Gästen voller Hingabe die Geschichte dieses Hauses:

»Einst lebte hier ein sehr reicher Mann mit seiner Tochter, als eines dunklen Tages eine Tragödie über die Familie hereinbrach. Der Name des Mädchens war Emily und sie litt an einer unheilbaren Krankheit. Aus dem ganzen Land forderte der sorgende Vater Ärzte an, verzweifelt auf der Suche nach einem Heilmittel für sein über alles geliebtes und einziges Kind. Nur sie war ihm geblieben, nachdem seine Frau, die ihm mehr bedeutete als alles andere auf der Welt, bei der Geburt starb. Welche Qualen das arme Kind doch erleiden musste! Doch es war nichts zu machen. Emily wurde schwächer. Zuerst schlief sie Tag für Tag länger. An manchen Tagen bekam man sie überhaupt nicht aus dem Bett, so geschwächt war die Kleine. Dann kam einst der Tag, an dem sich dieser Dämon von Krankheit noch mehr an ihrem schmächtigen Körper zu schaffen machte. Ihre goldblonden Haare wurden strohig und fingen an, büschelweise auszufallen. Ihre Augenringe wurden immer größer, so als würde sich die Dunkelheit über ihr zartes Gesicht ausbreiten. Ihre ehemals ozeanblauen Augen verloren ihre Farbe immer mehr, bis ihre Iriden einer unklaren Pfütze glichen.«

Die kleine Lorrie unterbrach Mrs. Hattie bei ihrer Geschichte. Aufgeregt fragte sie: »Geht es ihr wieder besser? Bitte sag ja, Hattie!« Hattie streichelte ihr sanft über den kahlen Kopf.

»Hab noch etwas Geduld, Lorrie. Eine gute Geschichte erzählt man von Anfang bis zum Ende. Jedes noch so winzig erscheinende Detail könnte wichtig sein. Vielleicht nicht für die Geschichte selbst, doch für dich als aufmerksame Zuhörerin. Viele Geschichten, jedenfalls die guten, können dir bei deinen Sorgen und Ängsten behilflich sein. Hör also gut zu.«

Lorrie nickte. In ihrem Gesicht sah man ein erwartungsvolles, glückliches Lächeln. Die anderen Kinder warteten gespannt darauf, dass es mit der Geschichte weiterging.

Lediglich Marco saß wie immer in seinem Rollstuhl und hatte eine rote Baseballmütze tief in sein Gesicht gezogen. Er war etwas älter als die anderen, fast schon ein Teenager. Für ihn war es Zeitverschwendung, aber was sollte man hier schon anderes tun? Was konnte *er* schon anderes tun?

Wenigstens wird man hier nicht ständig bemitleidet. Hier sind wir alle gleich beschissen dran, dachte er und seufzte.

Hattie fuhr mit der Geschichte fort: »Wo war ich stehen geblieben? Ach ja. Emily ging es immer schlechter. Eines Tages kam ein Mann mit seiner kleinen Tochter in dieses Haus. Sein Name war Ramid el Zain und seine Tochter hieß Yasemin. Die beiden kamen aus einem weit entfernten Land. Yasemin war ungefähr im gleichen Alter wie Emily. Ramid war ein angesehener Arzt und hatte auf seinen Reisen von dem kranken Mädchen und dessen Vater gehört, der überall Hilfe suchte. Und er wollte diese Hilfe sein …«

Vor langer Zeit im Jahre 1895:
Ramid und Yasemin el Zain betraten den Vorgarten des Marsden Hauses. Der Besitzer, Sam Marsden, und seine Tochter Emily bewohnten dieses Haus mit einer nicht geringen Anzahl Bediensteter. Doch all der Reichtum vermochte der kleinen Emily bisher leider nicht zu helfen. Eine schwere Krankheit, für die keiner eine Erklärung hatte, schien sie immer mehr auszuzehren.

»Wirst du Emilys Leben retten, Vater?« Yasemin schaute ihrem Vater voller Stolz in die Augen. Sie waren seit fast zwei Jahren auf der Reise durch die ganze Welt und ihr Vater konnte schon so vielen Menschen helfen.

Er lächelte liebevoll und wendete dann seinen Blick nachdenklich Richtung Horizont. »Ich werde wie immer alles versuchen, meine Kleine. Aber erst muss mir Mr. Marsden seine Erlaubnis geben«, sagte er mit sanfter Stimme.

Beide betraten die Steintreppe zum Vordereingang des Anwesens. Das Haus hatte riesige Fenster mit blauen Fensterläden. Die Eingangstüre war so strahlend weiß, dass man an einem sonnigen Tag wie diesem fast daran erblinden konnte. Riesige Säulen mit edlen Verzierungen trugen das Vordach. Ramid betätigte den aus Bronze gefertigten Türklopfer in Form eines Löwenkopfs. Aus dem Haus hörte er eine zarte weibliche Stimme:

»Moment. Ich öffne Ihnen sofort!«

Mit einem leisen Klacken ging die Tür auf und eine junge Frau stand vor Ramid und Yasemin.

»Wie kann ich Ihnen helfen?«

»Mein Name ist Ramid el Zain und das ist meine Tochter Yasemin. Nennen Sie mich bitte Ramid. Wir sind hier, um Emily zu helfen.«

Das eben noch heitere Gesicht der Frau schien sich plötzlich zu verfinstern. Ihre Augen bekamen einen traurigen Ausdruck. Dennoch entging Ramid nicht, wie schön sie war. Ihr blondes Haar war zu einem Pferdeschwanz gebunden. Ihre großen, faszinierenden Augen hatten einen leichten Grünton. Ramid verfing sich in ihrem Blick.

»Mein Name ist Sarah Lindon. Ich bin hier, um Emily zu pflegen. Ihr Zustand verschlechtert sich zusehends.« In ihrer Stimme schwang ein trauriger Klang mit. »Mr Marsden, der Herr des Hauses, verliert immer mehr die Hoffnung und fast täglich kommen irgendwelche Leute, die behaupten, Emily helfen zu können. Natürlich verlangen alle eine Bezahlung. Geholfen hat bisher aber noch nichts …«

Bevor Sarah weitersprechen konnte, fiel ihr Ramid ins Wort.

»Ich möchte ihr einfach nur helfen. Das versichere ich Ihnen, Sarah. Daran sind keinerlei Bedingungen geknüpft.«

Sarah blickte Ramid misstrauisch an.

»Das muss Mr Marsden entscheiden. Kommen Sie herein, ich spreche mit ihm.«

Ramid und Yasemin betraten die große Eingangshalle. Der Boden bestand aus edlem Teakholz. In der Mitte des Raumes befand sich so etwas wie ein Wartebereich für Gäste des Hauses. Zwei luxuriöse Ohrensessel und ein großes einladendes Sofa mit bordeauxrotem Stoffbezug standen dort. Auf dem Tisch in der Mitte stand ein schönes, liebevoll arrangiertes Blumengesteck. Links und rechts befanden sich Treppenaufgänge, die in die oberen Stockwerke führten.

»Bitte warten Sie hier.«

Ramid nickte und nahm zusammen mit seiner Tochter auf dem Sofa Platz.

»Denkst du, Mr Marsden ist nett, Vater?«, fragte Yasemin. Ihre Stimme hatte einen leicht besorgten Klang.

»Das weiß ich nicht. Wir dürfen unser Urteil aber nicht voreilig fällen. Bedenke, dass er durch eine sehr schwere Zeit geht und auch noch weiterhin gehen wird. Unsere Aufgabe ist es, ihm und Emily so gut es geht auf diesem Weg zu helfen.« Yasemin nickte zustimmend.

Liebevoll strich Ramid über die schwarzen Haare seiner Tochter, die nach exotischen Blumen rochen. Sie hatte sie zu einem Zopf geflochten und mit einer türkisen Schleife zusammengebunden, dieselbe Farbe wie ihr Kleid und die Schuhe, die sie trug. Yasemin liebte Türkis über alles.

Von oben hörten sie Sarah rufen: »Kommen Sie bitte, Ramid.«

»Okay. Ich komme«, antwortete er und wandte sich an Yasemin: »Bleib hier, während ich alles Wichtige mit Mr Marsden bespreche. Bitte sei brav.«

Yasemin lächelte ihren Vater verschmitzt an. »Ich bin doch immer brav, Vater.«

Ramid gab seiner Tochter einen Kuss auf die Stirn und lief die linke Treppe hinauf. Auf dem letzten Treppenabsatz drehte er sich noch mal um und zwinkerte Yasemin zu. »Vielleicht gibst du dir diesmal noch etwas mehr Mühe.«

Sam Marsden war ein groß gewachsener, hagerer Mann. Die Sorge um seine Tochter hatte deutliche Spuren an ihm hinterlassen und er sah älter aus, als er eigentlich war. Einzelne graue Strähnen zeichneten sich in seinen Haaren ab. Seine Augenringe zeugten von schlaflosen Nächten. Er saß an seinem Schreibtisch aus dunklem Kirschbaumholz und massierte sich die Schläfen.

Hoffentlich nicht schon wieder so ein Quacksalber. Irgendjemand muss meinem kleinen Schatz doch helfen können, dachte er, wartend auf seinen Besucher. Sarah hatte ihm einen Mann angekündigt, der behauptete, seiner Tochter helfen zu können.

Es klopfte an der Tür.

»Herein«, rief er mit erschöpfter Stimme.

»Guten Tag, Mr Marsden. Mein Name ist Ramid el Zain. Nennen Sie mich einfach Ramid.«

»Guten Tag, Ramid. Nehmen Sie Platz.«

Misstrauisch beäugte Sam seinen Besucher. Ramid hatte einen dunklen Teint und einen gepflegten schwarzen Spitzbart. Er sah aus wie eine Figur aus ›Tausendundeine Nacht‹. Seinen Körper zierte ein Gewand aus weißem Leinen. Trotz aller Zweifel, die Sam hatte, machten die Augen dieses Mannes einen so vertrauenswürdigen Eindruck, wie er es noch nie zuvor erlebt hatte.

»Sie haben bestimmt von meiner Tochter gehört. Wieso glauben

Sie, dass Ihre Fähigkeiten ausreichen, um meinem wertvollsten Schatz helfen zu können, wo doch schon Dutzende vor Ihnen versagt haben?« Sam blickte Ramid tief in die Augen, doch dieser hielt dem bohrenden Blick stand.

»Versprechen kann ich Ihnen nichts, Mr Marsden. Ich versuche aber mein Bestes, ihr zu helfen. Schlechte Absichten habe ich keine. Ich kann verstehen, dass Sie misstrauisch sind, aber glauben Sie mir, ich bin weder wegen Geld noch wegen sonst was hier, was Sie mir geben könnten. Ich will nur eines: helfen.«

»Und wie soll diese Hilfe genau aussehen?«

»Nun ja. Ich möchte Emily erst einmal gründlich untersuchen. Außerdem habe ich Arzneien aus meinem Land dabei, die ihr helfen könnten. Aber das Wichtigste ist folgendes: Das Kind braucht Spaß und Freude am Leben. So schwer das auch erscheinen mag.«

»Pah! Das sagt sich so einfach. Sie hat andauernd Schmerzen und ihr geht es immer schlechter. Wie soll sie bitte Spaß am Leben finden und lachend über prächtige Blumenwiesen rennen?«

»Ohne Ihnen zu nahe treten zu wollen, Mr Marsden, aber das ist die beste Medizin. Der Körper kann ungeahnte Kräfte entwickeln, wenn der Geist glücklich ist ...«

Währenddessen:
Sarah saß mit Yasemin im Wartebereich des Erdgeschosses und wartete darauf, dass Ramid zurückkam. Sie befürchtete das Schlimmste. Sam Marsden vertraute niemandem mehr.

Dabei war er mal ein so gutherziger Mensch, dachte sie wehmütig und wurde von Yasemin aus den Gedanken gerissen.

»In welchem Zimmer ist Emily?«, fragte sie mit einem zuckersüßen Lächeln.

»Zu ihr darf niemand. Lass uns ein bisschen in den Garten gehen und das schöne Wetter genießen, während dein Vater mit Mr Marsden spricht.«

»Dann werde ich eben alleine nach ihr suchen.«
»Wie bitte?«
Noch bevor Sarah reagieren konnte, sprang Yasemin auf und rannte in das obere Stockwerk.
Wie kann ein kleines Mädchen nur so schnell sein?, dachte Sarah.
»Bleib sofort stehen, Yasemin!«
Doch die hörte nichts oder wollte es nicht. Sie rannte lachend durch den Gang gegenüber von Mr Marsdens Büro und direkt durch die Zimmertür, die als einzige rosa gestrichen war.

Nachdem Yasemin sich vergewissert hatte, dass die Türe fest verschlossen war, betrachtete sie den Raum. Von draußen hörte sie die wütende Sarah leise schimpfen: »Mach sofort die Türe auf. Emily braucht ihre Ruhe!«
Doch das kümmerte Yasemin nicht. Sie wollte unbedingt mehr über Emily erfahren. Staunend sah sie sich um. Hier war so gut wie alles rosa und weiß. Yasemin hatte einmal ein Märchenbuch über eine Prinzessin gelesen. Prinzessinnen schienen Rosa zu mögen. Fasziniert dachte sie: *Lerne ich jetzt gleich eine echte Prinzessin kennen?*
Sie sah sich weiter um. Zwei bodentiefe Fenster erhellten das Zimmer. Ungefähr in der Mitte stand ein weißes Schaukelpferd mit einem rosa Sattel. Der Teppich darunter war ebenfalls rosa. Jetzt war sich Yasemin sicher: *Emily muss eine Prinzessin sein!*
Ihr Blick schweifte weiter zu einem großen Regal, in dem eine beträchtliche Anzahl von Puppen und Kinderbüchern stand. Direkt daneben stand ein riesiger Kleiderschrank. Sie bemerkte auch das leise unregelmäßige Atmen von Emily, die unruhig in ihrem Bett schlief. Ein wuchtiges Himmelbett mit einer rosa Decke. An den weißen Pfosten prangten rosa Schleifen.
Ich lass sie noch ein bisschen schlafen, dachte Yasemin. Sie wollte sich unbedingt noch die Kleidung der kleinen Prinzessin anschauen. Was sie sah, konnte sie kaum glauben. Eine Unmenge an Kleidern in den verschiedensten Farben hing im Schrank. Auch ein wunderschönes

türkisfarbenes. Sie nahm es heraus, ging zu dem riesigen Spiegel und betrachtete sich wie gebannt darin. Dabei hielt sie es vor sich.

Vor der Türe versuchte Sarah nochmals ihr Glück: »Yasemin, bitte komm raus. Du weckst Emily noch auf.«

Doch Yasemin dachte nicht daran. Sie bemerkte auch nicht Emily, die mittlerweile aufgewacht war.

»Wer bist du denn?«, hörte sie die leise Stimme Emilys hinter sich.

Erschrocken drehte Yasemin sich um und sah sie zum ersten Mal, nun aufrecht auf der Bettkante sitzend. Ihre Haut war sehr blass und man sah ihr an, wie geschwächt sie von ihrer Krankheit war. Yasemin lächelte sie an.

»Hallo, Emily. Ich bin Yasemin. Mein Vater ist hier, um dir zu helfen. Dir geht es bald besser.«

»Glaubst du?«

»Nein, ich weiß es! Er ist der beste Arzt auf der Welt. Er redet gerade mit deinem Vater. Wollen wir was spielen?«

Traurig ließ Emily ihren Kopf hängen.

»Mein Vater sagt, ich muss mich ausruhen ...«

Yasemin setzte sich neben Emily aufs Bett und legte sanft ihre rechte Hand auf die Schulter.

»Der beste Arzt der Welt sagt, dass Spaß die beste Medizin ist. Wir gehen jetzt nach draußen und spielen.«

Emilys Augen funkelten vor Freude. Doch dann wurde ihr klar, dass man sie nicht so einfach hier rauslassen würde.

»Ich darf nicht. Einer der Ärzte hat meinem Vater gesagt, dass ich ganz krank werde, wenn ich rausgehe. Sarah passt bestimmt auf«, sagte sie. Die Enttäuschung war ihr anzuhören.

Yasemin fing an zu lachen. »Lass das nur meine Sorge sein. Ich lenke sie ab.«

Sarah konnte es nicht fassen. Diese kleine Göre tanzte ihr einfach auf der Nase herum. Langsam hatte sie die Faxen dicke. »Yasemin, komm jetzt sofort raus!«, flüsterte sie so energisch wie möglich durch die Türe, die sich daraufhin endlich öffnete. »Was fällt dir eigentlich ein?«, fragte sie die schelmisch grinsende Yasemin. »Warte nur ab, bis das dein Vater erfährt!«

Yasemin hielt sich den Zeigefinger vor die Lippen. »Pssst. Emily schläft. Du weckst sie noch auf«, sagte sie frech.

Sarah wurde so langsam richtig wütend. Sie schaute in das Zimmer und tatsächlich schien Emily zu schlafen. Sie lag seelenruhig in ihrem Bett.

»Du wirst schon sehen, was du davon hast!«

Doch schon rannte Yasemin wieder los. Ihr Ziel war das Erdgeschoss.

»Ich sage es ihm schon selber!«, rief sie lachend. Sarah versuchte ihr Bestes, um hinterherzukommen, doch sie hatte keine Chance.

»Bleib sofort stehen! Ich soll auf dich aufpassen!«

Doch Yasemin dachte nicht daran. Sie wollte, dass Emily mit ihr draußen spielte.

»Na warte! Mal schauen, was dein Vater dazu sagt.«

Yasemins Plan ging auf. Sarah ging in das Büro. Als sich die Türe hinter ihr schloss, gab sie Emily das Zeichen, dass die Luft rein war.

Als Emily und Yasemin außer Sichtweite des Hauses waren, hatte Emily seit Langem mal wieder ein glückliches Lächeln auf dem Gesicht. Sie war von der Ausreißaktion zwar vollkommen außer Atem, aber überglücklich, endlich mal wieder draußen zu sein und Spaß zu haben. Sie waren auf einem großen freien Feld am Rand eines Waldes. Eine leichte Brise strich sanft über das hohe Gras und die Bäume hinweg. Yasemin merkte, dass Emily eine kurze Pause brauchte.

»Komm, wir setzen uns hin und überlegen uns, was wir spielen.«

Yasemin zeigte auf eine kleine Bank im Schatten eines großen Kastanienbaums, auf der sie beide Platz nahmen. Emily schaute nachdenklich in den blauen Himmel und seufzte.

»Ich will endlich wieder gesund werden.«

Yasemin legte den Arm um ihre Schulter. Es fühlte sich an, als würde sie nur Haut und Knochen in ihrem Arm halten, doch sie ließ sich nichts anmerken.

»Ich hab dir doch vorhin schon gesagt, dass mein Vater der beste Arzt auf der Welt ist. Du bist bald wieder gesund.« Yasemin schaute tief in die wässrigen Augen der kleinen Emily, doch diese blickte unsicher zu Boden.

»Ich möchte einfach mit meinen Freundinnen spielen können. Wenn ich noch Freundinnen hätte ...«

»Wieso? Was ist mit denen?«, fragte Yasemin irritiert.

Emily vergrub ihr Gesicht in ihren schmächtigen Armen und fing an zu weinen. Ihr wurde mit einem Mal bewusst, wie einsam sie war und wie sehr sie sich danach sehnte, endlich wieder ein normales Leben zu führen. All ihre Freundinnen hatten entweder andere Spielgefährtinnen gefunden oder ihre Eltern verboten ihnen den Kontakt zu Emily. Sie hatten wohl Angst, sie könnte etwas Ansteckendes haben.

»Hör bitte auf zu weinen, Emily. Lass uns doch einfach die besten Freundinnen werden.«

»Wirklich?« Unsicher blickte Emily mit verquollenen Augen zu Yasemin.

»Aber klar! Ich wollte schon immer mit einer echten Prinzessin befreundet sein.«

Aufgebracht stapfte Sam auf den Feldweg, der sich quer durch die Felder schlängelte. »Emily! Wo bist du?!«

»Beruhigen Sie sich, Mr Marsden. Meine Tochter ist bei ihr. Sie sind bestimmt hier in der Nähe«, sagte Ramid.

»Ihre Tochter! Die ist ja schuld an diesem Schlamassel. Emily ist krank und braucht unbedingt Ruhe! Was ist, wenn sie sich mit etwas ansteckt?«

Während sie sprachen, gingen sie weiter schnellen Schrittes über den Feldweg.

»Ich verstehe ihre Sorgen, aber ihr wird schon nichts passieren. Die Ansteckungsgefahr ist hier auch mehr als gering.«

»Sie verstehen überhaupt nichts, Ramid! Ihre Tochter ist kerngesund und Sie wollen mir Ratschläge geben?«

Wenn er nur wüsste, wie viel Ramid von Verlusten verstand.

So weit man schauen konnte, breiteten sich Maisfelder aus. Die Sonne sank am Horizont, sodass alles den Anschein erweckte, als wäre es aus Gold. Die Felder, die Wipfel der Bäume und jeder einzelne Grashalm. Sie liefen weiter in Richtung des kleinen Wäldchens. Doch plötzlich hörte Ramid etwas. Lachende Kinder. Sam schien dies überhaupt nicht zu registrieren, so stark war die Sorge um seine geliebte Tochter. So selten hatte er den wunderschönen Klang fröhlicher Stimmen in den letzten Monaten gehört.

»Emily! Emily, wo bist du?« Er ging schnellen Schrittes weiter.

»Hören sie das nicht, Sam?«

Sam blieb abrupt stehen und lauschte. »Doch, das sind Kinder. Meine kleine Emily lacht …«

»Kommen sie, Sam. Es kommt aus dieser Richtung.«

Ramid zeigte in Richtung des Kastanienbaumes, dessen Krone über die Maisfelder herausragte. Die beiden Männer wurden nun noch schneller, und als sie in Sichtweite der Kinder waren, sah Sam etwas, was er schon seit langer Zeit nicht mehr gesehen hatte. Er blieb stehen, um diesen Anblick und das Lachen seines Kindes zu genießen. Emily rannte freudestrahlend über eine große Wiese. Zwar nicht schnell, aber überglücklich. Alle Sorgen waren kurzzeitig verflogen und Ramid sah in Sams Augen, was schon lange niemand mehr darin gesehen hatte: Tränen der Freude und der Erleichterung. Tränen, wie sie nur ein überwältigendes Glücksgefühl hervorbringen konnte. Sam atmete tief durch und ein breites Lächeln umspielte seine Lippen.

Columbus im Jahre 1988

»Und was geschah dann, Hattie?«, fragte die wissbegierige Lorrie.

Alle anderen Kinder schauten Hattie gefesselt an, sogar Marco schien Gefallen daran gefunden zu haben. Olivia hatte sich nun auch zu der Runde gesellt, denn auch wenn sie die Geschichte schon kannte, konnte sie sich dem Bann nicht entziehen, der von ihr ausging.

»Seid ihr noch nicht müde? Meint ihr nicht, es wird Zeit ins Bett zu gehen?«

»Nein!«, schrien alle gleichzeitig und Hattie musste lachen.

»Na, was meinst du, Olivia?« Sie zwinkerte ihr zu.

»Nun ja, die Kinder brauchen ihren Schlaf ...«

Allgemeine Unruhe machte sich breit.

»Ach bitte, Olivia! Ich kann eh nicht schlafen. Ich will wissen, wie die Geschichte weitergeht«, protestierte Lorrie.

»Also gut. Ich glaube, wir können heute mal eine Ausnahme machen.«

Die kleine Meute war nun nicht mehr zu stoppen. Aus allen Richtungen hörte man glückliche Freudeschreie. Sogar Marcos Gesicht hellte sich auf.

»Na gut. Dann erzähle ich weiter«, gab Hattie bekannt und fuhr fort. »In den nächsten Jahren hat sich Emilys Zustand verbessert. Sie und Yasemin wurden die besten Freundinnen und waren unzertrennlich. Deshalb beschloss Ramid, mit seiner Tochter in Columbus zu bleiben. Er wollte ihr endlich ein richtiges Zuhause bieten. Auch zwischen den Männern entwickelte sich ein starker Bund und die vier wurden zu einer Familie. Außerdem hatte er das unbestimmte Gefühl, dass er hier noch gebraucht werden würde. Die Arzneien aus exotischen Pflanzen und Kräutern schienen Emily gut zu tun. Aber vor allem war es die Freude und das Glück, das sie empfand, eine solche Freundin wie Yasemin an ihrer Seite zu haben. Die beiden Mädchen kamen ins Teenageralter und Emily durfte sogar wieder eine öffentliche Schule besuchen. Auch hier waren die zwei unzertrennlich und bei einem ihrer Streifzüge durch die nahe gelegene Stadt Columbus lernten sie einen besonderen Ort kennen. Einen Ort, der für die meisten die letzte Station ihrer Reise durch das Leben bedeutete. Aber eben auch ein Ort der Hoffnung, ein Ort der Hoffnung auf Erlösung. Ein Ort, der in kalten Zeiten Wärme brachte. Ein Haus voller Liebe ...«

Im Jahre 1904 in Columbus
Emily und Yasemin verließen das Schulhaus der Columbus Junior High, die im Jahre 1901 eröffnet wurde und in die Geschichte einging als erste Junior Highschool der Vereinigten Staaten. Es war ein lauer Sommertag, als sie den Hof der Schule betraten, auf dem die Schülerinnen und Schüler auch ihre Pausen verbringen durften.

Sie trafen auf ihren Klassenkameraden und Freund Edward Vernon Rickenbacker, den alle nur Eddie nannten. Die beiden mochten Eddie sehr, vor allem aber Emily, die heimlich in ihn verliebt war. Eddie war ein für sein Alter großer Junge mit dunkelbraunem Haar. Seine Augen waren von gleicher Farbe und tief und eindringlich. Er war einer der beliebtesten Schüler der Schule. Emily war aber auch wegen seiner unglaublichen Begeisterungsfähigkeit und seines Enthusiasmus, den er zeigte, wenn es um Automobile oder die Luftfahrt ging, fasziniert von ihm. Da wurde er wieder von einem Teenager zu einem kleinen Kind. Emily fand das unglaublich süß. Eddie hielt Ausschau nach seinem Vater, der ihn abholen wollte, und bemerkte die beiden erst gar nicht.

»Hallo, Eddie!«, rief Yasemin und holte ihn aus einem Tagtraum.

»Hallo, Yasemin, und hallo, E... E... Emily ...«, antwortete er unsicher, als er Emily sah. Errötend schabte er mit seinen Schuhen über den feinen Kies. Da hörte er ein lautes Geräusch vom Ende der Straße, das er schon sehnsüchtig erwartet hatte. Er sah in diese Richtung und erblickte seinen Vater William Rickenbacker in einem kutschenähnlichen Gefährt anfahren. Alle auf der Straße blickten sich nach dem wundersamen Fahrzeug um, denn Automobile waren noch recht selten und nur gut situierte Menschen konnten sich ein ebensolches leisten. Mit Ausnahme der Rickenbackers, die zwar nicht arm waren, aber bei Weitem auch nicht das, was man als reich bezeichnen könnte. Die Begeisterung war Eddie ins Gesicht geschrieben.

»Wahnsinn!« Er strahlte bis über beide Ohren. »Das ist eine Erfindung von Onkel Andrew, einem Freund meines Vaters, und er hat ihm eines der ersten Exemplare geschenkt. Ist das nicht super?«

Auch die beiden Mädchen waren sprachlos, als das Automobil neben ihnen Halt machte.

»Hallo, mein Junge. Willst du mich den bezaubernden jungen Damen nicht vorstellen?«, fragte William seinen Sohn. Die Mädchen kicherten verlegen.

»Aber klar, Dad. Das sind Yasemin und Emily.«

»Guten Tag, Mr Rickenbacker«, antworteten beide fast gleichzeitig.

»Nennt mich doch bitte Will. Mr Rickenbacker war mein Vater. Du bist doch die Tochter von Sam Marsden, nicht wahr?«

»Ja, richtig, Mr Rickenb… äh, ich meine Will.«

»Dein Vater ist ein sehr netter Mann. Ich muss zwar noch etwas erledigen, aber wie wäre es, wenn ich euch nachher heimfahre? Es wird zwar ein bisschen eng, aber was soll's? Drei Personen haben hier schon Platz und mein Sohn hat sicher nichts dagegen, wenn eine von euch Schönheiten auf seinem Schoß sitzt.« Will zwinkerte seinem Sohn zu.

»Ach, Dad …«

Eddies Kopf nahm die Farbe einer saftigen Tomate an.

»Gerne, Will«, sagte Emily und übernahm die Initiative.

»Das freut mich. Kommt doch bitte rein.«

Will stieg aus und half Yasemin hinein. Eddie stützte Emily, die sich auf seinen Schoß setzte. Seine Nervosität war ihm deutlich anzusehen. Der Riker Victoria war eines der ersten Elektroautomobile überhaupt und konstruiert von Wills Freund Andrew Riker. Die Lenkung funktionierte mit einem L-förmigen Hebel. Die Geschwindigkeit regulierte man mit einem weiteren Griff, der sich auf der Armatur direkt daneben befand. Bei Regenwetter konnte man ein Faltdach hochziehen.

Will startete und bog auf die Fairmond Street ein, die weiter in Richtung Stadtzentrum führte. Doch weder Emily noch Eddie hatten einen Blick für das, was an diesem schönen Sommertag um sie herum geschah. Emily schmiegte sich immer mehr an Eddies Schulter.

»Ich muss nur noch kurz an der Sternenbrücke halten und etwas erledigen«, sagte Will.

»Was ist denn die Sternenbrücke, Will?«, fragte Yasemin neugierig.

»Es ist ein Kinderhospiz. Ein Ort, an dem versucht wird, schwer kranken Kindern zu helfen. Doch die Sternenbrücke ist auf Spenden und freiwillige Hilfe angewiesen. Abends gehe ich manchmal hin und spiele mit den Kindern oder lese ihnen vor. Ihr dürft mit reinkommen, wenn ihr möchtet.«

»Ja, gerne, Will«, antwortete Yasemin.

Der Wagen bog in einen Teil von Columbus, den weder Emily noch Yasemin je gesehen hatten. Hier lebten die ärmeren Einwohner der kleinen Stadt. Überall sah man alte, baufällige Häuser und leer stehende Läden. Doch jeder, der hier wohnte, schien Will Rickenbacker zu kennen. Männer, Frauen und Kinder bekamen strahlende Gesichter, wenn sie ihn sahen und die vier hörten mehr als einmal nette Zurufe von diesen Leuten.

Der Wagen bog in die Baker Street ein und hielt an einem alten Haus, das aussah, als hätte es die besten Jahre hinter sich. Dennoch wurde mit geringen Mitteln versucht, das Haus schöner und bewohnbarer zu machen. Über dem Eingang hing ein großes Schild, dessen Inschrift *Kinderhospiz Sternenbrücke* lautete. Darauf war das Bild einer Brücke gemalt, über die eine Gruppe Kinder lief. Im Hintergrund sah man einen Sternenhimmel. Direkt neben dem Haus führte ein Weg zu einem Garten, auf dessen Grundstück sich ein kleiner Spielplatz befand.

Doch zurzeit waren keine Kinder in Sicht. Die Schaukel bewegte sich leicht im Windhauch und das Karussell drehte sich langsam im Uhrzeigersinn. Doch der Einzige, der hier spielte, war der Wind.

»Hier wären wir. Pastor Paxton freut sich bestimmt, euch kennenzulernen.«

Die Gruppe betrat das Haus und kam in einen kleinen Eingangsbereich, der liebevoll hergerichtet war. Überall standen unterschiedliche Möbel, die wahrscheinlich gestiftet worden waren, denn nichts schien hier zueinanderzupassen. Es gab einen Wartebereich mit einem Sofa, dessen Stoff mit bunten Blumen bestickt war. Davor fand ein Tisch mit einer abgewetzten Holzplatte seinen Platz. Links davon befand sich ein Ohrensessel mit dunkelgrünem Stoffbezug, auf der gegenüberliegenden Seite war ein Sessel, der zwar eine ähnliche Form besaß, allerdings einen weinroten Bezug hatte. An den Wänden hingen selbst gebastelte Sterne in verschiedenen Größen.

Es gab auch eine Rezeption, an der gerade ein Mann mit einer Frau sprach, die wie eine Krankenschwester gekleidet war. Ihre blonden Haare waren zu einem Dutt hochgesteckt und wurden bedeckt von einer weißen Haube. Als der Mann die Ankommenden bemerkte, wandte er sich an sie.

»Hallo, Will. Schön dich zu sehen. Hast du mir Besuch mitgebracht?«

»Ja, Henry. Meinen Sohn kennst du ja. Das sind seine Freundinnen Emily und Yasemin.«

»Herzlich willkommen. Mein Name ist Henry Paxton. Ich bin der Pastor. Nennt mich ruhig Henry.«

Henry war Anfang 30, hatte schwarzes Haar und buschige Augenbrauen. Seine Augen strahlten etwas aus, das einem sofort das Gefühl von Wärme und Sicherheit vermittelte. Normalerweise ist es nicht einfach, hinter die Fassade eines Menschen zu blicken, doch Pastor Henry sah man die Herzensgüte mit einem Blick in seine durchdringenden Augen an.

»Die Kinder sind gerade im Gemeinschaftsraum. Lasst uns mal nach ihnen schauen.«

»Ja klar. Die kleinen Engel freuen sich bestimmt«, antwortete Will.

Der Raum grenzte direkt an den Empfangsbereich und war der größte des Hauses. Hier gab es einen großen Tisch, damit alle gemeinsam essen konnten. Die Küche befand sich daneben. Als sie eintraten, wurde Will empfangen wie ein Star. Die Kinder schienen ihn zu kennen. Ein Mädchen lief, so schnell es konnte, humpelnd auf ihn zu, um ihn zu umarmen. Die Kleine war kaum älter als fünf. Will kniete sich hin und schloss sie in seine Arme.

»Hallo, Will«, sagte sie und lächelte bis über beide Ohren.

»Hallo, Ann. Warst du auch schön brav?«

»Na klar, Will! Das habe ich dir doch versprochen«, antwortete sie.

Ann sah man an, dass es um sie sehr schlecht stand. Emily fühlte sich, als würde sie in ein jüngeres Spiegelbild von sich selbst schauen. Damals, als es ihr noch schlecht ging, sah sie genauso aus. Strohige Haare, die an einigen Stellen ausfielen, Augenränder. Die Krankheit zehrte ihren Körper aus. Emily stiegen die Tränen in die Augen, doch als Ann sich an sie wandte, wischte sie sie schnell weg.

»Und wer seid ihr?«, fragte Ann und schaute Emily an.

»Ich bin Emily, und das ist meine Freundin Yasemin.«

»Kommt ihr jetzt öfter zum Spielen, so wie Will und Eddie?«

»Ja klar. Wenn du das gerne möchtest.« Auch Yasemin stimmte zu: »Sehr gerne.«

»Ja, das wäre schön. Wir können dann auf den Spielplatz gehen.«

Ann strahlte trotz ihrer Gebrechen. Die anderen Kinder waren ebenfalls von ihrem schweren Leiden gezeichnet. Einige hatten Schläuche in ihren Nasen, die an Geräten hingen. Manche saßen im Rollstuhl oder kraftlos auf den Stühlen, die sich an dem kindgerechten Tisch befanden. Doch alle hatten eines gemeinsam: Sämtliche Kraft war aus ihren kleinen Körpern gewichen. Egal welche Krankheiten sie in sich trugen, sie schienen schon weit fortgeschritten zu sein.

Schwester Kate, die zuvor an der Rezeption mit dem Pastor sprach, war gerade dabei, den Kindern Medikamente zu geben, um ihre Schmerzen zu lindern.

»Gleich kommt Dr. Bowers, um nach euch zu sehen. Ich bringe euch auf eure Zimmer«, sagte Kate in die Runde.

»Ich will nicht. Ich will viel lieber spielen!«, schrie Ann und begann zu weinen.

»Aber, Ann. Du wolltest doch brav sein. Sei tapfer. Ich komme heute Abend und lese dir eine Geschichte vor.«

Sofort beruhigte sich Ann wieder und schluchzte nur noch leise.

»Versprochen?«, fragte sie, um sich noch mal zu versichern.

»Klar doch. Ich möchte doch, dass du schöne Träume hast. Ich komme aber nur, wenn du jetzt schön lieb bist und alles machst, was Schwester Kate dir sagt.«

»Abgemacht! Bis heute Abend.«

Ann wandte sich an Emily und Yasemin: »Kommt ihr morgen zum Spielen? Wenn Dr. Bowers da war, werde ich immer so müde.«

»Klar doch. Wir kommen morgen«, antwortete Yasemin und streichelte Ann über ihre Haare.

Nachdem sie sich verabschiedet hatte, ging Ann mit Schwester Kate zufrieden in ihr Krankenzimmer im oberen Stockwerk.

Als alle Kinder auf ihre Zimmer gebracht worden waren und von Dr. Bowers untersucht wurden, saßen Pastor Henry und seine Gäste noch am Tisch im Gemeinschaftsraum. Überall hier waren Spuren der Kinder. Es lagen Spielzeuge herum. An den Wänden hingen selbst gemalte Bilder von Blumenwiesen, Häusern, Tieren und ganzen Familien. Die Stühle waren bunt lackiert. Pastor Henry sah besorgt zu seinem Freund Will.

»Was ist denn los, Henry? Dich bedrückt doch etwas.«

Pastor Henry sah sich zerstreut im Raum um und ein tiefes Seufzen, aus dem man schweren Kummer heraushören konnte, drang aus seiner Kehle.

»Ich werde die Sternenbrücke nicht länger halten können, mein lieber Freund …«

»Was?! Was geschieht dann mit den Kindern?«

Aus dem eben noch fröhlichen Gesichtsausdruck, der Will stets zu begleiten schien, war sämtliche Farbe gewichen. Die übrigen Anwesenden starrten bedrückt zu Boden. Obwohl Emily und Yasemin die Sternenbrücke gerade erst kennenlernten, sahen sie die Wichtigkeit dieses Ortes, der trotz der traurigen Umstände, wegen denen Kinder und junge Menschen hier auftrafen, ein Ort der Hoffnung war.

»Die umliegenden Krankenhäuser nehmen sie auf. Ich habe mich bereits um alles gekümmert, die Spenden reichen einfach nicht mehr aus. Der neue Besitzer und Erbe dieses Hauses möchte es um jeden Preis verkaufen. Er hat mir lediglich eine Frist von zwei Monaten gegeben, dann ist alles aus.«

Aus der Stimme des Pastors war tiefste Traurigkeit zu hören. Sämtliche Zuversicht und Hoffnung, die Will immer so sehr mochte, waren aus seinen Worten gewichen.

»Ich werde mir etwas einfallen lassen, mein Freund«, entgegnete Will.

»Das freut mich, Will. Ich bete für deine gute Seele, aber ich habe jegliche Hoffnung verloren.«

Während der Fahrt zum Marsden Anwesen waren alle so sehr in Gedanken um die Zukunft der Sternenbrücke versunken, dass sie die Schönheit des Erdenfleckchens an dem strahlenden Sommertag nicht, wie es diesem gebührte, erfassen konnten. Sie alle stellten sich nur eine Frage: Wie ließ sich das bevorstehende Schicksal der Sternenbrücke noch abwenden?

Wenige Tage später
Sam und Ramid kamen von einer Geschäftsreise aus New York zurück, bei der Sam einen großen Deal mit einem wichtigen Geschäftspartner abschließen konnte. Denn auch wenn er es nie zugeben würde, hatte er die Geschäfte seiner Firma vernachlässigt, als Emily krank wurde. Sie war einfach das Wichtigste in seinem Leben.

Doch wie seine Tochter, erholte sich ebenso seine Firma Marsden Carriage Ltd. wieder. Es schien wieder bergauf zu gehen. Sam würde Ramid bis zum Ende seines Lebens dankbar sein.

Sarah war weiterhin im Dienste der Familie. Wenn es Emily wieder etwas schlechter ging, war sie ihre treue Pflegekraft und kümmerte sich rührend um sie. Sie war aber auch ein Mutterersatz für Emily und Yasemin und liebte die beiden, als wären es ihre eigenen Töchter, und zumindest bei Yasemin war sie tatsächlich die Stiefmutter. Ramid und Sarah hatten zueinandergefunden und bereits ein Jahr, nachdem Ramid und Yasemin in Columbus eingetroffen waren, geheiratet.

Sarah erwartete die Männer bereits.

»Hallo. Schön, dass ihr wieder zu Hause seid.«

Sarah gab Ramid einen zärtlichen Kuss und Sam eine herzliche Umarmung.

»Bei so einer Begrüßung freut man sich auch, anzukommen. Wie geht es den Mädchen?«, fragte Ramid.

»Gut, aber sie möchten unbedingt etwas mit euch besprechen. Ich soll euch direkt zu ihnen schicken.«

»Na, dann lassen wir die Damen lieber nicht warten«, sagte Sam und lächelte.

Emily und Yasemin saßen in ihrem gemeinsamen Zimmer, welches Emily früher alleine bewohnte. Hier zeigte sich, wie unzertrennlich die beiden wirklich waren. Andere Teenager wünschten sich nichts sehnlicher als ihr eigenes Reich, während die Freundinnen nicht mal auf diese abwegige Idee kamen. Zu wenige Räume gab es auf diesem Anwesen jedenfalls nicht. Sie warteten nervös auf ihre Väter.

»Meinst du, sie werden uns helfen?«, fragte Emily.

»Natürlich! Du kennst sie doch«, antwortete Yasemin voller Zuversicht.

»Ich bin mir nicht so sicher. Auch wenn es mein Vater nicht weiß, ich habe mitbekommen, wie er mit Ramid über die Lage seiner

Firma gesprochen hat. Es hängt alles davon ab, ob sie in New York erfolgreich waren.«

Yasemin, die gerade eben noch in ihrem Bett lag, stand auf und setzte sich an die Bettkante von Emilys Bett.

»Glaub mir. Es wird schon alles gut gehen. Weißt du noch, wie ich dir damals unter dem Kastanienbaum versprochen habe, dass du bald wieder gesund wirst?«

Yasemin strich Emily eine Strähne aus ihrem Gesicht und schaute ihr tief in die Augen. Emily lächelte sie an.

»Das werde ich nie vergessen«, ihre Augen glänzten im Schein der Nachttischlampe.

»Und auch jetzt verspreche ich dir, dass alles gut gehen wird.«

Emily öffnete die Schatulle auf ihrem Nachttisch, die etwas von großem Wert beinhaltete. Nicht nur von materiellem Wert, den der darin enthaltene Gegenstand zweifellos auch in nicht geringem Maße besaß. Nein, vor allem von unschätzbarem persönlichem Wert. Emily nahm den ovalen Gegenstand heraus, der im strahlenden Lichtschein funkelte. Es handelte sich dabei um das letzte Geschenk, das ihre verstorbene Mutter ihr machte. Einen goldenen Anhänger mit einem grünen Smaragd, der an einer Kette befestigt war.

»Ich will dir etwas schenken«, sagte Emily.

»Aber das ist doch die …«

»Die Kette meiner Mutter, ja.«

Yasemin war zutiefst gerührt. Tränen sammelten sich in ihren Augen und ihre Stimme begann zu brechen.

»Das kann ich nicht annehmen.«

»Doch, das kannst du. Du bist mein Ein und Alles. Du hast mir gezeigt, wie wichtig es ist, das Leben zu genießen. Spaß und Freude zu haben und niemals aufzugeben, egal wie schlecht es einem geht. Du hast mein Leben gerettet. Die Kette soll dir Glück bringen und dich daran erinnern, dass ich immer bei dir bin.«

Emily umarmte ihre beste Freundin, die gleichzeitig so etwas wie ihre Schwester und zu ihrer wichtigsten Stütze im Leben geworden war, als es an der Tür klopfte.

»Dürfen wir reinkommen, meine Damen?«, fragte Sam und streckte dabei seinen Kopf durch die Tür.

»Vater! Wieso klopfst du überhaupt an, wenn du nicht auf eine Antwort wartest?«

»Du wirst doch wohl keine Geheimnisse vor deinem Vater haben, oder, junge Dame?«

»Nein, natürlich nicht«, Emily zwinkerte Yasemin zu und beide lachten.

»Du hast dir beim Flunkern auch schon mal mehr Mühe gegeben.« Sam umarmte seine Tochter zur Begrüßung. Ramid begrüßte Yasemin mit einem Kuss auf die Stirn.

»Na, was liegt euch denn auf dem Herzen?«

Die beiden Mädchen erzählten Sam und Ramid von der Sternenbrücke und deren Bewohnern. Sie berichteten von dem bevorstehenden Aus dieser für viele Kinder wichtigen Heimat. Von ihrem letzten Rückzugsort vor dem Ende ihrer Reise. Die Männer hörten aufmerksam zu.

»Können wir nicht irgendwie helfen, Vater? Yasemin und ich können ja nach der Schule arbeiten gehen und das Geld spenden. Wir bräuchten nur einen Vorschuss von dir, um die Sternenbrücke retten zu können …«

Sam dachte darüber nach und schaute zu Ramid, der grinste und ihm zunickte.

»Kommt nicht infrage!«, sagte Sam zu den Mädchen.

»Aber, Vater!« Emily konnte nicht glauben, was sie gerade hörte.

»Ihr habt keine Zeit zum Arbeiten. Ich habe eine viel bessere Idee und brauche dabei eure Unterstützung.«

Am Abend desselben Tages
Columbus und die umliegenden Ländereien wurden von dunklen Wolken beschattet. Will hatte zusätzliche Bauaufträge übernommen, um die Sternenbrücke vor dem sicheren Ende retten zu können. Die vor wenigen Stunden noch in Gold schimmernde Landschaft wurde in ein dunkles, tristes Grau getaucht, so als hätte eine höhere Macht die bevorstehenden Ereignisse in Farben oder eben in der Abwesenheit dieser darstellen wollen.

Will war damit beschäftigt, das Dach der alten Baptist Church in der Cross Street zu reparieren. Die Witterung hatte ihre Spuren an dem kreuzförmig erbauten Gebäude hinterlassen, das nun schon seit fast einem Jahrhundert an dieser Stelle stand. Seine Mitarbeiter hatte er bereits in den wohlverdienten Feierabend geschickt, nur Herb Finley wollte seinem Chef und langjährigen Freund noch unter die Arme greifen. Herb hatte schon für Wills Vater gearbeitet, nicht mehr lange und er würde in den Ruhestand gehen.

»Komm, Junge. Es wird Zeit, von diesem Dach zu kommen, bevor der Sturm richtig anfängt«, sagte Herb besorgt.

Es regnete in Strömen und die Holzbalken waren so durchnässt, dass beide aufpassen mussten, um nicht auszurutschen und vom Dach zu fallen.

»Ich muss unbedingt noch die Balken befestigen, sonst war alles umsonst. Geh ruhig, Herb. Ich bin gleich fertig.«

Herb blickte Will verständnislos in die Augen. »Glaubst du, ich lass dich alleine, Junge?«

Der Sturm hatte nun Columbus erreicht und die Regentropfen fühlten sich in den Gesichtern der Männer an wie tausend Nadelstiche, als die Arbeiten endlich erledigt waren. Sie machten sich mühsam auf den Weg zur Westseite des Daches, an der die Leiter stand.

»Geh du voraus, Herb. Ich halte die Leiter fest.«

»Aye Aye, Captain«, antwortete Herb und machte sich an den Abstieg.

Die Männer mussten nun schon schreien, um den tosenden Lärm

des Windes übertönen zu können. Als Herb fast unten angekommen war, hörte er einen lauten, markerschütternden Schrei, den er in seinem Leben nie vergessen werden würde. Aus seinen Augenwinkeln sah er eine dunkle Gestalt in die Tiefe stürzen. William Rickenbacker war auf der Stelle tot. Er hinterließ acht Kinder und seine ihn liebende Frau ...

1988
»Oh nein! Der arme Will!«

Lorrie war entsetzt und im ganzen Raum breitete sich eine drückende Stille aus. Hattie legte fürsorglich einen Arm um die Kleine, die sich sofort an sie ankuschelte.

»Wie geht die Geschichte weiter, Hattie? Erzähl schon«, forderte Marco.

»Nur mit der Ruhe, mein Junge. Es brach eine Zeit der Trauer an, doch auch eine Zeit der Hoffnung. Sam und Ramid hatten mithilfe ihrer Töchter und einiger Freiwilliger die Sternenbrücke kurzerhand in das Anwesen der Marsdens verlegt. Sie war gerettet. Eddie brach die Schule ab und griff seiner Familie unter die Arme. Er arbeitete, so oft er konnte, in der Baufirma, als Zeitungsbote und auch in einer Werkstatt als Aushilfe. Einer seiner älteren Brüder übernahm die Baufirma von Will. Emily und Yasemin wurden zu erwachsenen jungen Frauen. Ramid und Sarah erwarteten ein Baby. Alles schien gut zu werden. Doch leider sucht sich das Schicksal manchmal seine eigenen Wege ...«

Columbus im Herbst des Jahres 1910
Yasemin und Ramid befanden sich auf dem Rückweg aus der Stadt, in der sie Einkäufe für die Sternenbrücke und ihre Familie erledigt hatten.

Nachdem sie ungefähr die Hälfte des Weges zurückgelegt hatten, dämmerte es bereits. Der Winter würde nicht mehr lange auf sich warten lassen. Die Maisfelder waren bereits abgeerntet. Columbus und seine Einwohner bereiteten sich auf die kalte Jahreszeit vor. Als Yasemin und Ramid die Stelle erreichten, an der die Bank im Schatten des Kastanienbaumes stand, an dem die Freundschaft von Emily und Yasemin begonnen hatte, hörten sie ein Rascheln aus Richtung der Büsche am Wegesrand. Drei vermummte Männer traten vor sie.

»Hallo, Kameltreiber! Ganz schön kalt heute, was?«, sagte der Mann, der sich direkt vor Ramid aufbaute. Die anderen beiden lachten. Drohend schlug der Mann leicht mit einem Baseballschläger auf die Innenseite seiner linken Hand. Ramid und Yasemin stellten die Einkaufstüten ab.

»Ich habe Angst, Vater«, sagte Yasemin mit schwacher Stimme und schmiegte sich ganz fest an Ramid.

»Ich habe Angst, Vater«, äffte sie der Typ mit dem Schläger nach und die beiden anderen verfielen wieder in schallendes Gelächter.

»Ganz ruhig, meine Kleine.«

Ramid strich ihr mit zittriger Hand über den Kopf, doch seine Stimme klang fest und sicher.

»Wir werden diesen Männern jetzt ganz einfach das geben, was sie von uns wollen. Dann passiert uns nichts.«

»Ganz richtig erkannt, Kameltreiber! Danke, dass ihr für uns eingekauft habt. Und jetzt her mit all euren Wertsachen. Und wehe, ihr versucht irgendwas zu unterschlagen!«

Ramid reichte ihm seine Geldbörse, die der Anführer der Bande überprüfte. Ein zufriedenes Grinsen breitete sich auf seinem Gesicht aus.

»80 Dollar. Nicht schlecht, Kameltreiber. Und jetzt euren Schmuck!« Um seiner Forderung Nachdruck zu verleihen, hielt er seinen Baseballschläger drohend vor Ramids Gesicht. »Sofort!«

»Meine Tochter hat keinen Schmuck und ich habe nur noch meinen Ehering. Bitte lasst ihn mir!«

»Willst du mich verarschen, du Penner? Dann halt auf die harte Tour!« Wütend holte er mit seinem Baseballschläger aus und traf Ramids linkes Knie.

Ein Knacken drang in die Ohren aller Anwesenden und Ramid ging unter einem lauten Schmerzensschrei zu Boden.

»Vater!«, schrie Yasemin voller Entsetzen und kniete sich neben ihn.

Doch der Angreifer hatte noch nicht genug. Er holte nochmals zu einem Schlag aus und traf Ramid, der gerade im Begriff war, sich aufzurichten, mit voller Wucht am Kopf. Seine beiden Kumpane standen völlig unbeteiligt daneben und beobachteten die Szenerie, als passierte das Normalste auf der Welt.

»Bitte hört auf damit! Ihr habt doch schon alles. Bitte lasst meinen Vater in Ruhe«, flehte Yasemin mit zittriger Stimme.

Ramid hielt sich tapfer, aber der letzte Treffer hatte ihm schwer zugesetzt.

Bevor es dunkel um ihn herum wurde, sagte er: »Bitte mach, was sie sagen, meine Kleine. Bitte …«

Yasemin weinte verzweifelt und hielt ihren bewusstlosen Vater im Arm.

»Ich habe die Schnauze voll! Schnappt euch das Miststück und haltet sie fest. Ich schau nach, ob sie noch was Wertvolles hat.«

»Bitte … mein Vater braucht einen Arzt. Bitte lasst mich Hilfe holen …« Doch die Männer kümmerten sich nicht darum.

Sie hoben die kraftlose Yasemin auf und hielten sie fest, wie es ihnen befohlen wurde. Der Mann schritt auf sie zu und nahm den schmutzigen, braunen Schal ab, der vorher sein Gesicht vermummt hatte. Er grinste höhnisch, als hätte er gerade einen dreckigen Witz erzählt, und gab dabei gelbe, faulende Stummel preis. Mit seiner großen, schwieligen Hand strich er das schwarze Haar Yasemins zur Seite und entdeckte die wertvolle Kette mit dem grünen Smaragd. Sein Blick verfinsterte sich.

»Na, was haben wir denn da?«

Yasemin schluchzte immer mehr. Die Sorge um ihren Vater brachte sie schier um den Verstand.

»Bitte lasst uns gehen. Ich verrate euch nicht. Bitte. Mein Vater braucht ...«

»Halt die Schnauze! Habe ich nicht gesagt, dass ich alle Wertsachen von euch will? Spreche ich undeutlich?«

Er legte den Baseballschläger neben sich auf den Boden und wandte sich wieder Yasemin zu. Mit einem Ruck riss er ihr die Kette vom Hals. Die Glieder schnitten in ihre Haut und hinterließen einen leichten Schnitt.

Wie aus dem Nichts änderte sich Yasemins Verfassung in diesem Moment. Aus purer Angst und Verzweiflung wurde blinde Wut. Völlig überraschend für die zwei, die sie festhielten. Dem Mann, der rechts hinter ihr stand und sie fixierte, trat sie mit voller Kraft auf den Fuß und nutzte das Überraschungsmoment. Mit einer schnellen Bewegung entriss sie sich aus den Fängen der beiden Männer und schnappte sich den auf dem Boden liegenden Baseballschläger.

»Ihr Vollidioten. Haltet sie fest!«, schrie der Anführer.

Nun richtete sich ihre ganze Wut auf ihn. Sie schlug mit all ihrer Kraft zu. Der erste Schlag traf ihn am rechten Unterarm, den er in Abwehrhaltung vor sich hielt. Ein lautes Knacken, das sich anhörte, als würde jemand auf einen trockenen Ast treten, war für alle zu hören. Ein schriller Schmerzensschrei drang aus seiner Kehle. Seine beiden Kumpane waren immer noch vollkommen perplex von der plötzlichen Veränderung der jungen Frau und waren zu Salzsäulen erstarrt.

»Helft mir doch, verdammte Scheiße!«, befahl er mit schmerzverzerrter Stimme.

Doch Yasemin holte bereits zum nächsten Schlag aus, der den Anführer direkt in den Magen traf. Er ging auf die Knie, röchelte und fing an, Blut zu spucken.

Yasemins Blick verfinsterte sich und ihr Hass schien mit jedem Schlag stärker zu werden. Doch gerade als sie zum nächsten Schlag ausholen wollte, traf sie ein Hieb von der Seite, der sie ins Taumeln brachte. Die beiden Helfer waren aus ihrer Schockstarre erwacht. Sie stürzten sich auf sie und entrissen ihr den Baseballschläger. Mit eisernem Griff hielten sie Yasemin fest.

»Wir haben sie, Boss«, sagte einer der beiden.

»Wurde ja auch Zeit, ihr Vollidioten!«

Der Anführer richtete sich sichtlich geschwächt auf. Aus seiner Nase lief Blut. Yasemin zappelte wie wild, doch diesmal konnte sie sich nicht mehr befreien.

»Lasst mich los, ihr Schweine!« Sie wendete den Blick zu ihrem Vater, der immer noch reglos am Boden lag, und ihre Stimme wurde wieder schwächer: »Er braucht Hilfe ...«

Der Anführer ging langsam auf Yasemin zu. Mit ruhiger Stimme sagte er: »Nicht nur er, du Dreckstück.«

Sein rechter Arm hing schlaff an der Seite herunter. Er wollte etwas aus seiner Hosentasche ziehen. Unbeholfen wühlte er mit seiner Hand darin herum. Als er den Gegenstand, den er suchte, ertastete, gab sein Lächeln wieder seine gelben Stummel preis, die nun blutverschmiert waren. Er ging ganz nah an Yasemin heran, sodass er ihr in das linke Ohr flüstern konnte.

»Du wolltest es nicht anders«, sagte er mit ruhiger, fast trauriger Stimme. Seine Hand zuckte schlagartig nach vorne.

Yasemins Augen weiteten sich vor Entsetzen, als sie den Stich in der Magengegend spürte. Sie nahm die Umwelt nur noch gedämpft wahr. In ihren Ohren pochte es und sie sank zu Boden. Es kam ihr vor, als würde die Zeit langsamer vergehen. Sie zog sich über den Boden in Richtung ihres Vaters und legte den Kopf auf seinen Brustkorb. Ein leiser Herzschlag war zu hören, doch er rührte sich nicht.

»Bitte holt Hilfe, mein Vater braucht Hilfe ...«, waren ihre letzten Worte, als sie in die Dunkelheit abdriftete.

Columbus im Frühjahr 1913
Wie jeden Sonntag, seit dem grausamen Überfall auf Yasemin und Ramid, machten sich Sam, Emily, Eddie, Sarah und Ramid auf den Weg hinauf auf den Hügel direkt hinter der Sternenbrücke, die sich nun auf dem weitläufigen Gelände des Marsden-Anwesens befand.

Es war ein schöner Frühlingstag und sie wurden begleitet vom Gesang der Vögel und einer leichten angenehmen Brise. Sarah und Ramid hatten mittlerweile Familienzuwachs bekommen und der Welt einen kleinen Engel geschenkt. Ann-Yasemin el Zain war ein gesundes Mädchen und nun zwei Jahre alt. Sie befand sich zu dieser frühen Morgenstunde in der Sternenbrücke und schlief tief und fest. Die Pflegekräfte und Ärzte dort kümmerten sich rührend um sie und passten auf sie auf, während die Familie auf ihrem Sonntagsausflug war.

Die Sternenbrücke war weit über die Stadtgrenzen hinaus bekannt und der Platz und das Personal wurden schnell knapp.

Am Anfang stemmte die Familie dieses tolle Projekt mit ein paar wenigen freiwilligen Helfern, wie zum Beispiel Dr. Bowers und Pastor Henry, doch mit dem zunehmenden Bekanntheitsgrad kam es zu immer mehr Spenden aus dem ganzen Land. Auch neue Ärzte und Pflegekräfte kamen von überall her, um in dem Kinderhospiz zu arbeiten. Die vorhandenen Zimmer wurden etwas verkleinert, um mehr Platz für die Kinder und Jugendlichen zu schaffen und mittlerweile hatten die Aufbauarbeiten eines neuen zusätzlichen Anbaus begonnen.

Gleichzeitig begann der Bau des Gästehauses, in dem die Familien der Kinder unterkommen konnten, um in den letzten Tagen und Wochen ihres viel zu kurzen Lebens bei ihnen zu sein. Wenn man aus einem der großen Fenster der Südseite der Sternenbrücke schaute, konnte man an den Sonntagen immer ein nahezu identisches Bild sehen: Sarah und Ramid liefen Händchen haltend den sanften Aufstieg des Hügels hinauf. Ramid brauchte seit dem Überfall einen Gehstock und ging leicht hinkend. Direkt davor schob Eddie den Rollstuhl, in dem seine große Liebe Emily saß. Ihr Gesundheitszustand hatte sich deutlich verschlechtert. All die Kraft, die sie durch die Freundschaft mit Yasemin und durch die Liebe ihrer Angehörigen bekommen hatte, schien seit diesem schicksalhaften Tag im Herbst 1910 immer mehr zu schwinden. Emily trug an diesen Sonntagen stets ein türkisfarbenes Kleid von Yasemin. Auf dem Schoß hatte sie einen Blumenstrauß, um den eine Schleife in gleicher Farbe gebunden war. Ihr Vater Sam lief neben dem sich liebenden jungen Paar. Wenn man den Blick nicht abwendete und man der Familie mit dem Blick folgte, erkannte man an der Spitze des Hügels das Ziel der Gruppe. Hier stand ein großer Weidenbaum und direkt daneben war ein liebevoll angelegtes Grab, das stets frisch bepflanzt war und auf dem sich ein weißer Grabstein befand, der im Schein der Sonne leuchtete.

Columbus im Herbst 1913

Sam Marsden saß auf der Bettkante und hielt Emilys Hand. Sie fühlte sich kühl an. Ihre Atmung ging sehr schwer und man hörte bei jedem Atemzug ein Röcheln. Sam schaute voller Liebe in die Augen seiner Tochter, doch auch er wusste, dass ihr nur noch ein Wunder helfen konnte. Das Wunder kam nicht. Yasemin würde nie mehr kommen.

»Dad, wo sind die anderen?«, fragte Emily mit rasselnder Stimme, aus der jede Kraft gewichen war. Es klang wie ein Wimmern.

Sam hatte einen Kloß im Hals, den er erst mal herunterschlucken musste, um ihr antworten zu können.

»Sarah und Ramid holen Eddie von seiner Baustelle ab, mein Schatz.«

Emilys Augen erhellten sich, und obwohl sie so geschwächt war, konnte man das Strahlen in ihrem Blick erkennen.

»Vater du musst mir versprechen …«, Emily blickte ihm tief in die Augen.

»Alles, was du willst, meine Kleine.«

»… kümmere dich weiter um die Sternenbrücke und die Kinder, wenn ich …«, hier stockte sie kurz und atmete tief durch.

Es schüttelte sie und es hörte sich an, als würde eine Katze einen Haarballen hochwürgen.

»… nicht mehr da bin.«

Die Augen von Sam weiteten sich vor Entsetzen. Auch ihm war bewusst, dass es dieses Mal sehr schlecht um Emily stand. Dass seine Tochter dies jedoch so offen aussprach und anscheinend abgeschlossen hatte, schockierte ihn und machte ihn unendlich traurig. Ihm stiegen die Tränen in die Augen.

»Du wirst wieder gesund«, brachte er heraus, doch sämtliche Hoffnung schien aus ihm gewichen zu sein.

»Versprich es mir, Vater.«

»Ich verspreche es. Wir werden uns weiter um die Sternenbrücke kümmern, meine Kleine. Ramid, Sarah, Eddie, du und ich. Wir alle gemeinsam …«

»Danke …« Sie klang müde.

Aus der Ferne hörte Sam den Riker Victoria, den Will seiner Familie hinterlassen hatte. Meist fuhr Eddie das Fahrzeug, das ihn schon als Kind so sehr faszinierte.

»Hör doch, meine Kleine. Sarah, Ramid und Eddie kommen.«

Emily schreckte auf, so als hätte sie jemand aus dem Schlaf gerissen.

»Das ist schön.« Sie lächelte, doch ihre ehemals blauen Augen zeigten eine trübe Färbung und fast sämtliches Leben schien sie verlassen zu haben.

Sam gab Emily einen Kuss auf ihre glänzende Stirn.

»Ich vermisse Yasemin so sehr, Vater.«

»Wir vermissen sie alle, meine Kleine. Bitte verlass uns nicht auch noch.«

Eddie stürmte aufgeregt in das Zimmer direkt auf das Bett zu. Sarah und Ramid folgten ihm.

»Em, bitte sag mir, dass du mich nie verlässt. Du schaffst das! Bitte …«

Ramid trat zu ihm und legte ihm seine rechte Hand auf die Schulter und Emily sagte: »Lasst mich bitte kurz mit Eddie alleine.«

Sam hielt immer noch die Hand seiner Tochter und rührte sich nicht. Er wollte keine Sekunde von ihrer Seite weichen. Sarah nahm seine andere Hand. Er blickte sie an und Sarah formte mit ihren Lippen lautlos die Worte: »Komm mit.«

Langsam ließ er sich aus dem Zimmer führen. Ramid schaute Emily an und streifte sanft eine Strähne aus ihrem Gesicht. Der Kummer um seine Tochter hatte an ihm deutliche Spuren hinterlassen: Die Haare waren ergraut, er verlor deutlich an Gewicht und in seinen Blick mischte sich oft ein trauriger Ausdruck. Insgeheim machte er sich große Vorwürfe, weil er sie nicht beschützen konnte. Auch die Sorge um Emily trug einen gewaltigen Teil dazu bei. Die beste Freundin von Yasemin war ihm so sehr ans Herz gewachsen, als wäre sie seine eigene Tochter. Und auch diesmal konnte er einem geliebten Menschen nicht helfen. Seine Behandlung schlug bei ihr nicht mehr an und verzögerte nur das Unausweichliche. Er gab Emily ein Schmerzmittel, nickte Eddie zu und ging wortlos aus dem Zimmer.

Eddie gab ihr einen zärtlichen Kuss. Sie erwiderte ihn, doch das Atmen fiel ihr viel zu schwer. Sie drückte ihn sanft von sich weg.

»Ich muss mit dir reden«, sagte sie mit zittriger Stimme.

Das Rasseln in ihrer Stimme wurde noch stärker und das Sprechen machte ihr Mühe. Eddie stiegen Tränen der Verzweiflung in die Augen, seine Lippen bebten.

»Ich werde dich für immer lieben. Das weißt du doch, oder?« Eddie nickte und versuchte etwas zu erwidern, aber seine Stimme versagte.

Emily fuhr fort: »Lange halte ich nicht mehr durch. Es tut mir leid ...«

«Sag so was nicht, Em. Ramid und Dr. Bowers werden dir helfen. Du wirst wieder gesund ...«

Emilys Augenlieder begannen, sich langsam zu schließen.

»Bitte bleib bei mir, Emily. Bitte!«

Ihre Augen öffneten sich erneut und strahlten Eddie voller Wärme an. Sie hob ihren Arm, der vor Anstrengung dabei zitterte, und streichelte mit zittriger Hand über seine Wange.

»Küss mich, als wäre es das letzte Mal.«

Er beugte sich zu ihr herunter und hob vorsichtig ihren Kopf an.

Sein Kuss war voller Leidenschaft und für kurze Zeit geriet alles um sie herum in Vergessenheit. Er küsste sie das letzte Mal …

Columbus im Jahre 1988

»Oh nein! Die arme Emily«, sagte Lorrie.

Alle anderen Kinder waren ruhig und warteten darauf, dass Hattie weiter erzählte. Es herrschte eine bedrückende Stimmung.

»Ja, die Familie musste schwere Zeiten überstehen. Emily wurde wenige Tage später direkt neben Yasemin auf dem Hügel beerdigt. Die Helfer in der Sternenbrücke kümmerten sich in der Zeit der Trauer weiter um die anderen Kinder und Sam löste sein Versprechen ein. Dieser wundervolle Ort blieb weiterhin die Zuflucht für kranke Kinder und ihre Familien.

Ramid und Sarah blieben der Sternenbrücke ebenfalls treu und lebten dort gemeinsam mit Sam bis an ihr Lebensende. Die Aufgaben, die sie hier hatten, gaben ihnen Kraft und halfen ihnen über die Schattenseiten des Lebens hinweg.«

»Und was passierte mit Eddie?«, fragte Marco.

»Er hatte in Columbus seinen Vater, eine Freundin und seine große Liebe verloren. Seine Trauer hielt lange an und er verließ Columbus. Er hielt es dort einfach nicht mehr aus. Einige Jahre zog er alleine durchs Land und hielt sich mit Gelegenheitsjobs über Wasser. Bis er seine Berufung gefunden hatte, ging noch einige Zeit ins Land. Er arbeitete als Automechaniker und fuhr später sogar Rennen. Nachdem die USA dem Ersten Weltkrieg beigetreten waren, meldete er sich als Soldat. Am Anfang wurde er als Fahrer eingesetzt, aber dann fand er schließlich seine wahre Bestimmung.

Er nahm Flugstunden und wurde Kampfflieger. Er wurde der erfolgreichste bei der US-Army. Nach dem Kriegsende zog er in die Schweiz, wo er auch eine Frau kennenlernte, die er heiratete und mit der er zwei Kinder bekam. Doch Yasemin und vor allem Emily hat er nie vergessen.«

Marco war von Eddie begeistert und stieß ein einfaches, aber ausdrucksstarkes »Wow!« heraus.

Die kleine Lorrie interessierte etwas ganz anderes: »Was passierte mit der kleinen Ann-Yasemin?«

»Ihre Geschichte ist noch nicht zu Ende erzählt. Ich erzähle euch das nächste Mal von ihr.«

»Ja, jetzt wird es Zeit ins Bett zu gehen. Morgen früh kommen die Ärzte wieder, um euch zu untersuchen«, sagte Olivia und fügte hinzu: »Hattie erzählt euch bestimmt bald alles über Ann.«

»Aber klar! Jedoch nur, wenn ihr jetzt schön brav seid und auf Schwester Olivia hört.«

Nachdem Olivia und Hattie alle Kinder versorgt und auf ihre Zimmer gebracht hatten, machte sich Olivia vor dem Schichtwechsel noch einmal auf den Weg in Hatties Büro. Sie lief über den Flur im ersten Stock an der rosafarbenen Tür vorbei, die früher in Emilys Zimmer führte. Hatties Büro befand sich in dem Raum, in dem Sam Marsden früher seines hatte.

Sie betrat den Raum, in dem sich die beiden Treppenaufgänge und ein Stockwerk tiefer, der Eingangsbereich befanden. An der großen Wand, die man erblickte, wenn man vom Erdgeschoss den ersten Stock betrat, hing ein Porträt einer glücklichen Familie. Eine der drei Frauen darauf hielt ein Baby auf ihrem Arm. Wenn man durch den Raum lief, kam es einem vor, als ob einen die Augen von Emily, Sam, Yasemin, Ramid, Sarah und der kleinen Ann verfolgten. Olivia lief in den gegenüberliegenden Flur und direkt auf Hatties Büro zu. Auf dem Schild, das neben der Türe angebracht war, stand Folgendes:

»Ann-Yasemin Hattfield, Heimleitung«

Olivia ging hinein. Hattie saß an dem gleichen Schreibtisch, an dem damals Sam Marsden gesessen und das erste Mal mit ihrem Vater Ramid gesprochen hatte. Hattie liebte die Einrichtung und hatte kaum etwas geändert. Es gab so viele Erinnerungen in jedem einzelnen Raum dieses Hauses. Alle Möbel waren sorgsam und liebevoll aufgearbeitet worden.

Olivia nahm auf dem Stuhl gegenüber von Hattie Platz. Auf dem Tisch standen zwei Becher. Es duftete nach frischem Pfefferminztee. Das war ein Ritual, das die beiden hatten. Jedes Mal trafen sie sich noch mal nach dem Schichtende, tranken gemeinsam eine Tasse Tee und sprachen über den vergangenen Tag.

»Marco scheint sich hier immer besser einzugewöhnen«, stellte Olivia fest.

»Ja, da hast du recht. Heute war allgemein ein guter Tag für uns alle. Der Zustand der kleinen Engel wurde zumindest nicht schlechter und Lorrie scheint regelrecht aufzublühen.«

»Die Kleinen wollen unbedingt das Grab von Emily und deiner Schwester besuchen.«

Hattie nahm einen großen Schluck Tee und antwortete: »Ja, Lorrie hat mich auch gefragt, ob wir da mal zusammen hingehen. Sie möchte gerne Blumen auf die Gräber legen. Wenn es den Kleinen morgen nicht schlechter geht, würde ich vorschlagen, dass wir einen Ausflug auf den Hügel machen. Die frische Luft wird ihnen guttun.«

Olivia trank ihren Tee leer.

»Na, dann steht ja der Plan für morgen. Sie freuen sich bestimmt. Ich mach mich dann jetzt auf den Heimweg. Bis morgen, Hattie.«

»Bis morgen, Olivia. Erhole dich gut.«

Olivia ging und Hattie blieb noch in ihrem Büro. Das Schlafzimmer befand sich direkt daneben.

»Hoffentlich wird morgen auch so ein guter Tag wie heute«, dachte sie und blickte aus dem Fenster, durch das man direkt auf den Hügel hinter der Südseite des Hauses schauen konnte. Den Hügel, auf dessen Spitze sich die Gräber von Hatties Familie befanden. Alle von ihnen wachen nach wie vor über die Sternenbrücke.

Mama ... wie ist Sterben?

Ich weiß Mama, ich werde sterben,
sag wie wird das sein.
Der Himmel Mama, wird sich färben ...
Lass mich nicht allein.

Die Mutter hält die kleine Hand,
spricht leise zu dem Kind.
Du fliegst nun bald ins Wunderland,
wirst abgeholt vom Wind.

Behutsam trägt der Wind dich fort,
dein Leiden ist vorbei.
Du lebst dann an dem schönsten Ort,
von Schmerz und Kummer frei.

Wirst niemals mehr alleine sein,
die Engel sind ja da.
Auch ich, mein kleiner Sonnenschein,
bin immer ganz ganz nah.

Ein Teil von mir, geliebtes Kind,
der wohnt in deiner Seele.
Nun kommt er bald, der sanfte Wind,
damit dich nichts mehr quäle.

Oh Mama, mach das Fenster auf
und lass ihn rein, den Wind.
Ich flieg nun in den Himmel rauf …

Leb wohl, geliebtes Kind…

Über Herzenswünsche e.V.

Herzenswünsche e.V. ist ein bundesweit tätiger Verein, der seit 1992 schwer kranken Kindern und Jugendlichen langersehnte Wünsche erfüllt. Die Erfüllung eines wichtigen Traumes trägt entscheidend dazu bei, den oft sehr belastenden Klinikalltag besser bewältigen und weiter gegen die Krankheit ankämpfen zu können.

Allein die Aussicht auf eine Wunscherfüllung bewirkt oftmals schon einen gesundheitlichen Aufschwung. Mit dieser Vorfreude fällt es dann leichter, die tiefen Täler einer Erkrankung zu überstehen. Selbst nach dem Erlebnis zehren die Kinder noch lange Zeit davon und schöpfen dadurch immer wieder neue Kraft.

Weitere Informationen finden Sie auf folgender Website:
http://www.herzenswuensche.de

Wenn Sie Herzenswünsche e.V. unterstützen möchten, richten Sie Ihre Geldspende bitte an folgendes Spendenkonto:

Sparkasse Münsterland-Ost
BLZ: 400 501 50 / Konto-Nr.: 370 080
IBAN: DE45 4005 0150 0000 370080
SWIFT-BIC: WELADED1MST

Kontakt:
Herzenswünsche e.V.
Nienkamp 66
D-48147 Münster

Telefon: +49 (0)251 20 20 21 24
Fax: +49 (0)251 98 78 688
info@herzenswuensche.de

Nachwort

Liebe Leserinnen und Leser,

vielen Dank, dass Sie Herzenswünsche e.V. durch den Kauf der Anthologie unterstützt haben! Sie haben damit dazu beigetragen, dass die Wünsche von schwer kranken Kindern und Jugendlichen erfüllt werden können!

Die Idee zu diesem Projekt entwickelte sich, als sich mein Leben durch unvorhersehbare Ereignisse änderte.

Wir kennen das doch alle. Viele von uns kommen früher oder später an diesen einen entscheidenden Punkt: Ein Ereignis in unserem Leben zieht uns den Boden unter den Füßen weg. Wir fühlen uns verloren, im Stich gelassen oder haben das Gefühl, ein Problem nicht mehr bewältigen zu können.

Doch dann kommt der Augenblick, in dem wir einen Weg aus diesem Kreislauf finden. Der Zeitpunkt, ab dem unsere Hoffnung wächst und wir wieder in eine glücklichere Zukunft blicken und hoffentlich alles Schlechte überwinden können, das uns bis dahin belastete. Diesen wichtigen Punkt erreichen wir, wenn wir es aus eigener Kraft oder mit der Unterstützung unserer Lieben schaffen, dass unsere Hoffnung zu wachsen beginnt. In dem Moment, in dem uns bewusst wird, dass wir es durch diese schwere Zeit schaffen werden und sich alles zum Guten wendet.

Nachdem ich meine erste Ausbildung als Fachlagerist aus gesundheitlichen Gründen abbrechen musste, folgten Jahre mit Reha-Behandlungen, Operationen und Arbeitslosigkeit. Es gab Momente, in denen ich kurz davor war, die Hoffnung aufzugeben.

Meine Familie und Freunde hielten in dieser Zeit stets zu mir. Sie ertrugen meine Launen und schenkten mir Kraft. Sie sorgten dafür, dass ich den Mut nicht verlor. Dadurch bekam ich ein ebenso wertvolles wie auch seltenes Geschenk: Hoffnung!

Im Sommer 2011 begann ein neuer Lebensabschnitt für mich. Die Zweifel, die mich zuvor plagten, hatte ich überwunden. Das Gefühl, zu versagen und das eigene Leben nicht mehr in den Griff zu bekommen, verschwand. Ich lebte zwar immer noch in den Tag hinein, stand spät auf, spielte Videospiele und genoss den Sommer mit meinen Freunden. Allerdings stand mir auch eine wichtige Aufgabe bevor: Ich wollte endlich einen vernünftigen Schulabschluss schaffen, um auf eigenen Beinen stehen zu können. Ich wusste, dass ich wieder eine Chance hatte. Ich musste sie nur noch ergreifen!

Ich drückte also wieder die Schulbank und erreichte mein Ziel, aber was noch viel wichtiger war: Ich lernte etwas fürs Leben. Nämlich, dass es nie eine Lösung ist, den Kopf in den Sand zu stecken. Egal wie aussichtslos die Lage auch erscheint, aufzugeben bedeutet, dass man bereits verloren hat.

Während dieses einen Jahres lernte ich ganz besondere Menschen kennen, von denen ich einige heute immer noch zu meinen Freunden zähle.

Ganz besonders wird mir eine Mitschülerin in Erinnerung bleiben: Olivia. Ein junges Mädchen, das sich durch die schwerste Zeit ihres Lebens kämpfen musste und dadurch ihre wahre Berufung fand.

Ziemlich am Anfang des Schuljahres bekam sie eine Diagnose, die alles veränderte: Olivia hatte Krebs! Es folgten Monate, in denen sie schwersten physischen und psychischen Belastungen ausgesetzt war. Doch Olivia kämpfte Tag für Tag gegen den Krebs an und besiegte ihn schlussendlich.

Nachwort

Sie entschloss sich nach dem Schulabschluss dazu, eine Ausbildung zur Krankenschwester zu absolvieren. Sie wollte Menschen helfen, die ihre Hilfe benötigten. Ihr Ziel war es, für Menschen da zu sein, die durch eine ähnliche Hölle mussten wie sie.

Olivia ist mittlerweile eine ausgebildete Krankenschwester und geht ihrer Berufung nach. Sie zeigte mir durch ihren Weg, was es heißt, wirklich stark zu sein. Was es bedeutet, die Hoffnung nicht aufzugeben und weiterzukämpfen!

Als ich einige Zeit nach unserer gemeinsamen Schulzeit wieder an Olivia denken musste, begann ich damit »Das Schicksal ist ein mieser Verräter« von John Green zu lesen. Ein Buch, das mich sofort in seinen Bann zog.

Ich dachte darüber nach, wie man sich wohl fühlen musste, wenn man – vor allem in einem so frühen Teil seines Lebens – die Diagnose Krebs bekommt, und begab mich gemeinsam mit Hazel und Gus auf eine alles verändernde Reise.

Dabei erfuhr ich das erste Mal von den »Feen«, einer Organisation, die sich darum kümmert, schwer kranken Kindern und Jugendlichen ihre Herzenswünsche zu erfüllen. Sofort wollte ich wissen, ob es eine solche Organisation auch in Deutschland gibt und wurde bei meiner Recherche auf Herzenswünsche e.V. aufmerksam, die dasselbe Ziel wie die »Feen« haben. Damit tragen sie entscheidend dazu bei, dass die Kinder und Jugendlichen ihren belastenden Klinikalltag besser bewältigen können und neue Kraft für den Kampf gegen ihre Krankheit schöpfen.

Im Sommer 2014 entdeckte ich dann das Schreiben für mich. Was als einfaches Hobby begann, wuchs schnell zu etwas Größerem. Ich wollte etwas mit meinen Geschichten bewirken. Nichts war mir wichtiger, als die Leser so zu berühren, wie mich John Greens Geschichte von Hazel und Gus bewegt hatte.

So wurde eines Tages die Idee zu der Kurzgeschichte »Sternenbrücke« geboren. Ich schrieb eine Geschichte über die starke Kraft der Freundschaft, ohne dabei in ein klischeehaftes Ende abzudriften. Als ich das magische Wort »Ende« unter das Skript setzte, war ich überglücklich. Die Geschichte landete trotzdem erst mal in meiner Schublade. Der richtige Zeitpunkt war noch nicht gekommen.

Ein weiteres Jahr später, etwa zur Herbstzeit, wurde ich auf die Anthologie »Schneegestöber« aufmerksam. Die Erlöse des Projektes wurden an die Stiftung Bärenherz in Wiesbaden gespendet. Mir gefiel die Idee, mit Kurzgeschichten und Gedichten verschiedener Autoren ein Buch zu veröffentlichen, dessen Erlös einem guten Zweck zugutekommt. Dabei erinnerte ich mich wieder an Herzenswünsche e.V. sowie meine Geschichte »Sternenbrücke«, welche nun ein Teil der Hoffnungsschimmer-Anthologie geworden ist.

Ich begann sofort damit, mir ein Konzept für eine Anthologie zu überlegen, um diese für mich so wichtige Sache zu unterstützen und kam dabei auf das Thema Hoffnung. Schnell fand ich Menschen, die an dem Projekt teilhaben wollten. Als ich die positiven Rückmeldungen auf meine Anfragen und Ausschreibungen bekam, wurde mir eines sofort klar: Gemeinsam konnten wir das Ziel erreichen, eine Anthologie voller Hoffnung zu erschaffen!

Ich glaube aus tiefstem Herzen, dass es nicht dazu gekommen wäre, wenn mich die zuvor genannten Ereignisse in meinem Leben nicht so stark beeinflusst hätten. Außerdem bin ich überzeugt davon, dass der Hintergrund des Hoffnungsschimmer-Projektes ebenfalls eine Geschichte voller Hoffnung ist.

Wenn Ihnen die Geschichten, Gedichte und Illustrationen in diesem Buch gefallen haben, empfehlen Sie die Hoffnungsschimmer-Anthologie bitte weiter.

Nachwort

Darüber hinaus finden Sie auf Seite 267 alle Informationen zum Verein Herzenswünsche e.V. Mit jeder Spende können Sie aktiv dazu beitragen, die Wünsche von schwer kranken Kindern und Jugendlichen zu erfüllen.

Ihr
Alexander Grun